2014年华侨大学百名优秀学者计划项目资助
科技革命与技术预见智库支持

创新网络、吸收能力与企业技术创新

林春培　张振刚　著

中国财经出版传媒集团
经济科学出版社
Economic Science Press

图书在版编目（CIP）数据

创新网络、吸收能力与企业技术创新/林春培，张振刚著.—北京：经济科学出版社，2018.12
ISBN 978-7-5218-0110-1

Ⅰ.①创… Ⅱ.①林… ②张… Ⅲ.①企业创新-研究 Ⅳ.①F273.1

中国版本图书馆 CIP 数据核字（2018）第 296104 号

责任编辑：申先菊　王新宇
责任校对：隗立娜
责任印制：王世伟

创新网络、吸收能力与企业技术创新
林春培　张振刚　著

经济科学出版社出版、发行　新华书店经销
社址：北京市海淀区阜成路甲 28 号　邮编：100142
总编部电话：010-88191217　发行部电话：010-88191522
网址：www.esp.com.cn
电子邮箱：esp_bj@163.com
天猫网店：经济科学出版社旗舰店
网址：http://jjkxcbs.tmall.com
北京季蜂印刷有限公司印装
710×1000　16 开　15.5 印张　300000 字
2018 年 12 月第 1 版　2018 年 12 月第 1 次印刷
ISBN 978-7-5218-0110-1　定价：68.00 元
(图书出现印装问题，本社负责调换。电话：010-88191502)
(版权所有　翻印必究　举报电话：010-88191586
电子邮箱：dbts@esp.com.cn)

前　言

面对世界范围内经济格局的深刻变化，2005年10月，胡锦涛在中共十六届五中全会上，明确提出了建设创新型国家的重大战略思想。2006年1月24日，中华人民共和国科学技术部、国务院国有资产监督管理委员会和中华全国总工会（以下简称"三部委"）联合下发的"技术创新引导工程"实施方案，把促使企业成为技术创新的主体、推进创新型企业建设作为国家技术创新工程的六项任务之一。2006年3月25日，以"依靠科学管理推进创新型企业建设"为主题的全国企业管理创新大会在北京召开，提出创新型企业是建设创新型国家的决定性力量，如何发挥企业技术创新主体的作用、建设创新型企业成为国内知名企业和专家学者关注的焦点。此后，三部委围绕创新型企业的试点和认证工作推进创新型企业的建设。

为确保我国创新型企业建设工作的顺利开展，三部委在《关于开展创新型企业试点工作的通知》及第一批和第二批创新型企业评价中对创新型企业的概念进行初步界定并提出认定标准。其明确指出，创新型企业是指"那些拥有自主知识产权和知名品牌、具有较强国际竞争力、依靠创新实现持续发展的企业"。这些创新型（试点）企业，至少需要具备以下五个基本条件：具有自主知识产权的技术、具有持续创新能力、具有行业带动性和自主品牌、具有较强的盈利能力和较高的管理水平、具有创新发展战略和文化。相对于其他企业，创新型企业在竞争中主要依靠持续技术创新能力及创新获利的能力取得竞争优势，是一类依靠创新驱动发展的企业，代表的是一种新兴的企业运行和发展模式[309]。在本书中，笔者所指的创新型（试点）企业是指在三部委和各地方按照上述基本要求遴选出的国有骨干企业、转制院所、高新技术企业、科技型中小企业、民营科技企业等，强调企业的持续创新能力以及依靠创新获得持续发展的能力，而不只关注企业是否实现了一项创新。为了便于描述，本书将创新型认定企业和创新型试点企业统称为创新型企业。

　　2009年，广东省科学技术厅决定进一步组织开展创新型企业技术创新工程试点项目，引导省内创新型企业组建及发展研究开发院，探索企业创新路线图的制定与实施，即"院线提升计划"，增强自主创新能力。笔者很荣幸能够参与其中，了解和学习广东创新型企业的创新实践活动，并与广东二十多家创新型（试点）企业就其未来创新发展进行交流研讨。其中，在开放的知识经济环境下，创新型企业如何构建和利用有效的外部创新网络、获取各类信息和知识、推动企业的技术创新活动，成为企业家重点关注和热切讨论的重要话题。本书正是在这一背景下开展研究工作，基于创新网络和吸收能力双重视角，进一步将这一主题细分为三类具体研究问题：①以焦点企业为中心的外部创新网络主要有哪些基本特征属性？这些特征属性与企业渐进性创新和根本性创新的关系如何？②组织学习视角下，吸收能力的概念内涵和基本组成如何？是否具有多维性质？吸收能力对于渐进性创新和根本性创新有什么影响，以及它在外部创新网络对渐进性创新和根本性创新的影响中如何发挥核心作用？③焦点企业外部创新网络的基本特征属性对于企业吸收能力、渐进性创新和根本性创新会产生什么样的影响，以及具体的作用方式如何？

　　针对上述问题，本书在查阅国内外相关文献的基础上，通过理论演绎构建本书的概念模型并提出了研究假设，同时通过调查问卷的方式对广东创新型企业进行了调查研究，对回收的数据采用SPSS和AMOS等统计软件进行分析和假设检验，并对实证结果进行分析讨论。具体而言，本书主要由七个部分组成：第1章是绪论，主要从总体上介绍本书的研究背景、研究问题、研究意义以及对相关概念进行界定。第2章是文献综述，主要基于前人的研究，对创新网络、吸收能力和技术创新的相关文献进行了综述，为本书概念模型的提出奠定了基础。第3章是概念模型与研究假设，基于文献综述及理论探讨，提出本书的关系概念模型，同时结合现有学者的研究成果，对企业外部创新网络的不同网络特征变量与吸收能力、渐进性创新和根本性创新之间的影响关系提出假设，从而形成本书的实证模型。第4章是研究方法与设计，主要阐述了所采用的研究方法和设计过程，具体包括分析方法、问卷设计过程和数据收集方法，以及变量操作测量和预测试。第5章是数据分析与结果讨论，具体包括描述性统计分析、相关分析、探索性与验证性因子分析以及结构方程模型检验，并对数据分析结果进行了讨论。第6章是拓展研究，进一步采用多元线性回归方法实证研究企业的吸收能力及其三种组织学习过程对渐进性创新和根本性创新的影响，并引入了技术动荡性和市场动荡性作为调节变量，考察环境动荡性对上述关系的影响。第7章是结论，对主要结论进行归纳总结，并阐述了研究的理论贡献和实践启示，同时还指出了研究局限以及未来进一步研究的方向。

在撰写本书的过程中，得到了许多人的支持和帮助。原广东省科学技术厅政策法规处周海涛处长、张燕科长，以及广东生产力促进中心聂晨曦女士等在问卷收集和实地调研方面提供了大量的支持与协助；华南师范大学薛捷副教授、华南理工大学余传鹏博士后为本书的修改提供了许多宝贵意见；经济科学出版社申先菊、王新宇编辑对书稿进行了认真审阅，并校正了许多纰漏之处。在此一并表示衷心感谢！

由于笔者水平所限，书中的疏漏之处在所难免，希望读者不吝批评指正。

目录 CONTENTS

第1章 绪 论 ... 1
- 1.1 研究背景 ... 1
- 1.2 研究问题 ... 4
- 1.3 研究意义 ... 6
- 1.4 相关概念界定 ... 8

第2章 理论基础与文献综述 ... 10
- 2.1 创新网络 ... 10
- 2.2 吸收能力 ... 25
- 2.3 技术创新 ... 47
- 2.4 相关实证研究 ... 60

第3章 概念模型与研究假设 ... 68
- 3.1 概念模型 ... 68
- 3.2 理论依据与假设 ... 76

第4章 研究方法与设计 ... 100
- 4.1 研究对象 ... 100
- 4.2 分析方法 ... 104
- 4.3 问卷设计 ... 105
- 4.4 数据收集 ... 107

4.5　变量测量 ………………………………………………… 107
　　4.6　预测试分析 ……………………………………………… 116

第 5 章　数据分析与结果讨论 ……………………………………… 121
　　5.1　正式调研样本概况 ……………………………………… 121
　　5.2　效度和信度分析 ………………………………………… 124
　　5.3　模型拟合与检验 ………………………………………… 132
　　5.4　研究结果与讨论 ………………………………………… 152

第 6 章　拓展研究：吸收能力的影响来源及环境变量的调节 ……… 167
　　6.1　理论分析与研究假设 …………………………………… 167
　　6.2　变量测量与分析方法 …………………………………… 173
　　6.3　效度与信度检验 ………………………………………… 175
　　6.4　模型分析与假设检验 …………………………………… 177
　　6.5　进一步讨论 ……………………………………………… 188

第 7 章　研究结论、贡献、启示、局限与展望 …………………… 195
　　7.1　主要结论 ………………………………………………… 195
　　7.2　理论贡献和实践启示 …………………………………… 196
　　7.3　研究局限与研究展望 …………………………………… 201

附录 A　访谈提纲 …………………………………………………… 203

附录 B　调研企业名单 ……………………………………………… 204

附录 C　调查问卷 …………………………………………………… 205

参考文献 ……………………………………………………………… 211

第1章

绪 论

1.1 研究背景

1. 技术创新是我国企业长期生存与持续发展的动力源泉

改革开放以来，我国制造企业顺应全球化制造的趋势，运用积极灵活的支持性政策，以低成本比较优势及时接入国际制造产业分工体系，逐步占据全球制造网络的各个节点，已经成为全球价值链中重要的产品供应商和组成部分[1-2]。联合国工业发展组织（United Nations Industrial Development Organization，UNIDO）[3]发布的《世界工业发展报告2009》显示，我国制造业在全球制造业的国际地位已经发生巨大变化：1980年，我国制造业尚未被世界关注，仅稍强于阿根廷和墨西哥等发展中国家；1990年，我国工业增加值在全球制造业中的比重为2.7%，跃居世界第八、发展中国家第一；2000年，我国工业增加值在全球制造业中的比重为7.0%，仅次于美国、日本、德国，位居世界第四；2005年，我国制造业超越德国，工业增加值占全球制造业的比重为10%，位居世界第三；"十一五"期间，我国制造业首次超越日本，工业增加值在全球制造业中的比重超过14%[4]，成为仅次于美国的全球第二大工业制造国。经过30多年的发展，我国已经成为令世界瞩目的工业生产大国，"中国制造"已经成为全球经济发展的突出现象。

值得注意的是，"中国制造"并不等同于"中国创造"。我国是贸易出口大国和工业生产大国，但是出口产品中拥有自主知识产权和自主品牌的只占约10%，并且我国工业新产品开发的技术约有70%属于外源性技术，总体对外技术依存度达60%，而美国、日本只有5%左右[5]。这导致了我国工业经济发展的尴尬局面：目前我国许多行业出现产能过剩，但是在多数产业的高端环节和领域，包括各种高端产品和服务所涉及的核心技术，大多被国外大型跨国公司所控制。

不断扩大的专有权利使用费和特许费收支逆差就是极好的数据证明。这种收支逆差从2006年的64.30亿元上升到2009年的107亿元，使专有权利使用和特许成为我国仅次于运输服务的第二大服务贸易逆差行业[6]。而在研发投入、专利申请和专利授权方面，我国两万多家大中型企业的研发投入费用占销售收入比重仅为0.81%，只相当于发达国家的1/10，928万户注册企业中拥有自主知识产权核心技术的企业仅为其中的0.2‰，98.6%的企业从未申请过专利[7]，并且我国企业的创新仍然是以外围技术和外观设计为主，核心技术的创新数量还比较少[5]。

可以看出，我国制造业仍处于全球制造业价值链的底端，基本上扮演着生产加工的角色，企业的自主创新能力还不强。随着能源资源和生态环境约束作用的日益强化、低廉劳动力成本比较优势的逐步消失，以及国外跨国企业对核心技术和知识封锁力度的加大，简单的粗放式增长方式已经越来越难适应时代发展的要求，单纯依靠技术设备引进的路径也越来越走不通。因此，在新兴战略性产业迅速发展、新型业务模式探索成型的关键时期，我国制造企业只有通过持续不断的技术创新、攻克技术"瓶颈"、逐步掌握一批核心技术和自主品牌、稳步提高自主创新能力，才能在日益白热化、复杂化的国际竞争环境中获取生存和持续发展的空间，进而实现增长方式的转变，走上创新驱动的发展道路。因此，如何在全球范围内吸纳和整合创新资源、持续推进技术创新，也就成为我国政府和企业亟须解决的迫切问题。

2. 创新范式网络化是企业开展技术创新活动的重要趋势

创新是现代知识经济活动的基石，经济政策制定者已经从国家和区域层面重视和鼓励这种价值增加活动。在经济实践的微观层面，随着竞争压力在全球范围内的不断增加，特别是在生产成本方面，创新也已经成为大多数国家和企业的广泛共识[8]。然而，最近几年在创新管理领域出现的一些挑战，促使企业更难成为成功的创新者。首先，技术进步催促企业必须更多地积累和整合广泛分散在科学领域的各种知识，而单个企业已经很难在技术领域的所有方面获取各种专业知识，技术创新管理变得日益复杂和综合化。其次，竞争压力迫使企业加快创新进程、缩短产品生命周期，从而更快地将创新产品引入市场。最后，消费者口味和偏好的日趋多样化，激发了更多的产品类型和变种，从而导致更小规模目标市场和生产单位的出现[9-10]。面对这些趋势与挑战，企业倾向采取更为灵活的组织计划（flexible schemes），以维持其在创新产品和工艺开发过程中的持续领先地位。这样，组织间的合作开始受到关注，逐渐成为企业在复杂环境中加强知识创造、分散运营风险、实现技术突破、获取互补性资产以及减轻关键质量难题的战略工具[11-13]。企业不能只是将外部关系作为获取互补性能力的一种临时性机制

(temporary mechanism),相反,它们应不断通过企业间的各种战略性合作拓展所有类型的能力[14]。

时任中共中央总书记胡锦涛在庆祝清华大学建校100周年大会上的讲话中强调,在"积极提升原始创新、集成创新和引进消化吸收再创新能力"的同时,也要"积极推动协同创新"。这种协同创新本质上就是要企业在更为开放的环境下,通过创新网络去开展各种创新活动。随着技术创新复杂性的增强、速度的加快以及全球化的发展,开放创新和网络创新活动越来越成为创新理论和实践发展的关注焦点,通过网络进行知识搜索对于创新正变得日益重要和普遍[15]。最近几十年,企业各种形式的战略合作出现了空前增长,许多企业已经从传统相对封闭的内部创新转向开放的合作创新和协同创新。历史上,企业往往倾向于内部研发或只是在相对简单的功能或产品方面与其他企业展开合作。现在,几乎在每个行业里,企业的每个生产流程,从概念产生到最终的产品销售,都是通过某种形式的对外合作实现的,如研发合作伙伴关系、合资企业、协同制造,以及复杂的联合营销安排等。组织间各种形式的伙伴关系正成为企业战略的核心要素,并作为组织共享或交换资源,以及共同发展新创意和技能的重要工具[16]。Von Hipple[17](1986)对于美国科学仪器、半导体与电子部件制造企业新产品概念来源的调查显示,领先用户(lead user)在为企业提供新产品构思方面发挥了重要作用。在调查企业中,全新产品的所有创新构思最终都来源于与领先用户的交流与合作,而75%以上的改良性产品(包括主要和次要功能改进)的创新构思都来源于企业外部。另外,宝洁约有50%新产品开发项目的核心创意来自外部。与此类似,许多大型制药企业也将大约30%的研发费用用于外部技术合作。显然,以前组织的学习与创新,是一个以个体行为和线性模型为基础的传统过程,但是现在它们更倾向发生于一个高度互动性和反复性的网络化过程[18-19]。开放创新、联合开发、知识吸收已经成为企业现代创新发展模式的核心概念。

3. 吸收能力是企业获取网络竞争优势的关键要素

资源基础观强调,企业那些具有价值性、稀缺性、难以模仿性、难以替代性特征的资源是其竞争优势的源泉;而在知识经济时代,知识成为企业最为重要的战略性资源。随着商业环境动荡性的加剧和网络化进程的推进,企业对于推进未来创新发展的资源和知识诀窍的争夺也愈演愈烈,已经成为当前商业经济发展的重要特征。企业迫切需要通过与外部经济主体的交流互动获取那些复杂且广泛分布但又不容易在企业内部产生或获取的相关知识。在提供资源开发和知识进步的新机制里,作为一种正和关系(positve-sum),企业间的战略性合作已经成为经济活动和创新实践的一种常态[8]。通过网络进行知识搜索对于企业正变得日益重要，而企业能否从外部合作网络获取创新资源进而形成竞争优势很大程度上依赖于从各种外部知识源获取、消化吸收和应用知识的能力，即企业吸收能力。在一定程度上，网络能够带来企业内部稀缺的知识和资源，但是若没有管理网络关系和整合转移知识使之纳入自身生产和管理活动的能力，企业就无法利用网络并从学习效应中受益[20]。也就是说，各种各样的外部网络关系为企业获取稀缺资源和价值知识提供了一种可能，而只有当企业具备较高水平的吸收能力才能将这种可能性变为现实。并且，企业的吸收能力越高，就能更好地寻求更多的合作伙伴和合作关系，不仅在其区域环境内，而且可以扩展到国际范围。吸收能力，作为一种内嵌入组织管理和过程的动态能力，已经成为在网络经济和知识转移浪潮中获取竞争优势的关键要素，是企业实现协同创新和开放式创新的重要基石。

尽管知识获取对于创新相当重要，但是企业将外部知识嵌入创新路径的能力、创新活动作为一种吸收活动最近几年才引起创新理论和实践的注意[15]。吸收能力的最近研究聚焦于企业吸收能力的定义及其一般性描述，然而，吸收能力的结构和品质随着部门和企业的不同而不同，聚焦于特定部门或企业背景的研究开辟了一个未知的新领域[15]。创新型企业，作为我国实施技术创新工程的重要载体，越来越吸引政府和研究学者的关注和青睐，很大原因在于它们在长期经济发展过程中所起的作用（对转变经济发展方式的带动作用、对发展战略性新兴产业的先导作用以及对增强自主创新能力的引领作用），以及它们具有更强的能力去创造更高的附加值。创新型企业的本质在于其适应市场变化的能力，这些能力受到技能基础的组织整合，以及新的能力和技能发展与新技术需求的匹配速度的影响[21]。随着知识经济网络化进程的加快，企业对于外部知识源的联系能力和整合能力在价值创造过程中变得至关重要。在推进创新型企业的建设进程中，我国企业加深了对创新驱动发展的认识和理解，也积累了一些相关的经验和方法，但是大多数企业对于吸收能力的认识及其在网络创新中的功能和作用机制还非常陌生，还未找到整合内外资源的有效方式和关键路径，它们迫切需要相应的理论支持和方法指导。

1.2 研究问题

随着信息技术现代化、经济全球化、产品定制化以及市场快速响应机制的发展，企业的技术创新活动已经突破了传统的组织边界，深深嵌于创新资源和信息流动的各种商业联系当中。在开放式创新的大环境下，不同的技术创新行为必然要受到企业外部创新网络的影响，而吸收能力被学者们认为是企业在大规模知识转移中获取竞争优势的关键要素，对于企业技术创新的重要性也毋庸置疑。基于前人已有的研究成果，本书综合运用"嵌入性"理论、社会资本理论、资源基础观、企业能力观等理论和观点，分析了企业竞争优势源泉要素之间的影响关系，并在此基础上构建了企业外部创新网络、吸收能力、渐进性创新与根本性创新之间关系的概念模型，探讨刻画企业创新网络的基本特征属性和联系企业内外资源的吸收能力与企业渐进性创新、根本性创新的关系，以及它们之间的相互作用方式，希望能揭示出以焦点企业为中心的外部创新网络、吸收能力对于渐进性创新与根本性创新的作用机制。具体地，本书主要研究以下问题。

问题1：以焦点企业为中心的外部创新网络主要有哪些基本特征属性？这些特征属性与企业渐进性创新和根本性创新的关系如何？

尽管Kilduff和Tsai[92]（2003）、Burt[38]（1982）、Granovetter[29,36]（1985，1992）、Nooteboom和Gilsing[94]（2004）、Dhanaraj和Parkhe[74]（2006）等学者对于网络特征分析维度及其具体变量已经做了大量的研究工作，但是总体而言这些研究相对零散，总是基于特定的应用情境，并未形成一个较为统一的分析框架。并且，对于这些特征属性与企业技术创新关系的实证研究，不同的学者存在不同甚至相互冲突的观点。因此，通过现有文献的分析与梳理，结合焦点企业的认知特点，选取焦点企业外部创新网络的基本特征属性、构建这些特征属性与企业不同强度技术创新类型的关系概念模型是本书需要解决的首要问题，同时也为下文提出研究假设和开展实证研究打下基础。

问题2：组织学习视角下，吸收能力的概念内涵和基本组成如何？是否具有多维性质？吸收能力对于渐进性创新和根本性创新有何影响？以及它在外部创新网络对渐进性创新和根本性创新的影响中如何发挥核心作用？

在经济全球化的大背景下，知识已经成为企业最为重要的战略资源。获取有关未来创新的知识诀窍成为企业创新管理战略的一个重要基本功能[22]。企业越来越依赖对外部知识的利用来推进创新和提高绩效，而企业创新发展的现代模式也越来越强调合作和吸收外部知识的重要性[15,23,24]。由于组织间知识转移存在的管理挑战，吸收能力已成为企业竞争优势的重要来源。为了更好地认识和理解这种横跨组织内外的吸收能力，需要从更为宽阔的视角去界定吸收能力的概念内涵，而现有研究大多聚焦吸收能力的知识处理维度。因此，本书将通过文献梳理和理论探讨，采用多学科领域知识剖析吸收能力的动态成分和多维度特征，并在实证研究中加以验证。同时，在此基础上，本书还将通过实证研究来探讨吸收能力对于渐进性创新和根本性创新的影响及其在网络化创新中所起到的中介效应。

问题3：焦点企业外部创新网络的基本特征属性对于企业吸收能力、渐进性创新和根本性创新会产生什么样的影响以及具体的作用方式如何？

当产业知识基础的复杂程度很高且所需专业技能分布范围很广时，创新的轨迹将更有可能集中在学习中的网络而非个体企业[14]。现有研究普遍认为，创新网络是企业获取和整合外部相互关联的价值资源和知识以适应市场环境快速变化的重要工具，对于企业开展组织学习和技术创新活动至关重要。然而，刻画不同类型网络的基本特征属性对于企业渐进性创新和根本性创新有何影响，是否存在差异，仍然是一个未讨论充分且有待深化明晰的主题。本书基于焦点企业的认知视角，将从整体层面、组织间层面及个体企业层面选取网络特征变量，并通过实证研究探讨外部创新网络对于焦点企业提高吸收能力和推进渐进性创新与根本性创新的影响及具体的作用方式。

问题4：基于吸收能力的探索式学习、转换式学习、利用式学习，以及它们之间的互补效应对于渐进性创新和根本性创新有什么样的影响？权变因素对于这种关系的影响如何？

基于组织学习的视角，企业吸收能力包括探索式学习、转换式学习和利用式学习三个过程。尽管March[350]（1991）、Tushman和O'Reilly[344]（1996）等在这方面已经做了显著的工作，他们强调探索式学习与利用式学习的性质差异，以及企业在具体运用过程中应该注意二者的动态平衡，但是这些研究对于组织学习过程的探讨还具有局限性，大多忽略了转换式学习的存在，以及三种组织学习过程交互作用所产生的影响。因此，本书将通过实证研究来探讨吸收能力的三种组织学习过程及其互补效应对企业渐进性创新和根本性创新的影响，以及权变因素对这些影响关系的调节效应。

1.3 研究意义

本书通过文献分析、理论探讨和实证研究相结合的方式考察了焦点企业外部创新网络对渐进性创新与根本性创新的支持情况和作用机制。本书的理论意义和实践意义主要在于以下几点：

（1）在现有文献中，国内外学者从组织内部及组织间视角运用各种相关理论观点探讨和实证研究了企业竞争优势的来源，但较少在一个统一的关系框架中探讨这些理论及研究要素的内在联系。基于"嵌入性"理论、社会资本理论、资源基础观以及企业能力论之间的逻辑关系分析，本书构建了外部创新网络、吸收能力与渐进性创新和根本性创新之间关系的概念模型，既有利于整合不同学者关于企业竞争优势源泉的不同观点，同时也有助于深入探析创新网络对于企业吸收能力、渐进性创新和根本性创新的影响方式。这种概念模型在一定程度上具有更强的理论支撑，也便于实证研究的开展。

（2）组织的创新行为和过程是其外部网络环境和自身吸收能力共同作用下的结果，国内外学者对于企业网络、吸收能力及技术创新两两之间的关系已经做了许多理论分析，并做了一些实证研究，但同时将网络、吸收能力和技术创新三个相关变量纳入同一框架进行研究的相关文献并不多。另外，这些实证研究更多聚焦外部网络或吸收能力对企业技术创新绩效的影响，有些研究还得出不同甚至相互冲突的结论，并且它们很少同时考虑对企业渐进性创新和根本性创新的影响。本书采用实证研究来探讨焦点企业外部创新网络对渐进性创新和根本性创新的影响，在一定程度上有助于进一步深入挖掘"现有研究结论不一"的可能原因，不但可以为今后三者关系的实证研究提供有益的参考，同时也为社会网络理论、以资源与能力为基础的理论及技术创新理论的融合发展提供实证依据。

（3）通过归纳分析前人对于企业吸收能力的相关研究，本书发现，企业吸收能力是一个含有多阶维度的复杂概念，包括探索式学习、转换式学习和利用式学习三个高阶维度，以及对外部知识的识别、消化/吸收、保养、激活、转化和应用六个低阶维度。并且，本书通过高阶因子分析实证检验了企业吸收能力的这一组成结构。这既有利于我们更好地认识和理解吸收能力的多维性质，也有助于我们通过实证研究进一步深化和细化企业吸收能力对于技术创新的影响效应，同时也弥补了我国在企业吸收能力组成结构方面实证研究的不足。

（4）广泛的经验性研究，对于政府政策制定具有重要参考价值。实证研究结果表明，包含组织学习过程互补效应的整体吸收能力在企业外部创新网络对于渐进性创新和根本性创新的影响中起着非常重要的中介作用。立足于我国创新型国家建设以及实施技术创新工程的大背景下，本书基于广东创新型企业的实证研究，所得到的研究结果对于我国政府如何推进产业技术创新联盟、技术创新服务平台和创新型企业建设具有一定的政策指导意义。

（5）对于企业来说，本书可以使广东创新型（试点）企业更好地认识和理解外部创新网络、环境动荡性、企业吸收能力及其三种组织学习过程对其渐进性创新和根本性创新的作用机制，从而使它们能够在开放式创新环境下更为主动和有针对性地制定各种创新战略和推动策略，进而逐步走上创新驱动发展的道路。

1.4 相关概念界定

1. 创新型企业

创新型企业（innovation-oriented firms）是指那些拥有自主知识产权和知名品牌，具有较强国际竞争力，依靠创新实现持续发展的企业。它不仅关注企业在某一领域是否实现了创新，更强调企业的持续创新能力以及企业依靠创新获得持续发展的能力。

2. 创新网络

在本书中，创新网络是基于焦点企业认知范围的企业创新网络，是指焦点企业在开展技术创新活动的过程中，与客户、供应商、同行、大学、科研院所、政府部门、科技服务机构等外部合作伙伴形成的各种正式和非正式关系的总和。这些外部合作伙伴，在技术创新过程中与焦点企业产生各种交互作用，因而也被称为焦点企业的创新伙伴，而焦点企业是指成为研究对象的企业。

3. 网络规模

网络规模是衡量焦点企业网络层面特征属性的重要指标，是指焦点企业创新伙伴的总体数量，也就是企业在技术创新过程中产生联系的客户、供应商、同行、大学、科研院所、政府部门、科技服务机构等外部合作伙伴的总和。

4. 关系强度

关系强度是指焦点企业与其创新伙伴之间关系的强弱情况，包括互动频度、合作久度、资源投入程度、合作交流范围，以及合作互惠性5个维度。互动频度是指焦点企业与其创新伙伴合作交流的频繁程度；合作久度是指焦点企业与创新伙伴合作交流的持续周期；资源投入程度是指焦点企业在与创新伙伴合作过程中投入人、财、物等资源的程度；合作交流范围是指焦点企业与创新伙伴合作内容、层次和形式的广度和深度；合作互惠性是焦点企业与创新伙伴技术创新过程中享受利益和服务的对等性。

5. 网络中心性

网络中心性主要用于描述焦点企业在创新网络中的位置情况，具体包括焦点企业在外部创新网络中的权利集中程度、相对独立情况，以及对合作伙伴的控制和影响力度等方面。

6. 吸收能力

在本书中，吸收能力具有多维性质，是指企业通过探索式学习、利用式学习和转换式学习一系列连续利用外部知识的能力。探索式学习（exploratory learning）是指企业对外部知识的获取过程（包括识别和消化）；利用式学习（exploitative learning）是指企业对外部获取知识的利用过程（包括转化和应用）；而转换式学习（transformative learning）是指企业对外部获取知识的定期维系过程（包括保养和激活），将探索式学习和利用式学习这两个过程联系起来。

7. 渐进性创新与根本性创新

技术创新是一个具有宽泛内涵和广阔外延的概念，是指企业以市场为导向，利用各种技术和知识改进现有产品和工艺或创造出新的产品和工艺，并推进它们成功实现商业化的过程。在本书中，将技术创新看作渐进性创新和根本性创新两端之间的连续分布，将产品模块内部和模块之间的连接方式，以及模块核心设计理念的改变作为渐进性创新或根本性创新的特殊情况。渐进性创新由渐进的、连续的小创新构成，技术变化不大，强调对现有产品/服务和工艺的调整、改良和改进；根本性创新由重大的不连续创新构成，强调核心设计理念的改变以及全新产品/服务和工艺的推出。为了使研究更加具有普遍意义且符合我国企业的技术创新实际，本书所定义的根本性创新主要相对于企业自身技术知识轨迹而言，并非一定要是行业的重大技术变革。企业首次采用行业内的变革性技术，也属于根本性创新的范畴。

第2章

理论基础与文献综述

2.1 创新网络

2.1.1 相关理论

在全球制造网络飞速发展的当今时代，研究企业间关系的学者也越来越关注企业怎样嵌入由各种组织组成的网络中，嵌入性、社会资本、结构洞等观点都作为新的研究视角被引入企业网络的研究中，并演绎成企业网络理论的重要组成部分[25]。通过借鉴和结合其他学科的理论，社会网络理论经过多年的发展形成了较为丰富的理论体系，如"强联系优势"理论、"弱联系力量"（the strength of weak tie）理论、社会资本（social capital）理论和"结构洞"（structure hole）理论等，为解释网络特征对企业各种经济活动的影响提供了强大的理论基础，因而被称为"网络特征优势"理论[26-27]。考虑到相关理论观点的相关性和延续性，将"强联系优势"理论、"弱联系力量"理论及"结构洞"理论纳入"嵌入性"视角，与社会资本理论共同作为本书研究的理论基础之一。

1. "嵌入性"理论

在与"原子论"的斗争过程中，Polanyi[28]（1944）、Granovetter[29]（1985）等所提出的"嵌入性"（embeddedness）理论，成功地将经济学、社会学与组织理论桥接起来，已经成为新经济社会学研究中的一个核心理论[30-31]。其主要观点认为，不管从哪种视角研究经济现象，都必须考虑经济行动者所处的社会关系网络以及不同属性个体或群体之间的互动，经济行动者的自利行为总是嵌入在具体的、不断变化的社会关系之中，只是在各个社会中嵌入的程度与方式有所不同而已。经济活动总是根植于各种社会网络之中，并在网络内的互动过程中展开，因而各种社会组织及其行为都受到社会关系的制约,不宜将它们作为独立个体加以分析[29]。越来越多的研究表明,企业对外部网络的嵌入性,通过作用于企业各种资源和能力的获取行为,影响企业的创新活动和绩效[32-35]。在"嵌入性"理论的经典分析框架中,Granovetter[29,36](1985,1992)将嵌入性分为关系嵌入性(relational embeddedness)和结构嵌入性(structural embeddedness)两种类型,并在后续研究学者的拓展下形成不同的理论观点。

在关系嵌入性的研究中,已经形成了两种截然相反的理论观点:弱联系的力量和强联系的优势。Granovetter[37](1973)、Burt[38](1982)、Rogers[39](1995)等提出了弱联系力量的观点。他们认为,弱联系的构建和存在,使组织间能够保持较大的差异,更有可能促进各种新颖的异质性信息和知识的流动和传播,而这些信息和知识对于处于网络环境中的组织开展各种经济活动更具有价值;而强联系可能阻碍了组织决策者对外部变化环境进行有效识别和反应的能力。因为强联系需要更多的资源和精力维持长期联系,因而其联系数量必然较少,且提供的信息量也会较少。另外,强联结也比较不可能提供新颖信息或洞见,因为成员们更有可能与具有相似背景的其他成员形成强联系,他们倾向于拥有相同的信息和持有相似的想法[37,39]。相反,强联系的优势理论认为,由强联系构成的网络虽然不能提供多样化或新颖的信息,但是它们能够提供其他好处推动组织适应变化。首先,强联系更有可能通过频繁互动、面对面访谈等方式推动深入、双边交流,从而更有利于推动组织间复杂信息的交换和高密度(fine-grained)、高质量隐性知识的提取[29,40-42]。其次,尽管强联系可能没办法最大化环境变化的组织认知和潜在适应性反应,但是它们比弱联系更有利于组织辨认外部威胁的影响和评估这些威胁的潜在反应,并且通过增加彼此间的交流和信息共享增强适应性的社会学习,降低外部环境的不确定性并提高组织或个人的危机处理能力[40]。此外,强联系更有可能推动组织间信任和相互认同(mutual identification)的出现,从而促进组织彼此共享有价值的信息,这些信息将会被考虑并采取相应的行动措施[39,41]。

在结构嵌入性的研究中,学者主要考察网络整体的功能和结构,以及企业作为个体节点在社会网络中的结构性特征对其经济活动的影响,如网络规模、密度和中心性等。其中,基于"弱联系力量"假设逻辑,Burt[43](1992)提出的"结构洞"理论,日益受到学界的关注。所谓的"结构洞",是指社会网络中的空隙,这些空隙的存在,意味着网络中的行为主体之间无直接连接或出现关系中断。网络中占有"结构洞"的行为主体,拥有位置优势,这种优势可能带来两种收益:一是信息收益,行为主体在网络中拥有的"结构洞"越多,获得的信息数量就越多,内容就越具体,时间就越及时,就能创造出更多的获利机会；二是控制利益，通过主动利用信息优势使得行动主体成为第三方，可以利用第三方的身份灵活采取各种策略及获取相关收益。作为搭桥机构或组织（bridging organizations）的企业，拥有横跨不同组织间的"结构洞"，能够产生更多的创意想法和新知识，从而相对于其他稠密地带的企业更具有竞争优势[43]。但是，也有一些研究表明，企业间的"结构洞"对知识转移和企业创新绩效具有负向影响[44-45]。结构洞并不是获取多样化信息的必备条件，与具有多样化知识基础的行为主体联结，企业也可以独立于结构洞之外，获取多样化信息[46-47]。

2. 社会资本理论

作为社会网络理论的重要分支，社会资本理论由于其强大的解释力已经得到越来越多研究学者和政策制定者的青睐，并被用于解决各种学科和社会问题[48]。社会资本最早被用于描述跨领域的个人关系资源，这对于社区社会组织中的个体发展非常有用[49]。随后该概念被应用到更为广阔的社会现象当中，包括家庭内外关系、企业内外部关系，以及当代社会的政治生活[43,50]。像物质资本和人力资本一样，社会资本是指为个人职业素养（individual's occupational attainment）和企业商业运营范围内的行为活动提供便利的一种生产性资源（productive resource）[43,51-53]。这些资源不仅包括嵌入在关系之中的各种社会资源，而且还包括与之相关的规范和价值观[43,49,50,53]。社会资本理论的核心观点认为，网络关系作为处理社会事务的一种价值资源，为网络成员提供了"集体共同拥有的资本——一种促使网络成员在各种感知世界中相互信任的资本"，这种资本能够为其成员获取物质或象征收益提供一种"声望"保证，成为企业竞争成功与否的最终决定因素[43,54]。

随着社会资本理论从个人、国家层面延伸至企业层面，学者开始基于不同视角更为深入地探讨企业社会资本的维度划分及其对组织行为和绩效的影响。其中以Nahapiet和Ghoshal[54]（1998）提出的理论模型最为典型，成为后来研究引用的主要文献。他们认为，社会资本根植于各类关系之中，具有许多不同属性，但可通过结构、关系和认知三个维度加以识别。其中，社会资本的结构维度和关系维度与Granovetter[36]（1992）提出的"结构嵌入性"和"关系嵌入性"相对应。结构维度是指行为主体间的所有联结模式，主要用于描述个人或单位间联系的客观结构（impersonal configuration），包括网络联系数量、网络架构（密度、连通性、层次性等）和专门组织（appropriable organization）；关系维度是指描述通过交互作用形成的个体关系类型（kind），包括影响行为的信任、规范、义务、期望、认可等属性。认知维度是指为不同行为主体提供共同表达和理解模式以及目标系统的一系列资源,如通用的语言和符号系统,以及文化习惯等。这三个维度的不同属性相互作用,共同促进企业内部各种资源的整合和交换,进而实现企业的价值创造[54,55]。Nahapiet 和 Ghoshal[54](1998)在社会资本、知识资本和组织优势的关系模型中进一步指出,社会资本有利于组织创造出新的知识资本,在一定限制条件下,具有密集社会资本的企业,在创造和共享知识资本方面比市场化方式更有优势;并且,社会资本和知识资本的共生演化能够进一步巩固组织优势。因此,社会资本理论为解释组织创造和转移知识的特定能力为何成为组织优势的核心要素提供了很好的基础[54],也为本书理解网络特征对企业不同强度的技术创新类型的影响机制提供了一定的启示。

2.1.2 概念内涵

1. 概念界定

"网络"一词,是指一组节点与其相互作用关系形成的整体[56]。在经济活动当中,网络可以被理解为具有独立法人资格的企业为了维持或强化竞争地位,自愿选择在彼此之间建立灵活关系和共享集体资产且不同于层级(hierarchical)结构或市场(market)模式的一种组织形式[57,58]。在网络中,创新不应看作某一行为主体的产品,而是所有主体相互作用下的结果[59]。一般的商业性企业间网络在很早以前就有,但是目标定位于强化创新的企业间网络(创新网络)最近几年才吸引了更多学者的关注[8]。其实,创新与商业性网络本质上是交织在一起的,创新和技术往往是商业伙伴关系和网络形成的内在驱动力[60]。

从创新网络的相关文献来看,Lundvall、Debresson 和 Amesse 以及 Freeman 是早期创新网络的主要研究成员。Lundvall[61](1988)发现创新是多种要素的组合,而这些要素往往来自不同的组织及组织间的合作,并提出联结(link)一词描述要素和要素之间的相互作用。他认为,通过企业的创新活动,企业与其他各种组织之间建立的联系所形成的一个个网络,影响着企业的创新;Debresson 和 Amesse[62](1991)将创新网络简单地理解为工作在一起的创新型企业;Freeman[63](1991)在 *Networks of innovators*: *A synthesis of research issues* 一文中,提出了"创新者网络"(networks of innovators)"创新网络"(innovation networks)的概念,并使用创新联网一词来表示创新过程中企业的联网行为。随后,国内外学者开始从资源、战略管理、组织行为等角度对创新网络展开大量研究,并在研究过程中从不同视角界定创新网络的基本概念,见表 2-1。

表 2-1　　　　　　　　　不同学者对创新网络的概念界定

学者	主要观点
Lundvall[61]（1988）	由相互关系的联结所构成的网络，联结用来表示网络中影响技术创新的联系
Debresson 和 Amesse[62]（1991）	简单地理解为工作在一起的创新型企业
Freeman[63]（1991）	应付系统性创新的一种基本制度安排，企业间的创新合作关系是这种网络构架的主要联结机制
Nonaka 和 Takeuchi[64]（1995）	一种获取规范化的系统知识、正式报告、软件以及隐性知识的工具，合并了组织内部以及组织间的正式与非正式联系
Koschatzky[20]（1999）	不是固定、僵化的科层安排，而是"一个相对松散的、非正式的、含蓄的、可分解的和重复联结的相互关系的系统"
Jones, Conway 和 Steward[65]（1999）	包含创新行为主体间复杂的交互、交换和联系作用的创新过程
Aken 和 Weggeman[66]（2000）	界定为产品或工艺创新过程中的组织网络，包括正式组织网络和非正式组织网络，并指出组织网络是指由一些自治的和法律上平等的组织通过选择性和持久的商业联系构成的系统
Harris, Coles 和 Dickson[67]（2000）	由不同的创新参与者（包括制造业中的企业、R&D 机构和创新导向服务供应者等）形成的协同群体，共同参加新产品的形成、开发、生产和销售过程，共同参与创新的开发与扩散，通过交互作用建立科学、技术、市场之间的直接和间接、互惠和灵活的关系
王大洲[68]（2001）	企业创新活动发生的网络，即在技术创新过程中围绕企业形成的各种正式与非正式合作关系的总体结构
霍云福和陈新跃等[69]（2002）	企业为获得创新资源、提升创新能力，通过契约关系或在反复交易的基础上以及应用互联网信息技术手段与外部组织机构建立的彼此信任、长期合作、互利互动的各种合作制度安排
沈必扬和池仁勇[70]（2005）	一定区域内的企业与各行为主体（大学、科研院所、地方政府、中介机构、金融机构等）在交互式的作用当中建立的相对稳定的、能够激发和促进创新的、具有本地根植性的、正式或非正式的关系总和
Ojasalo[60]（2008）	焦点企业在开展研发活动过程中与其他行为主体形成关系的总和
Dilk, Gleich 和 Wald[8]（2008）	创新网络可以理解为两个或两个以上的企业以共同研究、开发或传播创新的一种组织形式

资料来源：根据相关文献资料归纳整理。

根据 Hakansson[59]（1978）的观点，网络包括三个基本要素：行为主体、活动的发生和资源。结合上述学者的定义，也可以看出，每个创新网络至少会包含以下三种要素：①网络中的行为主体，即网络成员。只要能够有利于企业的学习和创新，任何组织都可以成为创新网络中的一员，可以包括竞争对手、供应商、客户、大学、研究机构、政府机构以及中介机构等，这些行为主体往往拥有互补性资源和能力，在推动创新的过程中发挥了重大作用。②网络成员在交互过程中形成的创新合作关系。这些关系的具体内容涉及网络成员的资源与其之间的资源交换活动。资源包括物质资源、财政资源、人力资源和知识资源等；而资源交换活动本质上可体现为各种信息和知识的交换活动，可能涉及一个领域，也可能涉及多个领域；关系的联结方式可能是一对一、一对多，也可能是多对多模式；关系的性质可能是正式的，也可能是非正式的。③共同的目标。创新网络是节约交易成本、降低交易不确定性的有效组织形式。行为主体通过各种形式联网，进行有意识和无意识的信息交换和资源共享，最终目的都在于提高企业的创新水平，降低创新成本和风险[71]。

不同的学者对于创新网络的研究往往基于不同的情境，因而他们所定义和描述的创新网络具有一定的差异性。Lundvall[42]（1992）主要从使用者和生产者之间的交互作用入手，从微观层面研究国家创新系统内的创新过程，他所描述的创新网络是指相互有关联的联结组成的网络，它包括系统内各种行为主体间的联结，并没有强调某个行为主体的核心地位，行为主体间的地位是平等的。De Bresson 和 Amesse[62]（1991）、Freeman[63]（1991）强调的是企业间以技术为基础的创新网络，忽略了企业与其他组织机构之间的联结。Nonaka 和 Takeuchi[64]（1995）、Jones 等[65]（1999）、Aken 和 Weggeman[66]（2000）、Harris[67]（2000）、Ojasalo[60]（2008）、Dilk 等[8]（2008），以及我国学者王大洲[68]（2001）、霍云福等[69]（2002）所描述的创新网络是以焦点企业为核心的创新网络，包含了核心企业与其他企业、大学、科研院所、地方政府、中介机构、金融机构等组织机构之间的联结。Koschatzky[20]（1999）、沈必扬和池仁勇[70]（2005）从产业集群或区域层面定义了企业创新网络，强调地理空间和文化邻近性对创新网络形成和发展的影响。

综上所述，现有文献所定义和研究的创新网络主要有三种基本形式，如图2-1所示。一是以区域或产业范围为研究边界的创新网络，即区域创新网络，如图2-1（a）所示。它可以理解为在一定地理空间范围或产业范围内的行为主体，围绕技术创新形成的各种关系的总和。它是一种大网络的概念，网络中的行为主体都处于同一区域或同一产业范围，它们由于地理空间和文化的邻近性或产业相关性而聚集在一起，彼此之间相互联系、相互依存。它是一种客观形成的整体网络，不受个体企业控制，考虑了构成企业发展的背景和路径依赖的环境，如产业创新集群和区域创新系统等[25]。二是某一区域或产业中的企业创新网络，如图2-1（b）所示，它可以理解为在某一区域或产业领域内，在技术创新过程中围绕焦点企业所形成的各种关系的总和。焦点企业在网络中处于核心地位，是各种联系的发起者和推动者。由于地理空间的邻近性或产业背景的相关性，并在焦点企业的推动下，其他组织机构之间往往也形成了各种联系。三是基于焦点企业认知能力的企业创新网络，如图 2-1（c）所示。它是焦点企业在技术创新过程中与供应商、客户、同行企业、大学、科研院所、政府部门、科技服务机构等其他组织机构所形成的各种关系的总和。其中，科技服务机构，包括咨询机构、金融机构、培训机构、行业协会、行业技术中心等中介服务组织。焦点企业根据自身发展和战略需求寻找外部合作，其合作伙伴不再局限于某一区域，另外，由于焦点企业认知能力的限制，它并不完全了解其合作伙伴之间的联系，焦点企业合作伙伴之间的联系可能存在，也可能不存在。图 2-1（b）和图 2-1（c）都是一种以自我为中心的网络，确切地说，它们是以整体网络为生存环境、以自我为核心主动构建的创新网络，两者的差异主要在于合作伙伴的空间范围。

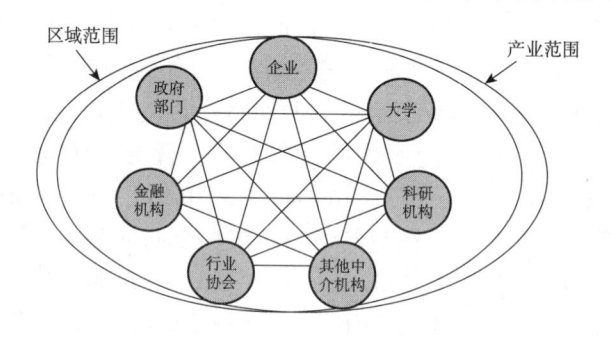

(a) 区域或产业层面的创新网络

(b) 区域或产业集群中的企业创新网络　　(c) 基于焦点企业认知范围的企业创新网络

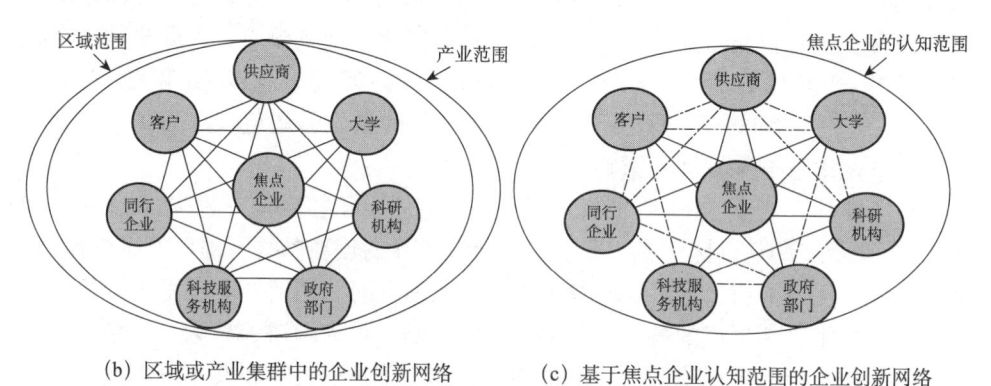

图 2-1　不同研究视角下创新网络的基本形式

网络研究学者的首要任务就是将其所要研究的网络与其他网络区别开来[56]。在本书研究中，我们主要集中探讨企业外部合作伙伴关系网络对其渐进性创新和根本性创新的影响机制，所有的研究内容和结论都是围绕具体企业展开的，并且，对外部合作伙伴关系特征的描述和评价也基于企业的主观认知判断。另外，通过对上述概念的讨论可知，不管何种形式的创新网络，行为主体间的关系都是网络形成的基石。正如 Salancik[72]（1995）所强调的那样，在考虑网络在组织理论中的作用时，不能忽视主体间的交互作用（联结）。因此，本书所界定的创新网络，与Gemünden等[73]（1996）、Dhanara和Parkhe[74]（2006）、Ojasalo[60]（2008）、Dilk等[8]（2008）、陈学光[27]（2007）等的研究相一致，重点考虑网络中企业感知的外部创新合作伙伴关系，是指微观层面的企业创新网络。具体来说，是一种以焦点企业（focal firm/hub firm）为核心的创新网络，是基于焦点企业认知范围的企业创新网络，如图2-1（c）所示。**本书沿用企业创新网络的主流定义，将其定义为焦点企业在开展技术创新活动的过程中，与客户、供应商、同行、大学、科研院所、政府部门、科技服务机构等外部合作伙伴形成的各种正式和非正式关系的总和。这些外部合作伙伴，在技术创新过程中与焦点企业产生各种交互作用，因而也被称为焦点企业的创新伙伴。**焦点企业是指成为研究对象的企业。它可能是枢纽企业，是网络中的关键行为主体，能够通过个体属性和其在网络结构的中心位置取得声望和权力，具备汇聚网络分散资源的能力，担任着触发实体、战略中心、旗舰企业及网络架构者（network orchestrators）等多种角色[57,74,75]；也可能只是某一网络的外围企业或边缘企业，在特定的网络中不具有话语权。然而，无论哪种性质的企业，在其认知范围内，都能够形成以自我为中心的创新网络。该认知范围是指焦点企业在技术创新过程中所能"考虑到"或"回忆到"的外部创新伙伴的范围[27]。之所以采用这种界定，主要原因有两个：一是在界定认知范围的情况下，与外部人员相比，企业代表（代表企业的当事人）更了解企业的各种技术创新合作活动，往往能够对外部创新合作关系作出比较真实和客观的描述和评价，从而有利于我们更细致地了解和把握企业创新网络对不同技术创新类型的影响；二是从焦点企业认知视角去考察其外部创新网络，能够使本书研究的相关分析和结论更加符合企业的实际情况，从而更具有实践价值和操作性。

2. 联结形式

网络中创新合作关系可以以多种形式出现。Freeman[63]（1991）基于创新视角，提出企业创新网络的十种联结形式，包括合资公司或合资研究机构、合作研发合同、技术交流协议、技术推动的直接投资、技术许可、技术外包、研究联盟、政府资助的联合项目、共建研发基础设施、合作框架下的非正式知识诀窍交流。Kuma[76]（1995）在讨论发展中国家企业如何利用不同形式的国际联系提高竞争力的过程中，将跨国企业的外部联系分为国外直接投资（FDI）、技术许可和其他协议模式、战略联盟、对外投资四种。按照联结对象的差异，霍云福等[69]（2002）将企业创新网络的联结形式划分为五类：①企业间的联结，包括前向联结、后向联结和同位联结三种，主要形式为企业间的战略联盟；②企业与大学、科研机构的联结,具体方式包括工程项目、产学研联合体、中试中心等;③企业与政府的联结;④企业与资本市场的联结;⑤企业与中介机构的联结。池仁勇[346](2007)在研究区域中小企业创新网络效率评价问题时,将实现节点联结的关系链归纳为技术链、亲友关系链、信息传递链、项目合作链、加工链、人员流动链和资本链七种类型。各种关系链条定义了节点联结具体形式的性质。

3. 主要功能

(1)创新网络有利于推动组织间的信息流动和知识转移。Powell 等[14](1996)认为,组织间的联结和合作网络是企业获取外部知识的重要载体。Stuart[77](2000)的研究在某种程度上说明了合作及为合作创造便利条件的网络环境对知识创造、知识扩散、知识实现具有促进作用。Ahuja[45](2000)将组织间的合作联结定义为致力于共享资源的自愿性协议,认为网络合作和关键资源与促进知识转移相联系,网络不仅促进网络中的知识转移,还促进新知识的产生。Dyer 和 Nobcoka[46](2000)通过对 Toyota 及供应商组成的企业网络中的知识流动进行的深入分析,认为这个企业网络是一个"知识共享网络"(knowledge-sharing network),因为在该网络中存在着多样化的知识,通过建立制度化的协作规则,能促进成员间的知识共享,进而创造相对于网络外部成员的竞争优势。Ernst 和 Kim(2002)[78]认为由独立供应商(independent suppliers)、独立分包商(independent subcontractors)、分布式渠道(distribution channels)、研发联盟(R & D alliances)、合作协议(cooperative agreements)、子公司和附属企业(subsidiaries and affiliates)以及合资企业等节点所构成的全球(区域)生产网络,能够促进国家间的知识扩散,为发展中国家的当地供应商提供新机会。在网络的压力下,当地供应商有强大的动机通过各种形式的知识转换,整合转移过来的各种知识。

(2)创新网络有利于促进组织及组织间的学习。网络中的组织间协议能够快速提供知识并确实产生竞争优势,而且还会进一步通过强化这种构建技能和运行程序在组织中的关键地位以促进学习[79]。Powell 等[14](1996)认为,组织学习是知识获取和构建及利用知识能力的函数。Levitt 和 March[80](1988)、Uzzi[41](1996)等将网络理解为组织及组织间学习的一种潜在学习源,通过创造知识交易的渠道和降低学习的风险,网络形成了知识转移和学习过程;与此同时,网络通过推进企业间有效的技能诀窍转移或现有信息的新颖组合促进学习。Podolny 和 Page[81](1998)归纳了社会网络促进组织学习的两种方式:一是通过促进网络节点间(包括独立个体或组织)自有信息的快速传递;二是通过提供性质显著不同于节点自有信息的全新知识。Tsai[82](2001)认为组织单元嵌入在一个具有知识转移和资源共享特征的协调网络当中。这种组织单元间联系和网络是组织学习的重要组成部分，揭示了组织单元通过交互作用发现新机会和获取新知识的过程，并促使组织单元能够获取有助于提高市场竞争力的关键能力。

（3）创新网络有利于企业提高创新产出和组织绩效。Gulati[83]（1998）等认为，联盟网络能够帮助企业获取资源，特别是在时间紧迫和精力有限的情况下。企业可以通过一种可接受的合作方式从外部获取内部不能生产或提供的资源和技能[14]。Ahuja[45]（2000）认为，在技术合作网络中，企业间的合作联系与两种不同的网络利益相关。一是它能提供资源共享利益，允许企业整合网络内的知识、技术以及物质资产。网络中的组织相对于其他公司更容易获得中心与影响力的位置，并且网络中所维持的直接联结的数量通过提供资源共享、互补性（complementary）以及范围（scale），对企业创新产出产生正面影响。二是合作联系能够提供享受知识溢出的机会，作为信息通道，促使技术新突破、难题的新洞见及失败途径等相关信息在企业间流动。直接联系可能给企业带来资源共享和知识溢出，而间接联系不能给企业带来资源共享利益，但是其能够带来获取知识溢出的机会。企业间的联系程度以一种矛盾的方式，影响知识共享和新颖信息的获取。焦点企业在网络中拥有的结构洞越多，将增加其获取多样化信息的机会，从而提高绩效；相反，结构洞较少的个体自我网络，可能增强个体间的信任程度并减少机会主义行为，促进个体间的知识共享，从而形成更多的生产性合作。

2.1.3 类型划分

基于不同的视角，现有文献将创新网络划分为不同的类型，归纳起来，大致可分为三大类。

1. 基于焦点企业的分类

这种分类主要根据焦点企业的类别、合作成员差异以及网络地位等维度对创新网络进行划分。Debresson[84]（1999）在对1990—1992年欧洲国家技术创新统计的过程中，对创新网络分类进行了开创性研究，将创新网络分为供应商主导网络和集成网络，集成网络又分为市场导向型网络和包括公共研究机构的完全网络。我国学者霍云福等[69]（2002）依据合作对象的差异，将企业创新网络分为三种类型：①垂直型企业创新网络，是指与企业形成上下游关系的供应商以及用户之间的合作网络；②水平型企业创新网络，是指企业与大学、研究院所、政府或竞争对手之间形成的合作网络；③混合型企业创新网络，即同时包括垂直与水平关系的合作网络。Dilk 等[8]（2008）根据合作对象差异，将企业创新网络分为横向创新网络、纵向创新网络和侧向（lateral）创新网络三种类型。横向创新网络是指位于供应链同一位置的不同企业间的合作网络，主要指焦点企业与直接竞争对手之间的合作网络；纵向创新网络是沿着供应链不同位置的企业间的合作网络，主要指焦点企业与其制造商、供应商和客户之间的合作网络；侧向创新网络是指企业与那些不存在永久经济关系的其他组织和机构的合作网络，主要指焦点企业与科学研究机构、大学和科技服务机构之间的合作网络，它们之间彼此不存在竞争关系，但又相互关联，能够促进相关技术知识横跨产业边界进行转移。Koka 和 Prescott[85]（2008）根据焦点企业选择网络结构设计的差异，将联盟网络划分为突出型联盟网络（prominent alliance networks）和创业型联盟网络（entrepreneurial alliance networks）。前者强调焦点企业在网络中的核心地位，这种网络位置不仅促使企业可以通过多样化的合作伙伴联系获取重要和关键信息，而且使企业能够通过影响其他合作伙伴行为，构建有利于自身的战略议程，从而提高企业绩效；后者强调焦点企业在网络中的创业者地位，这种网络位置给焦点企业带来非冗余信息、信息多样化以及信息流控制等利益，其反过来能提高企业绩效。本书所涉及的企业创新网络都有可能归入这些分类。

2. 基于关系性质的分类

这种分类根据网络关系形成的路径、合法性及目的性对创新网络进行划分。根据网络的形成路径，Aken 和 Weggeman[66]（2000）将其分为自生型组织网络（emergent organization network）和构建型组织网络（designed organization network）。自生型组织网络往往不是行为主体有意识设计的，而是在频繁而令人满意的商业贸易基础上形成的，或者通过组织代表人物之间的频繁交互活动形成的。地理空间和文化的邻近性是自生型创新网络形成的重要原因，而构建型组织网络则是一种为特定目的而有意识建立的网络关系。在此基础上，他们还根据形成关系是否具有合约性质对创新网络进行了分类，把大部分合作活动都是基于契约安排而构建的创新网络称为正式创新网络，如战略技术联盟、研发合同等；而把合作活动大大超过契约限制或基于一种松散的契约安排所形成的创新网络称为非正式创新网络，如 Lorenzone 和 Lipparini[86]（1999）所描述的大学和生物技术企业之间的知识交换。尽管非正式创新网络极其重要，但是很难进行分类和测量[63]。此外，根据合作关系中的学习形态，Koza 和 Lewin[87]（1998）、Rothaermel[88]（2001）等将创新网络分为探索型（网络）联盟（exploration alliances）和利用型（网络）联盟（exploitation alliances）。探索型联盟主要用于获取和学习新创意、新思想，探索新的市场或技术机会；而利用型联盟主要用于获取互补性资源，促进新知识的应用。在项目开发的早期阶段，企业需要加入探索性联盟发现新的知识，成功获取新知识之后，企业又需要加入利用型联盟应用新知识，实现商业化过程。本书所涉及的企业创新网络也有可能划入这些分类。

3. 基于分析视角的分类

Keith 等[89]（2007）在评述和讨论组织间网络的实证研究时，将企业网络划为自我中心网络（egocentric network）和整体网络（whole nerwork）两种。自我中心网络是指以整体网络为生存环境，以各种企业联结为其存在形式，以长期能力价值增值与保护为内核，以企业自我为核心主动构建的网络[90]；而整体网络是一种客观的企业网络，即构成企业发展的背景和路径依赖的环境，它是一种大网络概念，是不受个体企业控制的网络环境[25]。同样，根据研究对象中网络的范畴不同，创新网络也可以分为以自我为中心的创新网络和整体创新网络。前者从网络中的焦点企业出发，强调焦点企业的网络特征对企业的影响和价值，主要研究集中在焦点企业如何策划和治理其关系网络，以获取更多的资源和成功[74]。这种网络的相关研究内容都围绕焦点企业展开，研究结论也只适用于企业层面[27]。后者从创新网络的整体层面出发，关注所有网络成员的互动和网络整体的运行情况，所得出的结论也以部分或整体网络为背景、参考和服务对象[91]，因而适用于企业、产业和区域等层面。本书所涉及的企业创新网络都是以自我为中心的创新网络。

2.1.4 特征属性

1. 网络特征的分析维度

一般说来，学者主要采用两种形式描述网络的特征属性。一是从节点、节点联结和整体网络三个层面刻画网络的特征属性。Kilduff 和 Tsai[92]（2003）在《社会网络与组织》一书中从导向性、整体导向层次及联结层次三个方面阐述社会网络研究中的主要概念。个体层次的导向性概念主要包括嵌入性、社会资本、结构洞和网络中心性等，主要从个体行动者的角度出发定义；联结层次的概念包括联结强度、联结的相互性和关系多重性，主要用来表征网络中节点之间相互作用的程度、内容和积极性；整体网络层次的概念包括密度、集中度、可达性和平衡等，主要用于鉴别在同一组织单位中不同特征的网络，或者对不同组织单位的网络特征进行对比。二是采用网络分析单元和分析方法相结合的方式，提出了不同的网络特征要素和分析模型。网络分析单元包括单个主体、组成次群体的多个主体以及总群体，而网络分析方法主要指社会网络分析（social network analysis），包括结构维度、关系维度和位置维度三类。Burt[38]（1982）提出"关系—位置"网络分析模型，利用关系分析法和位置分析法描述不同层次的行动者总体。其中，关系分析法，描述的是行动者之间的关系密度，可以在不考虑其他各种关系的情况下，描述与行动者相关的一种或几种关系；位置分析法，描述的是行动者在网络的位置，需要考虑网络中各种牵涉其中的关系。Granovetter[29,36]（1985，1992）基于Polanyi[28]（1944）的嵌入性思想，受Burt等的网络分析模型的启发，提出关系的嵌入性和结构的嵌入性。关系嵌入性的研究视角聚焦于基于互惠互利预期而发生的双向关系，主要从关系的内容、方向、久度和强度等方面进行测量；结构嵌入性是互动双方各自成为更大结构中的一部分，主要从关系联结在网络中的位置、规模和密度等方面进行测量。

随着社会网络、嵌入性理论在企业战略管理实践中的兴起，许多学者开始注意到企业（创新）网络的不同特征属性对企业创新（绩效）的影响，并提出了影响企业行为和产出的不同特征维度。Gulati[83]（1998）认为，直接影响网络中企业绩效的因素包括两方面，一个是网络特征（network characteristics），这是从网络整体来看的；另一个是个体企业嵌入网络中的位置（position），这是从单个企业自身来看的。Ahuja[93]（2000b）认为企业的网络结构包括三个方面：①企业维持的直接联系的数量；②企业维持的间接联系的数量（企业能够达到通过自己及其合作伙伴）；③企业的联系程度。陈学光[27]（2007）从网络关系的"质"和"量"两个方面测度企业创新网络的特征维度。其中，"质"维度包括关系强度、关系久度和关系质量三个方面；"量"维度包括网络规模、网络范围和网络异质性三个方面。方刚[26]（2008）从网络特征的视角将影响创新网络中企业行为和绩效的因素归为三类：网络结构、网络关系和网络位置。其中，网络结构包括网络范围和联结密度；网络关系包括联结强度和联结久度；用中央性来表征网络位置。另外，一些学者从治理的角度描述网络特征的分析维度。Nooteboom和Gilsing[94]（2004）从能力和治理视角分析了企业探索型网络和利用型网络的网络特征（network feature）的差异性，将网络特征分为网络结构（network structure）和关系强度（strength of ties）。其中，网络结构包括密度、稳定性和中心性；关系强度涉及关系的范围、治理和专用性投资（specific investments）。Dhanaraj和Parkhe[74]（2006）从网络成员（规模、多样性）、网络结构（密度、自主性）及网络位置（中心性、地位）三个角度探讨焦点企业（hub firm）如何策划创新网络，以便更好地管理知识流动、创新独占性和网络稳定性，进而增加其创新产出。

尽管学者在具体应用情境之中对网络特征分析维度的表述和划分存在一定差

异,但是他们对具体特征变量的选取都具有相同之处,主要体现在以下两个方面:一是这些具体特征变量主要用于描述企业、企业间以及整体网络(whole networks)三个层面的各种属性;二是这些具体特征变量主要集中在网络成员、网络关系、网络结构和网络位置等因素上。这在一定程度上为本书研究选取网络特征变量提供了思路和依据。

2. 网络特征变量的选取

上述文献回顾和讨论为本书研究选取网络特征变量提供了框架和思路,但从中也可以看出现有学者在具体特征变量的选取和确定上并没有形成统一认识。因此,我们有必要进一步讨论本书研究网络特征变量的选取依据。

首先,从分析视角来看,本书所界定的焦点企业创新网络是一种自我中心网络,因而所选取的网络特征变量应适用于自我中心网络。以自我为中心的网络可以采用抽样的办法[95],一般用于分析网络关系和网络位置,不大适合分析整体层面的网络结构,如网络密度、群体中心性、小团体和对等性等指标。因为焦点企业的认知能力有限,很难对其技术创新伙伴之间的所有联结情况作出清晰判断,若根据焦点企业的主观推断绘制和计算整体的网络结构,往往不太可能反映真实的客观情况。其次,选取的网络特征变量应在现有实证文献中得到充分发展,并与焦点企业的吸收能力和技术创新密切相关。为此,我们以"innovation network""absorptive capacity""technological innovation"和"(创新)网络""吸收能力""创新"为英文和中文关键词,从EBSCO-ASP-BSP-SRC、John Wiley全文电子期刊、ProQuest、Elsevier全文电子期刊、JSTOR和中国期刊网等数据库中挑选出23篇实证研究论文。这些论文主要采用抽样方法检验企业(创新)网络的特征属性与吸收能力或企业创新之间的关系,在一定程度上能够说明影响焦点企业吸收能力和技术创新的代表性网络特征变量。图2-2统计了这些论文所选用网络特征变量的使用频数情况,显然,网络关系、网络规模和网络位置,成为这些实证研究中较为常用的网络特征变量。最后,所选取的网络特征变量应考虑本书的研究目的,对企业渐进性创新和根本性创新可能存在显著差异的作用。由于创新强度的差异,渐进性创新和根本性创新所需要的网络类型可能不太一样,企业需要构建具有不同特征属性的创新网络以适应和推进这两种创新活动。因此,本书选取的网络特征变量要尽量能够体现渐进性创新和根本性创新对于创新网络的不同要求。

综合上述分析,本书从企业认知范围内的网络层面、企业互动层面及企业个体层面分别选取网络规模、关系强度和网络中心性三个特征变量作为代表,探讨外部创新网络特征属性对企业渐进性创新和根本性创新的影响。

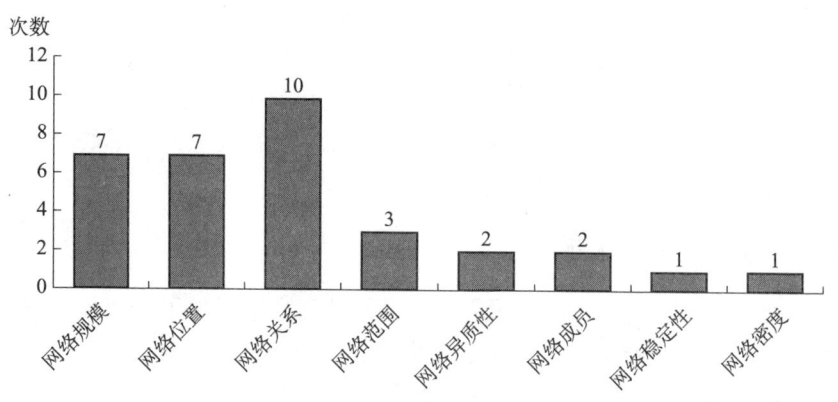

图 2-2 部分网络特征变量在实证研究中的使用频率

2.1.5 研究述评

网络分析是清晰描述和分析不同单元间相互关系的一种强有力工具[56]。网络单元或节点可以是个体或由个体生成的团队、组织、社区甚至国家。因此，网络战略适用于组织和组织间研究。在组织层面，分析单元可以是个体、部门或项目，网络描述了组织内部个体间或团队间的相互关系；在组织间层面，分析单元是单一组织或产业分类设置，网络描述了组织间的各种知识和信息流动。嵌入性、强联系优势、弱联系力量、结构洞和社会资本等理论和观点，为网络影响各种社会经济活动提供了理论解释，同时也为本书中网络特征变量的选取和概念模型的构建提供了理论基础。

各种各样的网络遍布于现代商业经济之中。创新网络，作为其中的重要组成部分，具有独特的战略地位和价值。根据我们对不同学者提出的创新网络概念的归纳分析可以发现，创新网络可以从区域、产业、企业三个层面加以认识和分析。区域和产业层面的创新网络强调区域和产业背景要素对创新网络形成和发展的影响，更倾向刻画创新网络的整体性特征，是一种以区域或产业为边界的客观性创新网络；而企业创新网络强调焦点企业在网络中的核心地位，可能存在于特定的区域或产业当中，也可能会超越区域或产业边界的约束。某一区域或产业中的企业创新网络，可能是区域或产业层面创新网络分析的客观结果，也可能是基于焦点企业认知能力形成的。而基于焦点企业认知能力形成的创新网络，也可能跨越企业所在的区域或产业边界。因此，在开展研究之前，必须先界定好企业创新网络的边界。在本书中，我们所研究的企业创新网络是基于焦点企业认知能力的创新网络。

在企业的创新网络中，至少有部分创新过程是由企业与其合作伙伴联合推动的[8]。资源有限性促使企业很难独自完成一项创新，而创新过程也不是通过金钱与革新性知识的简单交换或转移就可以实现的。创新网络是等级和市场模式协调的混合物，其所包含的各种合作关系，直接定义了各种合作关系的性质和内容，能够推动企业创新过程的顺利进行。并且，这些合作关系可以通过多种不同的联结形式出现。也就是说，一个企业既可以通过成立研发合资企业等方式形成的正式合作，也可以通过基于个人关系的非正式合作，在创新过程中的某个阶段或多个阶段向其合作伙伴寻求支持。因此，企业与其创新伙伴的联结关系，是创新网络的构成基石；而联结形式的多样性和灵活性，与创新资源的获取难度、质量和数量息息相关，是焦点企业构建创新网络必须考虑的重要因素。

根据对创新网络类型划分和特征属性相关研究的归纳可知，网络的节点、关系和整体层面是现有研究识别和分析创新网络的重要视角。基于个体节点的视角，主要考察个体节点本身所具有的特点和性质，以及它在创新网络中的地位和身份。Dilk 等[8]（2008）对于创新网络的分类，更加注重焦点企业合作伙伴的性质差异；而 Koka 和 Prescott[85]（2008）对于创新网络的分类，则更加注重焦点企业在网络中的地位差异；同时，许多实证研究将网络位置和网络成员的多样性和异质性作为创新网络有效性的重要指标。基于节点关系的视角，主要考察个体节点联结的形成特点及其在联结中相互作用所呈现出来的特点和性质。Aken 和 Weggeman[66]（2000）、Koza 和 Lewin[87]（1998）、Rothaermel[88]（2001）对于创新网络的分类，则更加注重焦点企业与其伙伴关系在形成路径、目的、合法性等方面的差异；同时，也有许多实证研究将网络关系和网络范围作为检验创新网络有效性的重要指标。基于整体层面的视角，主要考察创新网络作为一个整体所呈现出来的不同特点。Keith 等[89]（2007）对企业网络的分类，显示了不同分析视角在网络整体特征关注方面的差异。同样，在许多实证研究中网络规模、密度和稳定性成为分析和考察创新网络的有效指标。尽管现有研究总是基于一个或多个视角选取特定的网络类型加以分析，并未形成系统的统一框架，但是它们所得出的结论和观点仍然为本书中网络特征变量的选取提供了重要的参考依据。

2.2 吸收能力

2.2.1 相关理论

对于企业持续竞争优势源泉的理解，已经成为战略管理研究的一个重要问题。"企业为什么存在不同以及怎样获取和保持持续竞争优势",成为这类研究关注和讨论的焦点。以资源和能力为基础的理论观点,突破了传统产业组织理论关于企业竞争优势形成的"S-C-P"模式,将关注点从外部市场结构转向企业资源和能力要素,已经成为战略管理领域用来解释竞争优势来源的最具影响力和引用率最高的理论框架之一[26,96]。

尽管如此,学者对于理论中两个最为基本和重要的概念"资源"和"能力"的认识仍未统一,使用上也不尽相同、不够准确。例如,Wernerfelt[97](1984)认为,资源是任何一种可能被认为是企业优势或弱势的东西。更为正式地说,特定时期的企业资源是指那些与企业半永久性(semipermanently)捆绑的有形和无形资产,包括品牌、商标、内部技术知识、熟练技工、交易合同、机器、效率程序、资本等[98]。而在Barney[99](1991)的分析框架中,资源包括企业的所有资产、能力、组织流程和公司属性等,这些资源能够为企业所控制,并用于构建和实施战略以提高效率(efficiency)和效力(effectiveness)。显然,前者对资源的定义是一个静态概念,不包含能力要素,后者对资源的定义是一个静态和动态要素相互交互的集合概念。为了后续研究的需要,结合相关学者对这两个概念的认识和辨析[26,100-103],我们将资源和能力进行区分。资源是企业拥有或控制的一切可利用要素的静态存量,它是企业各种流程的投入和产出,构成了产生经济租金和竞争优势的基础;而能力是企业对其资源进行部署和配置的"才能",这种才能是在一定时期内随着企业各种资源复杂交互作用(complex interactions among the firm's Resources)而发展起来的企业特有的、以信息为基础的各种有形或无形过程(tangible or intangible processes),它是企业使用资源的可重复的行为范式,是获取和保持经济租金和竞争优势的关键。接下来,将基于资源和能力的理论观点分静态视角的资源基础观和过程视角的企业能力论加以阐述,作为本书研究的理论基础之一。

1. 资源基础观

在资源基础观(resource-based view,RBV)正式提出之前,许多学者已经意识到了资源对企业生存发展和竞争地位(competitive position)的重要性。Ricardo[104](1817)基于经济学视角,提出生产要素的稀缺性能够为其所有者带来超额收益。Penrose[105](1959)、Rubin[106](1973)将企业看成是资源的集合体,企业的成长或扩张除了受到市场竞争结构等外在因素的影响,还受到企业经营资源、组织能力等内源因素的制约。这些观点为资源观的提出提供了理论基础和思路[102]。Wernerfelt[97](1984)正式提出企业的资源基础观。他认为,企业的内部环境比外部环境对竞争优势更具有决定性作用。资源和产品是一枚硬币的两个面，尽管企业绩效由其产品直接驱动，但这些驱动力间接或最终来源于转化为产品的特定资源。企业资源、知识及组织能力的积累是其保持竞争优势的关键，企业可以通过隔离机制（isolating mechanisms）、资源位势壁垒（resource position barrier），获取资源的经济租金（economic rents）。然而，并不是所有的资源都可以成为企业竞争优势的源泉，Barney[99]（1991）提出的VRIO分析框架，指出了资源成为企业竞争优势源泉所需具备的四大特征：价值性、稀缺性、难以模仿性、难以替代性。价值性有助于企业在环境中抓住机会，抵消或回避威胁，稀缺性促使企业能够掌握特定资源的控制权，难以模仿性和难以替代性促使企业能够长期保持资源的异质性和价值。前两种资源特性，促使企业实施优越战略和获取特定竞争优势；而后两种资源特性保证了这种竞争优势的持续性。这些特定的异质性资源，是产生经济租金的基础[107]。企业可以通过竞争事前限制以低于租金的成本获取这些资源，并通过资源的不完全流通性和竞争事后限制，将这些资源产生的租金长期保持在企业内部。这些观点构成了传统资源基础观的核心内容。

传统的资源基础观描述了"企业存在不同"所需具备的资源特征，但并未针对某类资源展开具体阐述，而且它们将这种竞争优势的源泉局限于企业内部。知识基础观（knowledge-based view，KBV）和网络资源观对此作了补充和拓展，从一个更为本质、广阔的视角考察企业竞争优势的来源。知识基础观认为，知识是企业最具有战略重要性的资源，企业是将存在个体之中的特定知识整合成产品和服务的生产机构[108,109]。由于知识在本质上是一种特殊的资源，知识基础观也被认为是资源基础观的产物。通过异质性知识的创造、转移、存储和应用，能够产生具有经济价值的新知识和带来持续的竞争优势[110]，因此，企业知识管理的首要任务在于为知识的整合建立一整套必要的协调机制[108,109]。随着企业网络或联盟合作伙伴在企业基于资源的竞争优势构建过程中的重要作用逐渐被证实[88]，如何从网络中获取企业不完全拥有或控制的资源开始成为关注的焦点。网络资源观认为，企业的关键资源，不一定局限于企业内部，可能超越组织边界，嵌入企业间的关系和网络之中，如基于企业间关系的专有资产、知识共享惯例、互补性资源/能力以及有效治理等[33,35,46,83,111]。这种基于企业间关系的网络资源，是一种完全不同于技术资源和商业资源的社会资源，能够通过改变企业的潜在机会影响企业的战略行为和决策，其数量和质量与企业的网络成员身份、网络结构和网络治理状况相关[111]。由于网络资源观将传统资源观引入社会网络研究领域，扩大了竞争优势源泉的范围，因此也被称为"扩展的资源观"[112]。

基于对传统资源基础观及其拓展性理论的探讨可知：企业的竞争优势可能源于企业内部拥有或控制的资源，也可能源于嵌入企业间关系中的网络资源，更有可能在两者的共同作用下形成。其中，具有价值性、稀缺性、难以模仿性、难以替代性四大特征的异质性知识，成为这类资源的重中之重。在该理论框架下，作为企业竞争优势的重要组成，企业独具特色的技术创新与其拥有或控制的内部和网络资源有关。那些满足价值性、稀缺性、难以模仿性和难以替代性的创新资源，特别是以各种形式存在的市场知识和技术诀窍，成为企业间合作和竞争的重要战略内容，是企业开展各种技术创新活动的基本条件，也是参与或构建各种创新网络的价值所在和根本出发点。因此，在更为开放、动态的创新环境下，企业在开展各种技术创新的过程中，不仅要不断提高内部资源的丰裕程度和异质性，更要积极关注和获取嵌入网络中的各种外部资源，特别是那些企业内部稀缺的特定资源。

2. 企业能力论

在对资源和能力概念进行区分之前，以资源为基础的理论观点，将企业独特的资源和能力共同视为持续竞争优势的源泉。这种观点将企业通过资源配置创造竞争优势的过程看成是一个不证自明的过程[113]。这也成为后续学者批评资源基础观和提出企业能力论的依据所在。其实，大多数学者从静态视角探讨资源基础观的同时，也注意到了资源利用过程对竞争地位和优势的重要性，只是没有进行系统阐述而已。例如，Penrose[105]（1959）认为，只有当资源潜在价值被企业提取时，资源才有助于企业竞争地位的巩固。Rubin[106]（1973）也认为，资源本身并不产生价值，仅占有资源是没有用的，企业应该将原始资源（raw resources）进行处理和配置，使之具有效用价值。Prahalad 和 Hamel[114]（1990）、Barney[99]（1991）、Peteraf[107]（1993）、Henderson 和 Cockburn[116]（1994）、Barney 和 Mackey[117]（2005）等在批评和完善资源基础观的静态性理论框架的过程中也逐渐意识到，企业能够获取经济租金和竞争优势，不仅在于其拥有异质性的优质资源，更在于其具备了对这些资源进行适当组织、运用、管理从而实现价值创造的能力，具体包括企业独特的技能、技术、知识以及控制系统和薪酬制度等要素。因此，在资源基础观发展和演化的过程中，许多学者进一步强化能力在获取和保持企业持续竞争优势中的核心作用，提出了以能力为基础的理论观点，即企业能力论。如"企业竞争力"（company competence）[118,119] "核心能力"（core competence/capabilities）[114,120] "吸收能力"（absorptive capacity）[32] "独特能力"（distinctive capabilities）[116,121] "动态能力"（dynamic capabilities）[101] "网络能力"（network capability）[122,123]。其中，核心能力、吸收能力和动态能力的理论观点的影响范围最为广泛，而网络能力的理论观点随着网络化知识经济时代的到来和推进，也引起了研究学者和企业管理者的广泛关注。

基于核心能力的观点认为，在短期内企业可以从产品价格/性能中获取竞争力，然而在全球竞争环境下，如西方和日本，企业产品的成本和质量标准日益趋同，价格和性能要素在创造差异化优势的过程中已经显得越来越不重要；从长期看，企业的竞争力在于比竞争对手以更低成本、更快速度培育和构建——推出难以预测的新产品的核心能力（core competence），这种核心能力通过企业技术和产品技能整合而成，使企业各个业务单元能够快速适应不断变化的机会[114]。一项核心能力至少具有以下三种特征：为企业提供进入多样化市场的机会；对顾客感知到的终端产品价值具有重要贡献；很难被竞争者模仿。基于知识基础观的视角，核心能力可视为识别并提供一种竞争优势的知识集合体，其内容根植于员工的知识和技能、企业的技术系统、管理系统以及价值观和规范，并形成一个相互联系、相互依存的知识系统[120]。

尽管核心能力能够促使企业运用积累的知识基础不断识别出新机会，并孵化出新的产品和工艺，但是由于其长期发展而产生的"核心刚性"，它可能使企业无法适应快速变化且难以预测的环境，从而导致产品和工艺开发的失调及竞争优势丧失的问题。为此，Teece 等[101]（1997）提出了动态能力的理论观点：动态能力是指企业整合、塑造和重构内外部能力以适应快速变化的环境的能力，由组织的流程（process）、地位（position）和路径（path）所决定，反映企业在给定的路径依赖和市场地位下获取新的竞争优势的组织能力。在这种观点下，企业竞争优势来源于其自身卓越的管理与组织流程、特定资产决定的战略地位以及演化路径的依赖性。当外部环境出现变化，如市场的兴起、冲突、分裂、演化和消亡，企业将通过整合、重构、获取和放弃等一系列组织和战略程序，对相关资源进行重新组合和利用[124]，以形成新的核心能力并在新一轮竞争中赢取先发优势。由于动态能力理论观点考虑了外部环境的动态变化，更加符合现实中的市场竞争情况，因而得到众多学者的采纳和发展[125]。

考虑到外部资源对于企业创新过程的重要性，知识和网络研究学者在拓展传统资源基础观的同时，分别提出了吸收能力和网络能力的理论观点。吸收能力的理论观点认为，在企业越来越依赖外部知识源推进创新和提高绩效的情况下[23,24]，组织间知识转移存在的管理挑战，促使企业吸收能力成为竞争优势的主要来源[82,126,127]。高水平的吸收能力，可能促使企业更好地利用其他企业的新技术和知识，从而推动其创新活动的开展[82]。企业吸收能力的强弱，直接决定了企业从外部知识获取利润的难易程度[128]。另外，基于网络资源的重要性，Ritter[123]（1999）、Moller 和 Halinen[129]（1999）、Hagedoorn 等[122]（2006）从网络治理的视角提出网络能力的理论观点：基于企业网络形态特征形成的各种能力（包括网络规划、关系管理和网络占位等能力），成为企业在网络环境下获取和保持竞争优势的一种重要能力。不同于一般合作经验，战略性的网络能力使企业能够在复杂的网络环境下通过合作关系与其他企业进行持续的互动[122]。因此，企业利用网络能力可以避免潜在冲突，更为有效地与合作伙伴展开互动交流和构建更为有效的企业网络，从而促进所需知识的获取或转移，并最终推动创新水平的提升和网络竞争优势的巩固。

2.2.2 概念内涵

1. 概念演变

吸收能力概念的提出和完善，是一系列先前研究累积和发展的结果，根据 Lane 等[130]（2006）的综述性论文，我们基于吸收能力的核心文献绘出其概念发展的时间路线图，如图 2-3 所示，并按照开创者发表主要论文的时间和基于不同视角的综述性文章的出现时间，将其划分为概念提出、发展和成熟三个阶段。

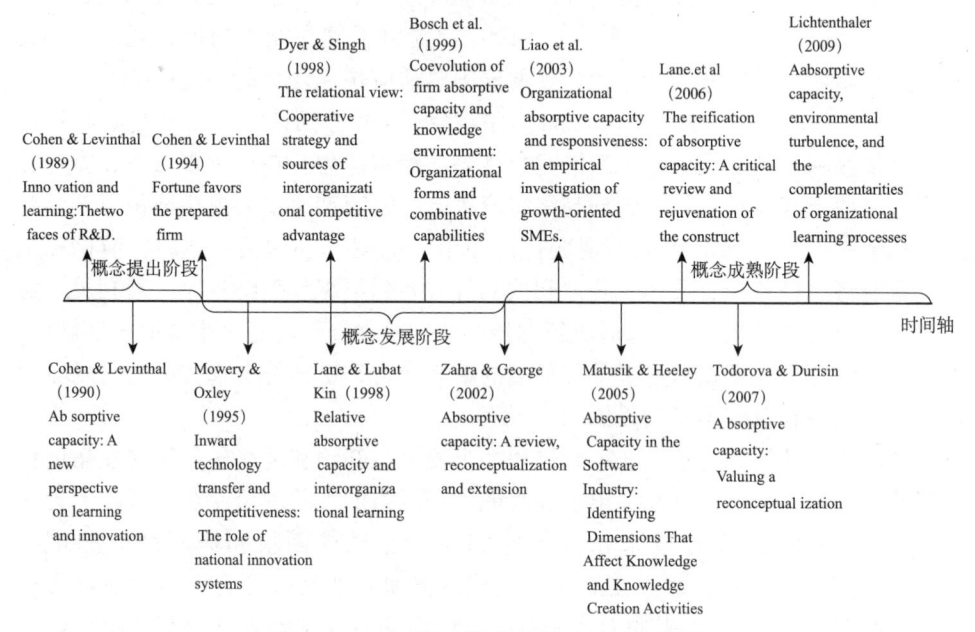

图 2-3 吸收能力概念发展的时间路线图

（1）概念提出阶段（1989—1994 年）。自从 Cohen 和 Levinthal[131,32,132]（1989、1990、1994）在《经济周刊》《管理科学季刊》以及《管理科学》的三篇论文中引入吸收能力概念后，它已经成为组织研究最近几十年出现的最为重要的概念之一[130]。在这三篇开创性论文中，尽管所有的讨论都框定在研发活动的背景当中，但是吸收能力的概念仍在不断演化和扩大。通过企业的研发活动，企业发展出特定领域的科技知识，以及如何将这些知识与产品或市场联系起来的技能诀窍——识别和评价外部知识的能力[131]；随着时间的推移，企业发展出促进知识在组织内部共享的流程、政策和程序——消化和吸收外部知识的能力[32]。同时，企业变得善于使用知识预测技术趋势、创造产品和市场，以及进行灵活战略调整——对外部知识进行商业化利用的能力[32,132]。总之，这些过程定义了企业的吸收能力——识别和评价、消化并商业化应用外部知识的能力。

（2）概念发展阶段（1995—2002年）。由于吸收能力构念提出的独特视角，以及该构念与组织学习、战略联盟、知识管理、基于企业的资源观等组织研究和实践热门研究领域的交叉重叠，在其引入后，已经超过900篇的同行评审的学术论文使用吸收能力这个概念，但是这些论文对吸收能力概念内涵进一步讨论的并不多。Lane等[130]（2006）统计了14个主要同行评审管理期刊289篇论文（1991年9月至2002年9月）对Cohen和Levinthal所定义的吸收能力概念的使用和改进情况。结果显示，78%（225篇）的论文直接引用他们的定义，没有或很少对其定义进行讨论；32.5%（94篇）的论文没有讨论吸收能力的任何维度。相反，只有22%（64篇）的论文在使用这个构念的过程中做了稍微的改动；只有1.4%（4篇）的论文拓展或改进了这个构念。

从根本上讲，这些核心论文已经将对吸收能力的研究从特定的研发情景转向更为广阔的动态能力视角。在探讨国家创新系统作用的研究当中，Mowery等[133,134]（1995、1996）从宏观层面定义吸收能力的概念，并强调吸收能力在联盟间知识转移的重要性。在包含多个单元的企业中，Szulanski[135]（1996）发现了吸收能力与企业情境在知识转移动机，以及引起知识在多单元间转移的因果模糊性等方面存在联系的证据。Dyer和Singh[33]（1998）借鉴Szulanski[135]（1996）对知识转移动机的强调，提出了吸收能力更为广泛的关系观点。他们认为，企业识别、消化吸收和应用另一个企业的知识的能力，是基于合作伙伴之间的"社会化交互作用"和合作过程。同年，Lane和Lubatkin[136]（1998）也发现合作者特性在吸收能力中的作用。基于单向学习过程视角，他们认为应该基于一组企业（"学生企业"和"老师企业"相匹配）的学习水平来评估吸收能力，因为"学生企业"的吸收能力与"老师企业"相关并随着"老师企业"自身能力的变化而变化。因此，他们修订原有构念并提出了"相对吸收能力"（relative absorptive capacity）的概念，并在实证中找到支持证据。特别是，他们认为，"学生企业"的评估、吸收和利用"老师企业"新知识的能力，取决于"老师企业"提供的新知识的具体类型、"老师企业"和"学生企业"之间薪酬制度和组织结构之间的相似性、"学生企业"对"老师企业"一系列组织问题的熟悉程度。

Van den Bosch等[137]（1999）拓展了Lane和Lubatkin[136]（1998）的思想，

认为"学生企业"的吸收能力，通过其先前对环境的反应形成。通过个案研究，他们认为，企业需要具备不同的组织结构（如职能结构、部门结构以及矩阵结构等），强调依赖企业运营所处的环境，通过不同方式组合知识。Zahra 和 George[126]（2002）也基于过程视角透视吸收能力，认为有效的内部知识共享和整合是吸收能力的关键组成部分。基于对以往文献的回顾和整合，他们从动态能力的角度，首次完整地对吸收能力及其知识获取、消化、转换和利用四个维度的概念进行详细界定，能够有效减少实证研究中吸收能力构念测量的模糊性，涵盖了以往学者基于知识管理视角定义的吸收能力的所有要素：Cohen 和 Levinthal 所强调的消化和利用维度、Mowery 等[133,134]（1995、1996）、Kim[138]（1998）对导入新知识的强调及由此形成的获取维度，以及 Kim（1998）对解决问题能力来源的强调及由此形成的转换维度。显然，Zahra 和 George[126]（2002）系统地完善和发展了吸收能力概念的内涵和外延，标志着对吸收能力的研究进入了一个新的时期。

（3）概念成熟阶段（2003 年至今）。Liao 等[139]（2003）进一步发展了 Zahra 和 George[126]（2002）对潜在吸收能力的定义，他们认为，获取外部知识的人并不一定是使用该知识的人，知识还需要通过传播转移到需要应用该知识的人，潜在吸收能力由外部知识获取和内部知识传播两个维度构成。Matusik 和 Heeley[140]（2005）在软件产业背景下，基于知识及其创造活动的视角，从企业与外部环境的交互界面、企业、个体三个层面探讨吸收能力的内容。Lane 等[130]（2006）运用理论分析方法，在回顾和评论先前文献吸收能力定义贡献和不足的基础上，发现吸收能力和组织学习之间存在一种递归关系，并提出更为动态的吸收能力概念，将吸收能力的知识转移过程和组织学习过程有机地结合起来。Todorova 和 Durisin[141]（2007）认为 Zahra 和 George[126]（2002）对吸收能力的概念重构忽略了"识别新知识价值"的重要性，并重新引入"识别外部新知识价值"作为吸收能力的首要组成部分；同时，他们指出，知识消化的下一步骤并不是知识转换，而是一个通过多种路径与知识消化相联结的替代性过程，这为将来不断完善吸收能力的动态概念具有启示意义。Lichtenthaler[127]（2009）拓展和延伸了 Lane 等[130]（2006）的概念内涵，将不同类型的组织学习与知识转化的不同阶段对接起来，构建吸收能力的多阶测量模型，并通过德国三大产业 175 家大中型企业验证该模型的有效性及各类组织学习类型之间的互补性。

2. 内涵探讨

根据吸收能力概念的演化发展，我们总结和归纳了企业吸收能力的一些典型定义，见表 2-2。上述学者对吸收能力定义的拓展，为学术讨论增加了富有价值的新洞见，从中可以发现这些概念之间的联系和差异。Van den Bosch 等[137]（1999）对"学生企业"吸收能力与外部环境关系的讨论，揭示了 Cohen 和 Levinthal 定义中所隐含的反馈回路：吸收能力—学习—新的吸收能力。通过这个回路，企业能够与外部环境形成良好互动，不断拓展吸收能力的内涵和外延。同时，这些讨论也扩大了吸收能力的学习过程的范围，Dyer 和 Singh[33]（1998）主要关注企业与其学习伙伴间的迭代式学习过程，而 Van den Bosch 等[137]（1999）主要关注企业与所有知识外部源的迭代式学习过程。另外，Van den Bosch 等[137]（1999）所界定的吸收能力，是企业通过与外部环境协同进化发展起来的，是 Zahra 和 George[126]（2002）所提出的潜在吸收能力。企业能够在特定情境下使用其吸收能力，消化吸收和商业化应用外部知识的程度，就是企业特定情境的现实吸收能力。相反，Dyer 和 Singh[33]（1998）将吸收能力看成导致"关系租金"的"交换迭代过程"（an iterative process of exchange），"关系租金"是指在合作过程中产生且为合作成员所共享的超额利润。这种观点明显与 Cohen 和 Levinthal 所提出且为大多数学者所采用的单向学习过程观点形成鲜明对照。他们所强调的基于异质知识的共同学习与互惠学习联盟的概念相一致。Liao 等[139]（2003）、Todorova 和 Durisin[141]（2007）强调吸收能力各维度之间的相互关系，是对 Zahra 和 George[126]（2002）潜在吸收能力和现实吸收能力之间关系的一种补充。Lane 等[130]（2006）、Lichtenthaler[127]（2009）整合了先前学者对吸收能力的概念，提出了融合组织学习和知识转化的综合性概念，包含企业与外部环境的交互式作用过程，以及在该过程中企业对外部知识的评价、获取、消化、保养、激活、转化和应用。

表 2-2　　　　　　不同学者对企业吸收能力的主要定义

研究学者	吸收能力的定义	侧重点
Cohen 和 Levinthal[32,131,132]（1989，1990，1994）	吸收能力是一种基本学习过程：企业从环境中识别和评价、消化并商业化应用外部知识的能力	强调企业识别、评价、消化和利用维度和组织学习过程
Mowery 和 Oxley[133]（1995）	吸收能力是指对转移过来的外部默会知识进行处理，并对吸收后的知识进行修正的一组广泛性技能	强调消化和利用维度
Dyer 和 Singh[33]（1998）	吸收能力是指企业已经发展形成的能力，它能够促使企业识别和消化来源于特定联盟伙伴的价值知识。它是合作伙伴间已经形成的重叠性知识基础和最大化合作伙伴间社会技术相互作用频率和强度的组织惯例的函数	强调识别和消化维度，以及合作伙伴间的迭代式学习过程

续表

研究学者	吸收能力的定义	侧重点
Lane 和 Lubatkin[136]（1998）	"学生企业"的吸收能力是指其对从学习型联盟伙伴获取的新知识进行评价、消化和应用的能力，它取决于：①"老师企业"提供的新知识的具体类型；②"学生企业"和"老师企业"之间薪酬制度和组织结构的相似性；③"学生企业"对"老师企业"一系列组织问题的熟悉程度	强调评价、消化和利用维度，以及吸收能力的相对性
Zahra 和 George[126]（2002）	吸收能力应定义为一系列组织惯例和流程，通过这些惯例和流程，企业能够获取、消化、转化和利用知识并发展出一种动态的组织能力。它包括两种类型：潜在吸收能力（企业能够获得和利用外部知识的能力）和现实吸收能力（企业已获得并利用外部知识的能力）	强调获取、消化、转化和利用维度，以及吸收能力的效率
Liao 等[139]（2003）	企业的潜在吸收能力是指企业获取、传播和消化外部信息和知识的一系列相互关联的组织能力	强调获取、传播和消化维度（潜在吸收能力）
Matusik 和 Heeley[140]（2005）	吸收能力由多个层面构成：①企业与外部环境的关系；②企业核心价值创造团队的组织结构、惯例和知识基础；③个体层面的吸收能力	强调吸收能力的不同来源
Lane 等[130]（2006）	吸收能力是企业通过三个连续过程利用外部知识的能力：通过探索式学习识别和理解外部具有潜在价值的新知识，通过转换式学习吸收和消化有价值的新知识，通过利用式学习应用消化后的知识创造新知识和商业产出	将识别、理解、吸收、消化和利用维度与探索式学习、转化式学习和利用式学习结合起来
Todorova 和 Durisin[141]（2007）	吸收能力是企业评价、获取、消化或转化、利用外部知识的能力	强调评价维度的重要性，以及消化或转化维度的相关性
Lichtenthaler[127]（2009）	吸收能力是指企业通过探索式学习、转换式学习和利用式学习连续过程应用外部知识的能力。探索式学习是指获取外部知识，利用式学习是指应用所获知识，而转化式学习将探索式学习和转换式学习两个学习过程联系起来，是指对外部获取知识的定期维系	将识别、消化/吸收、保养、激活、转化和利用维度与探索式学习、转化式学习和利用式学习结合起来

资料来源：根据相关文献资料整理。

基于上述分析可知，研究学者基于不同视角对吸收能力的界定，并没有带来太多的争论；相反，不同视角下的概念界定及其之间的内在联系，进一步加深了人们对吸收能力的认识和理解，从而形成了更加完善的概念定义。正如 Lane 等[130]（2006）所总结的那样，Cohen 和 Levinthal[32]（1990）、Lane 和 Lubatkin[136]（1998），以及 Van den Bosch 等[137]（1999）的研究表明，吸收能力是一个强调探索式学习的漏斗（funnel），促使企业可以广泛搜索知识以满足企业内部的特定知识需求；而 Zahra 和 George[126]（2002）将吸收能力描述成高效率的知识应用管道（pipeline）。这两个隐喻都与吸收能力相关，企业所理解的知识广度决定了企业基于现有知识基础的探索式学习的搜索范围，而知识消化和利用过程的效率影响企业对搜索获取的新知识的成功应用程度。企业需要管理探索式学习与利用式学习之间的平衡[142]，而转换式学习将其联系起来，允许企业将知识融入现有知识基础当中或以一种新颖的方式使用现有知识。在本书中，我们比较认同 Lane 等[130]（2006）、Lichtenthaler[127]（2009）对 Cohen 和 Levinthal 定义的拓展和完善，认为吸收能力是企业学习能力的重要组成部分，在本质上是企业的一种基本学习过程，具有多维性质，应该具有更为丰富的内涵和外延。因此，本书所定义的吸收能力是指企业通过探索式学习、转换式学习和利用式学习一系列连续过程利用外部知识的能力。探索式学习（exploratory learning）是指企业对外部知识的获取过程，与潜在吸收能力相对应；利用式学习（exploitative learning）是指企业对外部获取知识的利用过程，与现实吸收能力相对应；转换式学习（transformative learning）是指企业对外部获取知识的定期维系过程，将探索式学习和利用式学习这两个过程联系起来。这种吸收能力的学习过程观点有助于动态能力与组织学习、搜索行为和难题解决等先前研究的融合与发展[127,143,144]。

根据 Cohen 和 Levinthal[32]（1990）对吸收能力的原始定义，先前的相关知识决定了企业吸收能力的水平。企业需要一些与外部知识源相关的重叠知识以便成功获取新知识，但是与外部知识源的过度重叠又限制了企业获取更多新见解的可能性[127,145]。基于过程视角的吸收能力观点认为，企业先前的知识存量构成了三种不同组织学习的知识基础[127,130]。为了更好地区分不同关键知识成分在吸收能力不同组织学习过程中的差异化作用，本书根据 Kogut 和 Zander[146]（1992）、Song 等[147]（2005）和 Lichtenthaler[127]（2009）等的观点，将企业的先前知识划分为技术知识（technological knowledge）和市场知识（market knowledge）两种类型。技术知识，是指企业在吸收能力过程中探索、转换和利用技术的相关知识[32,82]，包括企业先前研发费用投入使用过程中形成的技术诀窍（technological know-how）和嵌入在企业已有创新成果当中的技术经验（technological experience）[148]。基于先前的技术知识，企业可以为特定应用搜寻外部知识源，如识别出来源于外部的新技术。市场知识是指企业关于技术知识应用和商业化机会的相关知识。基于先前的市场知识，企业可以为相关技术的潜在功能用途提供洞见，如识别出一项技术在其他市场中的新应用。这种分类有助于解释为什么技术变化并不产生明显的机会，因为相互分离的技术和市场知识只能产生有限的价值，只有二者的有机组合才能促进价值创造[127,147]。因此，技术知识和市场知识是互补的，企业需要它们同时作为先前知识基础以成功协调吸收能力的三种组织学习过程,从而推动创新和提高绩效[32,130,137,147]。

3. 结构维度

不同学者基于不同的研究背景和研究目的,提取或界定吸收能力的结构维度。Cohen 和 Levinthal[32,131,132](1989、1990、1994)提出吸收能力的识别、评价、消化和利用维度。Arora 和 Gambardella[149](1994)在生物技术产业中识别和论证了吸收能力的两个维度:评价信息的能力(科学能力)和利用信息的能力(技术能力)。Cassiman 和 Veugelers[150](2000)在比利时制造企业中也找到了吸收能力的两个维度:在市场中搜寻技术的能力和吸收获取技术的能力。Zahra 和 George[126](2002)整合先前文献所涉及的吸收能力相关知识处理维度,整合到知识获取、消化、转化和利用四个维度。其中,知识获取和消化维度构成企业的潜在吸收能力,而知识的转换和利用维度构成了现实的吸收能力。Matusik 和 Heeley[140](2005)按照知识创造活动的来源,将吸收能力分为三个层面:个体层面、企业层面以及企业与外部环境交互界面的吸收能力。Arbussa 和 Coenders[151](2007)认为两类吸收能力使西班牙企业受益于外部传出的溢出效应:企业对新技术外部环境的扫描能力;企业将外部新知识整合到内部创新流程中的能力。Lane 等[130](2006)、Lichtenthaler[127](2009)在 Zahra 和 George[126](2002)的基础上,增加了知识的理解、保养和激活维度;同时,他们追溯 Cohen 和 Levinthal 的定义及其修正过程,提出以过程为基础的吸收能力定义,并从组织学习过程视角将吸收能力的知识处理功能维度收敛为三个更高阶的因子:探索式学习、转化式学习和利用式学习。

综上所述,吸收能力是一个含有多阶维度的复杂概念,已经发展成企业学习能力的重要组成部分[130]。从高阶维度来看,吸收能力可分为基于探索式、转化式和利用式学习过程利用外部知识的能力,也可分为潜在吸收能力和现实吸收能力。从低阶维度来看,吸收能力主要包括企业对外部知识的评价、识别、获取、消化(吸收)、维持、激活、转化和利用能力。并且,不管吸收能力的哪种维度,都有可能发生于个体层面、企业层面以及企业与外部环境的交互界面。根据本书对企业吸收能力的概念界定,结合 Lane 等[130](2006)、Lichtenthaler[127](2009)对于吸收能力的结构维度分类,我们将吸收能力的不同知识处理维度看作企业不同组织学习过程的具体内容,其高阶维度为三种组织学习过程:探索式学习、转换式学习和利用式学习;低阶维度为对知识的六种处理功能:识别(recognize)、消化/吸收(assimilate)、保养(maintain)、激活(reactivate)、转化(transmute)和应用(apply)。并且,每两种知识处理功能分别与三种组织学习过程相对应。

2.2.3 过程模型

许多学者探讨了吸收能力构念的组成成分、前因变量、权变变量、结果变量及其之间的关系，并将其称为吸收能力的过程模型[126]。随着应用范围的扩大和研究的不断深入，吸收能力过程模型不断丰富和拓展。其中，Cohen 和 Levinthal[32,131,132]（1989、1990、1994）、Zahra 和 George[126]（2002）、Todorova 和 Durisin[141]（2007），以及 Lane 等[130]（2006）提出的过程模型，基本涵盖了吸收能力的组织学习过程和知识处理功能等内容，最具代表性和影响力。

1. 过程模型一：Cohen 和 Levinthal（1990）

Cohen 和 Levinthal[32,131,132]（1989、1990、1994）引入吸收能力一词，用以说明企业吸收创新的能力。在其开创性的三篇论文中，他们阐述了吸收能力的定义，并零散地对吸收能力过程要素之间的一些关系进行讨论，奠定了吸收能力理论研究的基石。通过整理，其所构建的吸收能力过程模型如图 2-4 所示。首先，吸收能力包括识别（评价）、消化和应用三个维度，依赖于知识源和先验知识。先验知识促使企业有能力识别出新信息的价值，并进行消化吸收，最后将这些知识应用于商业目的。其次，独占性制度对先验知识与吸收能力发展之间的关系具有调节作用。独占性是指企业从创新活动中获利的程度，高水平的独占性意味着低水平的外溢效应。独占性（产业内部之间知识外溢）决定了企业投资吸收能力的动机，强大的独占性制度（产业内部较少的竞争性外溢）对吸收能力具有负面影响。最后，吸收能力影响企业的创新活动和绩效，包括基础性研究、未来技术进步、创新采用和外溢等。

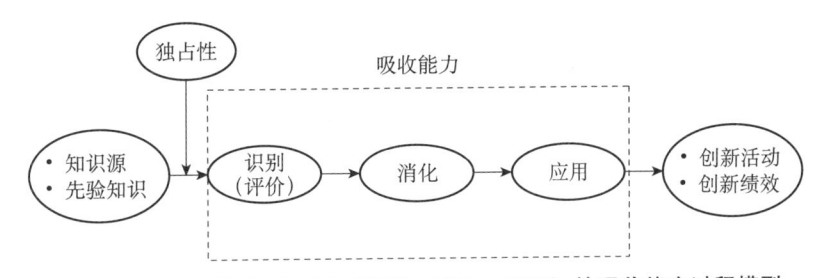

图 2-4 Cohen 和 Levinthal（1989、1990、1994）的吸收能力过程模型

资料来源：根据 Cohen 和 Levinthal[32]（1990）、Todorova 和 Durisin[141]（2007）等文献整理。

尽管 Cohen 和 Levinthal[32,131,132]（1989、1990、1994）对吸收能力过程模型各要素之间关系的描述缺乏系统性，但这些开创性论文在广泛背景下探讨吸收能力的内涵和外延，所迸发出来的发散性思想火花为吸收能力的后续研究提供了多元视角，并指明了方向。例如，他们强调"吸收能力概念能通过研究以学习为基础的认知结构获得拓展"[141]，为吸收能力多维性质（过程视角和知识内容）的研究和论证提供理论源泉；同时，他们提出的一些观点，如组织吸收能力发展"基于组织对个体吸收能力的先前投资""总是具有累积性和路径依赖性""依赖于知识共享和内部沟通的组织能力"[32]，为吸收能力动态过程概念的发展和知识处理功能维度的补充提供了启示。此外，有关吸收能力在创新活动中的作用探讨，为后续研究将吸收能力和创新理论结合起来，提供了一种联系。

2. 过程模型二：Zahra 和 George（2002）

Zahra 和 George[126]（2002）在回顾和评论先前研究的基础上，重新概念化和拓展吸收能力的内涵与外延。在这个过程中，他们提出了关于吸收能力组成成分、前因、权变和结果变量的新模型，如图 2-5 所示。与 Cohen 和 Levinthal[32]（1990）的原始过程模型相比，该模型主要有以下几点变化：一是用"获取"替代"识别"维度，并增加了"转化"维度，形成了吸收能力的四维度模型，强化了吸收能力的动态特征。二是将吸收能力分为"潜在的"和"现实的"两种类型。潜在吸收能力是指企业获取和消化外部知识的能力[136]，这种能力能够评价和获取外部知识，但并不能保证对知识的利用。现实吸收能力是转化和利用能力的函数，反映了企业应用、消化知识的能力。三是在吸收能力的前因变量中，强调知识互补性对吸收能力发展的作用。企业外部知识源越多且互补性越强，企业发展的潜在吸收能力就越大。四是拓展了吸收能力的结果变量，认为吸收能力可能是企业竞争优势的来源。这种可持续的竞争优势，不仅包括创新活动的持续开展和优越绩效的保持，而且包括企业战略的灵活性。五是在模型中，增加了激活触发器和社会整合机制的权变影响，并重新调整独占性制度的权变影响。激活触发器调节了知识源和经验对吸收能力发展的影响。激活触发器的来源将影响企业外部知识源的本地搜寻，相反，触发器的强度将影响企业对潜在吸收能力的投资。社会整合机制减少了信息共享的障碍，提高了消化和转化能力的效率，缩小了潜在吸收能力和现实吸收能力之间的差距，提高了效率因子（现实吸收能力与潜在吸收能力之比）。独占性制度调节现实吸收能力与可持续竞争优势之间的关系。在独占性强的情况下，模仿具有较高的成本，因而现实吸收能力与可持续竞争优势具有显著的正向关系；在独占性弱的情况下，现实吸收能力与可持续竞争优势之间的关系较弱或不存在，除非企业能够通过隔离机制保护其知识资产和能力。

模型的这些变化，对于吸收能力理论的发展具有重要价值。首先，将吸收能力定义为嵌入企业惯例和流程的组织动态能力，把吸收能力的静态本质属性和动态发展过程特征有机结合起来。其次，他们对吸收能力的不同分类和维度之间关系的探讨，为后续研究探讨吸收能力和竞争优势的组织间差异提供方向和依据。例如，他们将吸收能力划分为潜在的和现实的两种类型，对于评价它们各自对企业的贡献非常有用，有助于我们从内部视角解释为什么一些企业比另外一些企业更擅长发挥吸收能力的优势[126]。另外，他们强调，吸收能力的四个维度既存在差异但又相互补充，这些维度在不同企业间具有一些共性，能够实现同等效果，但由于企业培育、形成和应用这些能力的差异，它们在不同的企业又是与众不同的[124]。这种有效性为企业发展不同类型的竞争优势提供了基础。最后，模型对于权变因素的增补和调整，加深了人们对吸收能力过程复杂性的认识，也为企业管理实践如何发展和培育吸收能力提供了启示。例如，激活触发器是指鼓励或强迫企业对内外部刺激作出反应的事件[152]，它们可以是绩效亏损、公司战略的重新定位等以组织危机形式出现的事件；也可以是根本性创新、技术变化、主导设计出现、政府政策变化等可能影响企业所处产业未来发展的事件。企业对这些事件的事前识别、评价和预测，有利于企业提前投资和发展特定吸收能力，从而在竞争中取得先机。

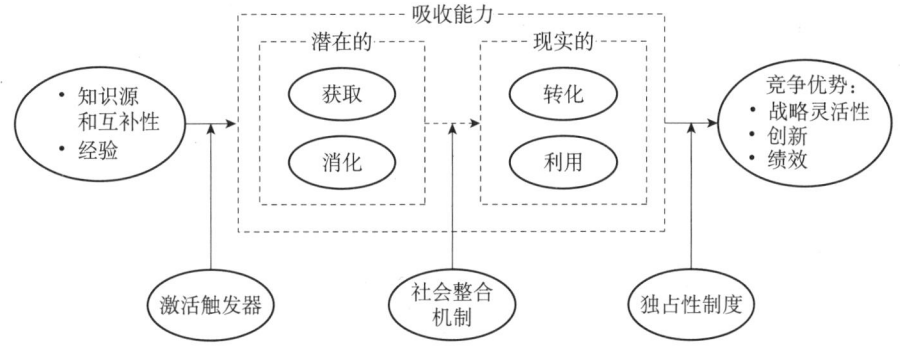

图 2-5 Zahra 和 George（2002）的吸收能力过程模型

资料来源：根据 Zahra 和 George[126]（2002）文献整理。

3. 过程模型三：Todorova 和 Durisin（2007）

Todorova 和 Durisin[141]（2007）认为 Zahra 和 George[126]（2002）的过程模型并不足以系统性地阐述和拓展 Cohen 和 Levinthal 对吸收能力理论发展的原创性贡献。因此，他们基于原始模型，试图解决 Zahra 和 George[126]（2002）理论化模型中存在的不足和模糊性，提出了综合性更强的过程模型，如图 2-6 所示。他们对前两个模型的整合和修改，主要体现以下几个方面：一是考察 Zahra 和 George[126]（2002）模型中吸收能力的组成成分，重新引入"识别新知识的价值"作为吸收能力的第一维度，并强调知识消化和转化之间的复杂关系：知识转化并不一定是知识消化的结果，也可能表现出一种通过多条路径与知识消化相联系的替代过程。二是强调社会整合机制对吸收能力各维度的影响，而不仅局限于转化维度；同时还强调这种影响的双面性，它可能是正向的，也可能是负向的。三是在模型中增加权力关系这一权变变量。权力关系包括企业内部的权力关系，以及企业与客户或其他外部利益相关者之间的权利关系。他们认为，内部权力关系调节知识转化或消化对知识利用的影响；外部权力关系对吸收能力与竞争优势之间的关系具有调节作用。四是强调独占性制度的双重调节作用。它既是先前知识与吸收能力二者关系的调节变量，又是吸收能力与竞争优势二者关系的调节变量。五是增加一条新的反馈链，强调吸收能力对先验知识积累的反馈作用。

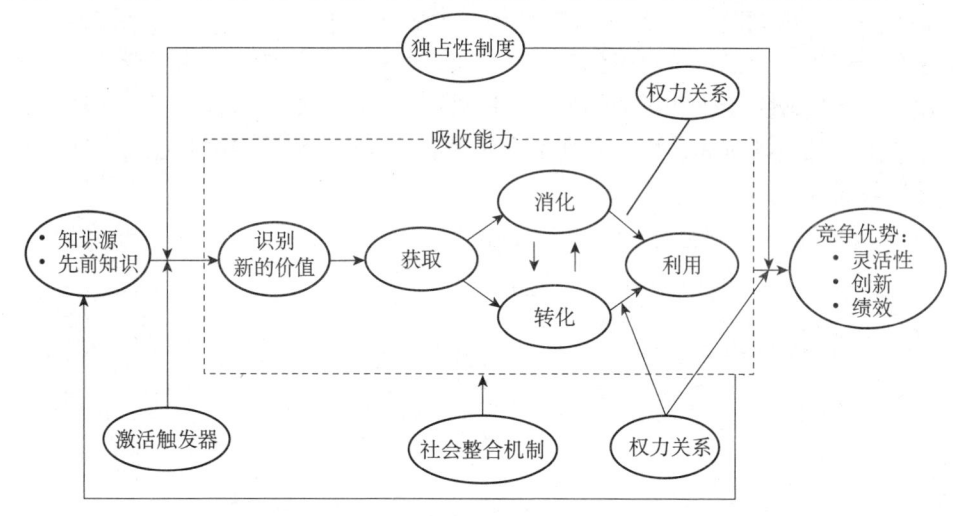

图 2-6 Todorova 和 Durisin（2007）的吸收能力过程模型

资料来源：改编自 Todorova 和 Durisin[141]（2007）。

Todorova 和 Durisin[141]（2007）对以往过程模型的讨论和修改，为后续研究提供了重要启示。首先，模型对"识别"维度的强调和"消化"及"转化"复杂关系的描述，将促使更多的研究探讨吸收能力的知识处理功能及其内在联系。其次，模型对"潜在的"和"现实的"吸收能力分类的清晰性和适当性提出质疑，必然会引发更多的实证研究去验证吸收能力结构维度之间的互补性和吸收能力高阶因子存在的可能性。此外，模型增加了权变变量和一条新的反馈链，揭示了吸收能力发展的复杂性和动态性，也将促使人们从多种视角看待企业对外部知识的吸收现象。

4. 过程模型四：Lane 等（2006）

Lane 等[130]（2006）对使用"吸收能力"概念的先前文献进行编码化处理和

主题分析，发现不同学者对吸收能力的定义都与组织学习过程有关。基于此，他们提出了以学习过程为导向的吸收能力定义，并开发出一个更为全面的吸收能力过程模型，包括吸收能力的组成成分、外部驱动力、内部驱动力、结果变量及其之间的联系，如图2-7所示。首先，模型给出了基于多维视角的吸收能力定义，同时强调吸收能力的学习过程特性和知识处理功能及其内在关系。探索式学习、转换式学习、利用式学习作为吸收能力的三个维度，分别与不同的知识处理功能相对应。其次，企业外部驱动力以不同方式对吸收能力产生影响。学习伙伴间的知识特点（学习伙伴间的知识内容和知识相似性）和非知识方面的学习关系特征（学习伙伴间的战略、文化、组织结构、薪酬制度的适合程度等），通过影响企业知识的搜寻广度、特定领域的知识理解深度及知识获取的难易程度而对吸收能力发展具有直接影响；产业竞争环境、政策环境（特别是在知识产权方面）和知识环境（知识产生源的差异情况）等条件，对企业吸收能力发展的投资决定具有影响，并且，它们通过学习伙伴间的知识特点和非知识方面的学习关系特征，间接影响吸收能力的形成发展。再次，企业内部驱动力对吸收能力的不同维度产生影响。企业成员的个体和共享心智模型影响个体创造性地识别、消化和应用外部知识；企业的组织结构和流程影响企业消化和应用知识的效率和有效性；企业战略影响企业识别、理解、消化和应用外部知识的重点领域。最后，吸收能力通过知识产出和商业产出，影响企业绩效。作为吸收能力的结果变量，知识产出又反作用于个体的心智模型、组织结构和流程；而商业产出则反作用于企业战略。

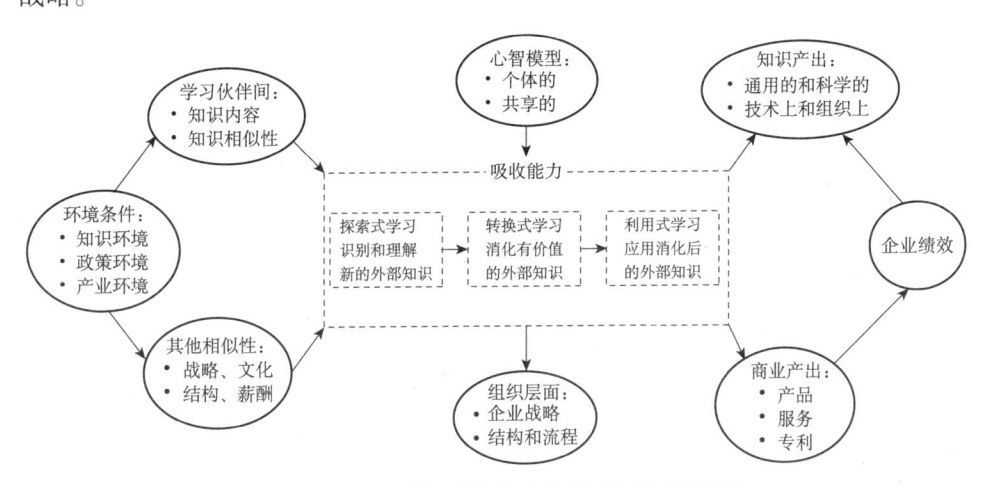

图2-7　Lane等（2006）的吸收能力过程模型

资料来源：根据Lane等[130]（2006）文献整理。

尽管 Lane 等[130]（2006）没有在过程模型中考虑权变变量，但是他们对吸收能力概念、成因、结果的重构和整合，对于把握吸收能力研究的来龙去脉和发展趋势具有重要意义。一是通过分析先前文献使用吸收能力构念的内在含义，他们发现吸收能力与组织学习之间的递归关系，并提出了多维视角的吸收能力定义。这种以过程为基础的动态定义，既总结和归纳了不同吸收能力定义的共性特征，又指出吸收能力高阶因子的方向。二是模型对内外部驱动力的探讨，补充了吸收能力的影响因素，便于后续研究整合和比较不同因素对吸收能力影响的差异和内在联系。最后，模型对于吸收能力产生结果的细分和作用路径的探讨，既深化了吸收能力和竞争优势的关系研究，又有助于打开"吸收能力是企业竞争优势的重要来源"的"黑箱"。总之，该模型在吸收能力理论发展过程中，有着承上启下的作用。

2.2.4 操作测量

关于吸收能力的操作化测量，由于研究背景和目的的差异，学者采用不同的方法进行操作化测量[126]。尽管如此，这些测量方法始终围绕吸收能力的结构维度，因此，按照测量维度的数量差异，可将其分为吸收能力的单维度测量方法和多维度测量方法。

1. 单维度测量

吸收能力的单维度测量，是指将吸收能力作为单一维度的构念，直接通过一个代理变量或多个变量进行操作化测量（见表2-3）。这些变量的选择往往与企业创新的努力投入和结果相关。Cohen 和 Levinthal[32]（1990）将吸收能力看作企业研发投入的产物，并在实证研究中将研发投入作为吸收能力的代理变量。随后，许多学者沿用了这个代理变量或采用研发强度（研发费用与销售收入之比）作为代理变量，如 Mowery 等[134]（1996）、Tsai[82]（2001）、Meeus 等[153]（2001）、Stock 等[154]（2001）、Nicholls-Nixon 和 Woo[155]（2003）等。在实证依据不一致的情况下，吸收能力的这些代理变量的适当性和有效性是值得怀疑的[130]。例如，Tsai[82]（2001）在吸收能力对创新的影响中，支持用研发强度测量吸收能力；相反，Mowery 等[134]（1996）、Meeus 等[153]（2001）发现研发强度并不是组织间学习的一个好的预测指标。为此，许多学者开始尝试寻找其他代理变量测量这一构念。Veugelers[156]（1997）、Becker 和 Peters[157]（2000）；Cassiman 和 Veugelers[150]（2002）等采用"企业是否拥有人员配备齐全的研发部门这一事实"作为测量指标，以捕获吸收能力的累积性特征；Mowery 和 Oxley[133]

(1995)、Keller[158]（1996）、Liu 和 White[159]（1997）等选择人力资本（投入）作为代理变量，以反映吸收能力与个体消化、处理和转化外部知识流的相关性。在研发相关数据很难获取的情况下，一些学者将吸收能力发展可能带来的结果作为吸收能力的代理变量，如企业创造并且正在使用的专利数和技术出版物数量[160-162]、新产品数量[163]、新产品销售额[164]。此外，还有一些学者基于能力观点提出了吸收能力的替代变量，用年龄和规模来说明历史悠久或大型企业具有高的吸收能力，因为它们有可能已经发展出促进消化、吸收和创新的惯例和流程[130,134,165]。

采用不同的代理变量测量吸收能力，往往依赖于具体的研究背景，对吸收能力的理解和测量存在一定的偏差。一些学者在测量多个变量的基础上，运用主成分分析法，构建单一维度的吸收能力。例如，Nieto 和 Quevedo[166]（2005）强调"企业吸收能力来源的重要性"，并从组织与外部环境的交流与联系、组织经验和知识诀窍水平、知识结构和多样性和重叠、组织战略定位四个层面进行测量；Giuliani 和 Bell[167]（2005）、Boschma 和 Wal[168]（2007）及 Escribano[169]（2009）等强调"吸收能力对先前知识基础的依赖"，并通过人力资本和研发一组相关变量加以测量，具体变量包括技术人员的技术教育水平、产品和工艺改造成创新中的技术人员数量、技术人员的从业时间年限、技术人员雇用企业的数量、内部研发费用、常驻研发、研发投入的类型和强度以及研发能力等。Zhao 和 Anand[170]（2009）从组织结构的开放性和灵巧性、知识基础设施的有效性，以及内部团队定位水平提取主成分并测量集体层面的吸收能力；从企业工程师在产品设计和项目管理两个关键领域的培训情况提取主成分并测量个体层面的吸收能力。吸收能力的单维度测量相关文献，整理见表 2-3。

表 2-3　　　　　　　　企业吸收能力的单维度测量

研究学者	选取视角	测量指标
Mowery 等[134]（1996）、Tsai[82]（2001）、Meeus 等[153]（2001）、Stock 等[154]（2001）、Nicholls-Nixon 和 Woo[155]（2003）等	吸收能力是研发投入的产物	以研发相关变量作为代理变量： （1）研发费用； （2）研发投入； （3）研发强度
Veugelers[156]（1997）、Becker 和 Peters[157]（2000）；Cassiman 和 Veugelers[150]（2002）等	捕捉吸收能力发展的累积性	以企业研发机构设立情况作为代理变量：是否成立正式的研发部门
Mowery 和 Oxley[133]（1995）、Keller[158]（1996）、Liu 和 White[159]（1997）等	吸收能力与个体消化、处理和转化外部知识流的相关性	以人力资本相关变量作为代理变量： （1）人力资本投入； （2）研发部门人员

续表

研究学者	选取视角	测量指标
Nicholls-Nixon[160]（1993）、Cockburn 和 Henderson[161]（1998）、Ahuja 和 Katila[162]（2001）、Jaideep 等[163]（2005）、Caloghirou 等[164]（2004）等	在研发相关数据难以获得的情况下，考虑吸收能力可能产生的结果	以创新努力结果相关变量作为代理变量： （1）专利数； （2）技术出版物数量； （3）新产品数量； （4）新产品销售额
Nieto 和 Quevedo[166]（2005）	强调"企业吸收能力来源的重要性"	通过提取4个主成分测量构念，具体如下： （1）企业与外部环境的交流与联系； （2）企业经验和知识诀窍水平； （3）企业知识结构的多样性和重叠程度； （4）企业的战略定位
Giuliani 和 Bell[167]（2005）、Boschma 和 Wal[168]（2007）、Escribano[169]（2009）	强调"吸收能力对先前知识基础的依赖"	通过提取若干个主成分测量吸收能力： （1）企业技术人员的教育水平和从业年限； （2）技术人员及其以前雇用企业的数量； （3）研发能力（科研人员占员工数的比例）； （4）内部研发费用； （5）企业试验活动的强度和性质； （6）培训（企业研发人员的培训情况）； （7）常驻研发（是否拥有配备齐全的研发部门）
Zhao 和 Anand[170]（2009）	强调集体吸收能力和个体吸收能力的测量差异	通过3个主成分测量集体吸收能力： （1）组织结构的开放性和灵巧性； （2）知识基础设施的有效性； （3）企业内部团队的定位水平； 通过两个主成分测量个体吸收能力： （1）企业工程师的产品设计培训； （2）企业工程师的项目管理培训

资料来源：根据相关文献整理。

2. 多维度测量

吸收能力单维度测量方法的主要缺陷在于这种方法所选取的变量往往与企业的创新努力投入或产出都具有强相关关系[166]。这种测量方法在研究吸收能力与其前因、权变和结果变量时，往往缺乏实质性意义，因为吸收能力本身就是通过其前因或结果中部分或若干变量进行测量的，存在显著相关是必然的。为此，一些学者尝试更多直接地将吸收能力作为一种能力进行操作化[130]，而吸收能力的多维度测量方法正是在这种背景下发展起来的。Szulanski[135]（1996）、Lane 和 Lubatkin[136]（1998）测量了吸收能力的评价、消化和应用维度；Lane 等[171]（2001）在探讨国际合资企业（international joint ventures）吸收能力、组织学习和绩效关系时，测量了吸收能力的理解、消化和应用维度；Liao 等[139]（2003）通过多题项量表测量了潜在吸收能力的两个维度：外部知识获取能力和内部知识传播能力；Jansen 等[172]（2005）基于 Zahra 和 George[126]（2002）的研究，吸收 Jaworski 和 Kohli[173]（1993）、Szulanski[135]（1996）等对有关吸收能力的部分题项，测量了吸收能力的知识获取、消化、转化和利用四个维度；Arbussa 和 Coenders[151]（2007）将吸收能力分为企业对新技术外部环境的扫描能力，以及企业将外部新知识整合到内部创新流程中的能力，并分别从"外部创新信息源重要性"和"阻碍企业开展创新活动的内部因素"两个方面加以测量；Lichtenthaler[127]（2009）基于 Lane 等[130]（2006）的研究，拓展了吸收能力的知识处理功能维度，在测量知识识别、消化（吸收）、保养、激活、转化和利用六个低阶维度的基础上，将它们收敛为三个更高阶的因子：探索式学习、转换式学习和利用式学习。

显然，吸收能力的多维度测量方法在学术界已经不断获得改进和完善。它们与单维度测量方法相比，具有以下三点改进：①这种测量方法避免了吸收能力代理变量与其前因、结果变量的重叠性，能够更好地推动二者关系的实证研究。②这种测量方法基于组织学习过程和知识管理视角，构建吸收能力的量表，能够更好地反映和捕获吸收能力的动态过程特性。③这种测量方法有利于验证吸收能力的子分类和高阶因子的提取。例如，Lane 和 Lubatkin[136]（1998）、Lane 等[171]（2001）、Jansen 等[172]（2005）的研究，对潜在吸收能力和现实吸收能力的分类提出了质疑；而 Lichtenthaler[127]（2009）的研究，验证了吸收能力知识处理维度之间的关系，提出并验证吸收能力的高阶因子，回答了 Jansen 等[172]（2005）提出的"吸收能力知识处理的不同维度，能否很好地收敛到一个更高阶因子"的问题。尽管越来越多的学者在实证研究中采用多维度测量方法，但是在测量吸收能力各阶维度的基础上，对整体吸收能力进行测量的文献并不多。在本书中，将采用多维度测量方法对吸收能力进行操作化。

2.2.5　研究述评

通过对以资源和能力为基础的理论观点的回顾与探讨可知，尽管资源和能力在概念上存在一些差异，但是以能力为基础的理论观点，与资源基础观是一脉相承的。前者回答了"企业为什么不同"，后者进一步阐释"企业怎样获取和保持竞争优势"。企业拥有或控制的横跨组织内外的异质性资源是能力和竞争优势的基础；复制、整合、更新、配置和管理这些资源的能力是获取和保持持续竞争优势的关键。只有将二者有机结合，同时纳入考察范围，才能有效地解释竞争优势的源泉问题[100]。同时，资源基础观和企业能力论中的资源和能力是具有高度战略价值和灵活性的资源和能力，它们的内涵和外延是不断发展变化的，一些传统意义上不能被纳入范畴的资源和能力，随着社会经济发展和竞争格局深刻变革也会逐渐符合价值性、稀缺性、难以模仿性、难以替代性四大特征而成为企业竞争优势的重要来源。

吸收能力构念在具体的拓展、修改、完善和应用中会有一些差异，但也具有一些相似的特征，但大多数研究都与 Cohen 和 Levinthal 的概念界定相一致，强调了先验知识、知识管理和组织学习对吸收能力发展的影响和重要性。先验知识是吸收能力的前因，从静态视角界定了吸收能力的来源和基础，先验知识的存量大小和多样化决定了吸收能力的发展范围、速度和水平。吸收能力作为一种能力，其存在的价值和重要性更在于如何利用现有知识基础去开展组织学习活动。那些具有不同知识处理功能的组织学习过程，描述了吸收能力的动态特征和多维性质，界定了吸收能力的低阶和高阶因子。基于过程视角，采用多学科领域知识剖析吸收能力的动态成分，并在实证研究中检验其多维性质，已成为吸收能力构念未来研究的一个重要方向。

对于吸收能力构念的正确认识和把握，还须认清现有文献观点对吸收能力研究的一些认识和理解误区。Lane 等[130]（2006）归纳了影响吸收能力具体化及其相关研究的五大限制性假设：①吸收能力只与研发相关背景有关。这种假设忽视了吸收能力在获取、消化和商业化应用其他业务相关知识过程中的作用，这些知识包括管理技术、市场营销及生产制造等方面的技能和诀窍。②企业针对外部价值知识发展吸收能力。这种假设忽视了外部环境因素对吸收能力投资和发展的作用，如需求、价格弹性、竞争、溢出倾向对于吸收能力投资的影响。外部知识的现有价值或潜在价值是企业发展吸收能力的必要但不充分条件。③先前相关知识等同于吸收能力。这种假设过分强调企业对先验知识的持有，而忽视了吸收能力的过程或能力特性，即对外部知识的消化、保养、转化和应用等功能。持有相关先验知识只是发展吸收能力的必要但不充分条件。④企业竞争优势基于李嘉图租金而不是效率租金。这种假设掩盖了吸收能力的动态过程或活动对企业竞争优势差异的影响，即消化和整合新近获取知识及创造新知识过程在不同企业之间存在差异，这种过程差异能够解释企业间的竞争优势差异。⑤吸收能力仅存在于企业层面。这种假设忽略了个体知识和心智模型在吸收能力模型中进行知识处理的重要性，从而导致人们未能识别出吸收能力的多层次结构。突破这些限制性假设的束缚，对于开展或推进吸收能力研究大有裨益，也是本书努力的重要方向。

吸收能力概念内涵的丰富和拓展，推动了吸收能力过程模型的研究。通过对其代表性模型的典型对比分析，我们可以发现，吸收能力过程模型的发展呈现出以下三个趋势：①模型的前因和结果变量日趋细化和深化。当先验知识对于吸收能力的决定性作用成为一种共识，研究焦点开始从企业内部、企业间、外部环境三个层面全面探索吸收能力的内外驱动力；同时，随着吸收能力成为组织间竞争优势的一种来源，吸收能力对于竞争优势不同表现成分的影响差异和影响路径逐渐引起众多学者的关注。②模型的关键调节变量及其作用日益明晰。在吸收能力形成和作用过程的不同阶段，关键调节变量的识别，增加了模型的现实性和合理性。尽管这些过程模型对于部分关键调节变量的影响判断存在差异，但这仍不能掩盖学者对于关键调节变量及其作用所达成的一致性见解和拓展性研究。③模型的动态性不断增强。对于吸收能力中的知识处理功能和组织学习过程之间递归关系、吸收能力知识消化和转化复杂关系、吸收能力自我强化机制不同路径的识别与探讨，强化了过程模型的动态性特征，也将激发更多学者对先前模型进行修正、拓展和完善。这些趋势为本书概念模型的构建提供了重要启示。

根据我们对吸收能力操作测量的归纳可以看出，强调研发背景的代理变量测量具有一定的适用性，但其并不能全面反映吸收能力的广阔内涵和外延；而基于多变量的单维度测量方法，考虑了更多的非研发要素，但忽略了吸收能力不同组织学习和知识处理过程功能和地位的差异性。不管是采用代理变量，还是采用基于多变量的主成分分析法，都需要依赖于特定的研究背景，因而其应用范围受到了限制，这也成为多维度测量方法提出和发展的重要原因。吸收能力的多维度测量方法已经得到越来越多学者的青睐，并在实证研究中得到应用和推广。然而，不同实证研究对于吸收能力测量维度的选取，具有很大的差异性，并且很少有研究在测量中考虑吸收能力的多维性质，以及同一维度不同成分之间的互补性。尽管如此，这些实证研究的测量指标体系还是为本书吸收能力的操作化打下了坚实的基础。

2.3 技术创新

2.3.1 理论概述

技术创新的思想，最早可追溯到一些经济学家的研究。英国古典政治经济学家亚当·斯密[174]（1776）在《国富论》中指出，由社会分工引起的某些机械发明，能够减少生产的劳动投入并提高劳动生产率，进而推动经济增长。马克思[175]（1867）在《资本论》中指出，生产方式的不断改革，促使资产阶级在不到一百年的阶级统治中，创造出的生产力比过去一切时代创造的全部生产力还要多。尽管亚当·斯密和马克思认识到了发明、生产改革在经济和社会生活中的巨大作用,然而,随后的新古典经济学家所构建的理论框架,将技术进步当作经济发展的外生变量,从而将其挤出了经济学的研究范围。为了克服这种排挤,熊彼特[176](1934)提出的创新理论,试图将旧有的经济学框架转化为以创新为核心的理论框架[177]。通过对经济发展的深入观察,他认为,创新是经济发展的主要推动力,企业要利用各种新的方式去开发资源以满足新的市场需求。按照熊彼特的观点,创新就是建立一种新的生产函数,把一种从来没有的生产要素和生产条件的"新结合"引入生产体系。它包括五种情况:引入一种新产品;引入一种新的生产方法;开辟一个新的市场;获得原材料或半成品的一种新的供应来源;形成一种新的组织形式。熊彼特的创新概念范围很广,其分类包括产品创新、工艺创新、市场创新、供应链管理创新和组织创新等方面。

技术创新理论正是在熊彼特20世纪初所创立的创新理论中衍生和发展起来的。自50年代以来,科技进步、技术变革对经济社会发展所产生的深远影响,促使大量学者开始重新认识技术创新,沿着熊彼特的创新思路逐步展开广泛而深入的研究[178]。在70年代中期以前,以曼斯菲尔德(Mansfield)、莫尔顿·卡曼(Morton I. Kamien)、南希·施瓦茨(Nancy L. Schwartz)、格里利克斯(Griliches)、罗森堡(Rosenberg)和谢里夫(Scherev)等为代表的新熊彼特学派,重点研究产业发展中的新技术推广、技术创新与市场结构的关系、企业规模与技术创新的关系等问题。例如,曼斯菲尔德研究技术创新与模仿之间的关系以及二者的变动速度,在60年代填补了熊彼特创新理论的一个空白;卡曼和施瓦茨从垄断角度考察了技术创新过程,讨论市场中的竞争程度、企业规模及垄断力量对技术创新的影响[179]。自70年代中期以后,技术创新理论的相关研究,在综合已有研究成果的基础上,更加注重这些成果在社会经济技术活动中的应用和指导作用。以弗里曼(Freeman)、多西(Dosi)、斯通曼(Stoneman)、阿伯纳西(Abernathy)和厄特拜克(Utterback)等为代表的学者,重点研究技术创新的动力源、阻力机制、环境影响因素以及技术创新的管理和扩散等问题。例如,弗里曼基于工业创新中的成功和失败案例,系统地探讨过技术推动的创新过程[180];斯通曼将技术创新扩散归结为企业内、企业间以及经济领域和国际上的扩散,并系统阐述了西方技术创新理论的基本研究方法[181]。

随着工业创新实践的发展,演化经济学家倾向达成一致:在严格的经济学视角下,创新研究很难成功解释组织层面的技术变化决定因素;相反,对于技术创新的理解,需要一个更为广阔的多学科视角[182]。在这种背景下,社会学、认知心理学等学科知识开始被越来越多的学者引入技术创新研究,用来解释横跨创新链条形成的外部关系、企业组织惯例和目标形成与变化,以及企业运营所处的特定社会、文化和历史背景所带来的影响。例如，Edquist[183]（1997）、Lundvall[42]（1992）等创新系统研究学者强调创新的社会化过程。在这个过程中，知识和交互式学习分别被视为企业最重要的战略性资源和最基本的经济活动。Narvekar等[184]（2006）基于认知视角将智力资本、吸收能力、直觉引入技术创新过程模型，增强人们对创新过程复杂性和不确定性的理解。显然，在不同学科领域学者的推动下，技术创新理论的内容已经得到不断的扩充和完善，技术创新的学科研究视角也日益多元化和综合化。

2.3.2 概念内涵

1. 概念界定

创新一词来自拉丁语"Novus"，其基本含义是指引进新的事物或提出新的思想，是指新想法的经济应用。它与发明既有差别又有联系，发明家创造了新的技术，而创新者将其投入使用。最早在产业中提出和使用创新概念的是熊彼特[176]（1934），但是他并没有严格界定技术创新的概念和内涵[185]。直到索罗（Solow，1951）首次提出技术创新概念成立的两个条件（即新思想来源和后阶段实现发展）后，学者开始沿着这个思路从不同的研究视角提出技术创新的各种定义，见表2-4。

表2-4　　　　　　　　不同研究视角下的技术创新概念

研究学者	技术创新的概念界定	侧重点
Enos（1962）	技术创新是指一系列行为的综合结果，这些行为包括发明选择、资本投入保证、组织构建、计划制订、员工招聘以及市场开辟等[186]	强调多种要素或多种行为的有效整合
Edquist[183]（1997）	技术创新是具有经济意义的新的创造物，这就包含了根本的新的创造物或对于现存元素的新的组合	
Gupta 和 Thomas[187]（2001）	技术创新是累积性学习过程的结果，通过多层次社会网络的各种行为主体之间的交互作用生成	
Rosenberg（1976，1982）；Nelson 和 Winter（1982）；Dosi（1982）	技术创新是指对现有技术的改进和提升[82,188]	强调产品或工艺的各种创新
Lundvall[42]（1992）	技术创新的广义概念是指在所有经济系统中产生的重大技术变革或渐进的技术改进	
OECD 奥斯陆手册[189]（Oslo Manual，1997）	技术创新是指产生新的产品或工艺，或者基于现有产品/工艺的重要技术改进	

续表

研究学者	技术创新的概念界定	侧重点
Freeman（1973，1982）	技术创新是指新产品、新工艺、新系统和新服务的首次商业化[186]	强调新的或改进后的产品/流程/服务的商业应用及其相关活动的成功实现
美国国家科学基金会（National of Science Foundation of U.S.A，1976）	技术创新就是将新的或改进的产品、流程或服务引入市场[186]	
Mueser（1985）	技术创新是以构思新颖性和成功实现为特征的有意义非连续性事件[186]	
Sorge（1991）；Hislop（2003）；Martin 和 Terblanche（2003）	技术创新是指发明的首次商业化交易[190]	
Brown[191]（1992）	技术创新是一种具有创造新市场潜力或能够改变对手/消费者行为模式的新的产品、方法或系统	
Betz[192]（1993）	技术创新是指新技术的发明、发展，以及基于这种新技术的市场产品、流程和服务的引入	
杨栩[193]（2007）	技术创新是指新技术（包括新产品或新的生产方法）在生产等领域的成功应用，包括对现有技术要素进行重新组合而形成的新的生产能力的活动	
Lynn	技术创新就是始于对技术商业潜力的认识而终于将其完全转化为商业化产品的整个行为过程[186]	强调技术创新过程的可分解性和完整性，包括新构思产生到市场应用的整个过程
Mansfield	技术创新中的产品创新是从企业对新产品的构思开始，以新产品的销售和交货为完成标志的探索性活动[186]	
Myers 和 Marquis（1969）	技术创新是一种复杂的活动过程，它从新思想和新概念开始，通过不断地解决问题，最终使一个有经济价值和社会价值的新项目得到实际应用[186]	
Schott（1981）；Daft（1982）；Rothwell 和 Gardine（1985）	技术创新是一个综合过程，包括对现有技术的改进和商业应用[188]	
Pavitt（1984）；Tidd 等（1997）	技术创新就是将机会转变为现实的商业应用的过程[188]	
OECD[194]（1981）	技术创新是指将一个想法转换成工业或商业中一个新的或改进的畅销产品或操作流程的过程	
Cooper[195]（1984）	技术创新是企业从相对低成本搜寻到高成本研发的一系列活动，包括新产品技术的选择和创造、生产流程的稍微或较大改进以及作为创新扩散的后续投资	
许庆瑞[196]（1990）	技术创新泛指一种新的思想的形成、得到利用并生产出满足市场用户需要的产品的整个过程	
OECD[189]（1997）	技术创新的狭义概念就是指开发新的产品并将其推向市场、成功实现商业化的活动	
Hardy（1996）；Robert（1998）	技术创新是指新想法的形成、利用并成功商业化的综合过程。包括创造新想法的所有努力，新想法或发明面向特定目标的商业化进程、研发成果的转让、传播和扩散等过程[190]	

续表

研究学者	技术创新的概念界定	侧重点
傅家骥[197]（1998）	技术创新是企业家抓住市场的潜在盈利机会，以获取商业利益为目标，重新组织生产条件和要素，建立起效能更强、效率更高、费用更低的生产经营系统，从而推出新的产品设计、新的生产（工艺）方法、开辟新的市场等一系列的综合过程	强调技术创新过程的可分解性和完整性，包括从新构思产生到市场应用的整个过程
薛捷[198]（2007）	技术创新是指在市场导向下，通过技术、知识的获取来推进对现有产品、工艺及服务的改进，或者以此加强对先进技术的学习和应用，并将其转化为最好的商业机会，最后将这些商业化的产品和工艺引入竞争性的市场使其得到传播和应用	

资料来源：根据相关文献资料归纳整理。

从表2-4中可以看出，随着研究的不断深入和视角的不断拓展，技术创新概念的内涵不断变化，其所包含的内容也越来越广泛：从创新行为上看，技术创新不仅是各种经济要素的有效组合，而且强调不同创新主体行为及其交互作用产生的影响；从创新内容上看，技术创新从单纯强调产品或工艺的改进到注重商业应用，并在发展中囊括了从产品和工艺开发、生产到市场应用的整个过程。因此，技术创新有着较为丰富的内涵和外延，对科技进步和社会发展具有重要的推动作用。尽管学者提出的技术创新概念基于不同的研究背景，但是他们都强调现有要素的整合或新要素的创造所产生的市场价值。并且，越来越多的学者从过程视角来理解技术创新的发展，包括构思产生、研究开发、原型设计、生产制造，以及新产品、新工艺和新服务的商业应用及市场推广活动。基于此，本书认为，技术创新是一个具有宽泛内涵和广阔外延的概念，是指企业以市场为导向，利用各种技术和知识改进现有产品、工艺和服务，或者创造出全新的产品、工艺和服务，并推动它们商业化的过程。

2. 基本类型

随着技术创新概念内涵和外延的不断拓展，不同研究视角的学者对于技术创新的分类方法也不一样。英国苏塞克斯大学科学与政策研究所（science policy research unit，SPRU）采用产出/应用分类法，按照创新的强度和重要性将创新分为渐进性创新、根本性创新（突破性创新）、技术系统的变革和技术—经济范式的变革四种类型[63,199]；Abernathy 和 Utterback（1978）根据创新对象的不同，将技术创新分为产品创新和工艺创新两种类型[186,199]；Thushman 和 Aderson[200]（1986）根据创新对现有企业技术能力的影响，将创新分为能力提高型创新和能力毁灭型创新；Henderson 和 Clark[201]（1990）根据创新对现有企业不同知识有用性的影响差异，补充了两种更为深入的创新：架构性创新和模块化创新；基于技术的持续性和破坏性作用，Christensen[202]（1997）首次将创新分为持续性创新和破坏性创新两种类型；另外也有一些学者根据创新战略的差异，将技术创新分为合作创新、模仿创新和自主创新三种类型。基于不同的研究视角对技术创新进行分类，有利于深入理解技术创新的概念和实证研究的开展。为此，本书对这些分类进行归纳整理，见表2-5。

表2-5　　　　　　　　　技术创新的分类

视角	类型	主要特征
根据创新对象分类[186,199]	产品创新（product innovation）	对现有产品的实质性改进或生产一项新的产品，又可以进一步分为根本性产品创新和渐进性产品创新
	工艺创新（process innovation）	进行生产工艺的改进或采用新的工艺，又可以进一步分为根本性工艺创新和渐进性工艺创新
根据创新强度和重要性分类[63,199]	渐进性创新（incremental innovation）	由渐进的、连续的小创新构成，技术变化不大，强调对现有产品和工艺的调整、改良和改进
	根本性创新/突破性创新（radical innovation）	由重大的不连续创新构成，核心设计理念改变，强调推出全新的产品和工艺
	技术系统变革（change of technology system）	强调技术上和经济上相互关联的创新群的出现，往往影响到若干产业部门，并促使新兴产业的形成
	技术—经济范式变革（change in tech-economic paradigm）	与"创造性毁灭"相对应，往往伴随着许多根本性和渐进性的创新集群，并包含若干个新的技术系统
根据创新对现有企业技术能力的影响分类[200]	能力提高型创新（competence-enhancing innovation）	基于企业现有知识基础的创新
	能力毁灭型创新（competence-destroying innovation）	促使企业现有知识基础变得过时的创新
根据创新对结构和部件知识有用性的影响分类[201]	架构性创新（architectural innovations）	强调产品部件之间连接方式的改变
	模块化创新（modular innovation）	强调产品部件核心设计理念的改变
根据创新对产品关键性能维度的影响分类[202]	持续性创新（sustaining innovation）	那些以满足现有市场主流用户和高端用户需求为目的，通过连续不断的性能改进，推动现有产品性能变得更好、品质变得更高的创新
	破坏性创新（disruptive innovation）	那些起初往往提供比较简单、更加便捷与廉价的产品和服务，吸引新的或不太挑剔的消费者而获得市场立足点，并通过不断改进主流用户所重视的关键性能而占领更多市场空间的一类创新

续表

视角	类型	主要特征
根据创新战略分类[203]	自主创新	企业通过自身努力和探索产生技术突破,以获得自主知识产权为目标,独立完成技术的商业化全过程,完全独立地获得创新垄断利润
	模仿创新	企业通过向首创者学习创新的思路、经验和行动,购买或破译核心技术和技术秘密,对技术进行改进和完善,根据市场的特点和市场的趋势加以深入开发的创新行为
	合作创新	企业之间、企业与高校或研究机构之间优势互补,共同投入某一项研究之中,形成创新的协同效应,达到双赢或者多赢的目标

资料来源:根据相关文献归纳整理。

由表2-5可以看出,这些分类从不同层面描述了技术创新的特点。基于创新强度和重要性的分类,强调不同程度的技术变革及其累积性对技术、技术体系以及技术—经济系统的影响,从渐进性创新到技术—经济范式变革,影响程度逐步加深,影响范围逐步拓宽。渐进性创新和根本性创新主要体现了技术创新在微观层面(企业)的影响,而技术系统和技术—经济方式变革主要体现了技术创新在中观和宏观层面(技术体系和技术—经济范式)的影响。基于创新对象的分类,明确规定了技术创新的客体——产品和工艺。产品包括有形产品和无形产品,工艺包括从概念到实物或从材料到产品的过程里所用到的流程和方法。能力提高型和毁灭型创新,强调创新所需技术与企业现有知识基础和知识结构的适配性;架构性创新和模块化创新,强调产品模块内部和模块之间连接方式是否发生变化;持续性创新和破坏性创新,强调创新对市场主流产品性能的影响变化。基于创新战略的分类,主要强调企业完成技术创新的独立性程度。在本书中,我们主要关注微观层面的技术创新,主要考察焦点企业在网络环境下如何利用各种技术知识推进现有产品和工艺的改进或创造出全新的产品和工艺,以满足市场的现有需求和潜在需求。因此,我们将技术创新看作渐进性创新和根本性创新两端之间的连续分布,将产品模块内部和模块之间的连接方式,以及模块核心设计理念的改变作为渐进性创新或根本性创新的特殊情况。

2.3.3 发展模式

经济学家将技术创新作为一个"黑箱"——包含未知成分和过程的系统。尽管他们通过识别和测量"黑箱"的投入和产出,分析技术创新对经济发展的推动作用。然而,他们对"黑箱"的运行过程,即特定投入转为产出的高度复杂过程，却关注很少[204]。20世纪中叶以后，在技术创新领域所开展的大量工作已经取得了许多重要的理论成果，对技术创新理论本质的认识也经历了一个逐渐深化的过程。理论界和企业界对技术创新的研究视角逐渐从经济学转向管理学，将关注焦点集中于"黑箱"的内在变化过程。

1. 线性模式

在工业化的初级阶段，创新主要被看作一个线性过程，学者习惯称之为创新的"线性模型"（the linear model）。在线性模型下，创新过程被视为由一系列不同功能的阶段构成，上一阶段的产出是下一阶段的投入。并且，知识的流动是单向的，后期阶段不能为早期阶段提供投入，也就是说，不同阶段之间不存在任何的反馈路径[205,206]。根据引发源的差异，技术创新线性模型可分为技术推动和市场拉动两种模式，如图2-8所示。

技术推动模式

研究 → 开发 → 制造 → 营销 → 销售

市场拉动模式

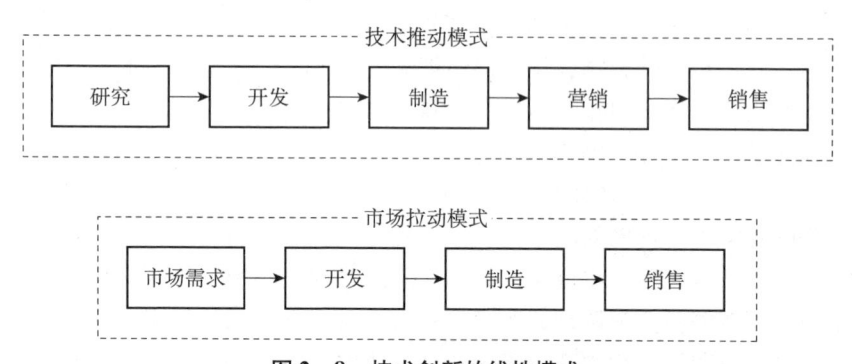

市场需求 → 开发 → 制造 → 销售

图2-8 技术创新的线性模式

资料来源：根据Rothwell[205]（1994）、Schienstock和Hämäläinen[206]（2001）等文献整理。

在技术推动模式下，技术创新开始于基础科学研究，然后进入包括设计和工程的应用性研发，最后是生产制造和产品推广销售。由于技术推动模式存在这样的假设——更多的研发将导致更多的新产品产出，因此，这种模式强调，技术开发或科学发现等基础研究所产生的技术成果，是技术创新的主要推动力，市场只是研究开发成果的被动接受者。技术推动模式往往与根本性创新和新兴产业联系起来。对技术机会的识别和理解，会激发人们的创新努力，从而促使他们为那些新的发现或技术寻找合适的应用领域，从而推动根本性创新的出现和新兴产业的发展；相反，在市场拉动模式下，市场需求是研发构思的来源，在创新过程中发挥了关键作用，为产品和工艺创新创造了机会，并引导和推动了相关技术研发活动的展开。市场拉动模式往往与渐进性创新联系起来，因为消费者的需求变化在一段时间内不可能太大，总有一些基于现有产品或服务的改良要求。在市场拉动模式的引导下，企业能够提高生产效率和确保技术成果的商业价值，从而避免技术成果的商业化问题及其带来的潜在损失[207]。

在第二次世界大战以后的很长一段时间里，技术变革和创新都在线形思维的引导和影响下进行，技术推动模式的影响一直持续到 20 世纪 60 年代中后期，而后随着日本在 70 年代国际市场竞争中快速崛起，需求拉动的模式开始受到关注并流行起来，且从现实上指导了 70 年代以后美国的科技创新政策[208]。尽管如此，由于线性模式对创新真实性的简单化和扭曲性描述，以及对不断变化的技术经济环境的不适应，许多学者提出了批评。他们认为需求拉动模式主要的固有风险在于：它可能导致企业忽视长期研发项目，锁定于渐进性创新，以沿着成熟性能轨迹调整现有产品满足不断变化的用户需求，从而失去对根本性技术变化及其相关市场的调整适应能力[205]。Schienstock 和 Hämäläinen[206]（2001）系统地评价这两种模式，他们认为，技术推动模式并不能解释：为什么有些创新是成功的而其他的没有，还有为什么许多创新失败了并且没有被市场所接受；而需求拉动模式假定技术解决方案的出现是市场需求的结果，但是它无法解决创新过程中的技术不确定性问题，并且，它也没有涉及如何组织创新过程的问题。

2. 非线性模式

竞争强度的增强和产品生命周期的缩短，需要 R&D 活动与创新过程的其他阶段更为紧密地结合，而线性模型未能说明创新向下阶段（市场相关）和向上阶段（技术相关）之间的反馈关系。Ruttan[209]（2001）、Gittelman 和 Kogut[210]（2003）等认为，在高度不确定的环境下，新产品的成本和价值或用户的需求很难进行精确预测，导致创新具有不可预测性，并且，创新过程的机会利用和探索，可能来自实践中的技术进步或市场需求的变化，或者二者变化的组合，因而创新过程更有可能是非线性的。而 Vande Ven 等[211]（1999）直接指出，在资源可获取的前提下，创新是各种发散和收敛活动在不同组织水平下定期反复进行的循环过程。自 20 世纪 70 年代中期以后，越来越多的学者开始将技术创新过程看作一个相互作用的非线性过程，并基于不同的研究背景提出了创新过程的各种非线性模式："耦合"模式、链环模式、一体化模式以及网络和系统模式。

（1）耦合模式。"交互作用"（interactive）或"耦合"（coupling）模式，强调企业技术能力和市场需求在创新过程中的有机结合，如图 2-9 所示。在"耦合"模式下，创新过程是一个具有逻辑顺序但不一定连续的过程，并且，它可以划分为功能不同但相互作用和依存的一系列阶段，相邻功能阶段之间及其与外部环境存在反馈机制。因此，整个创新过程可以被看作由各种沟通路径构成的复杂网络，这些路径将组织内部各相邻功能阶段之间，以及它们与外部更为广泛的科技研究和市场需求联系起来。经验研究表明，创新过程的技术推动和需求拉动模式，从本质上讲，只是更为一般化的技术能力和市场需求交互作用模式的极端和非典型例子[212]。技术推动和市场拉动的有机结合，比单纯的市场拉动或技术推动，能够更好地推动技术创新的产生和成功。在20世纪80年代中期左右，"耦合"模式为大多数西方企业所采用，并被作为最佳实践加以介绍[205]。

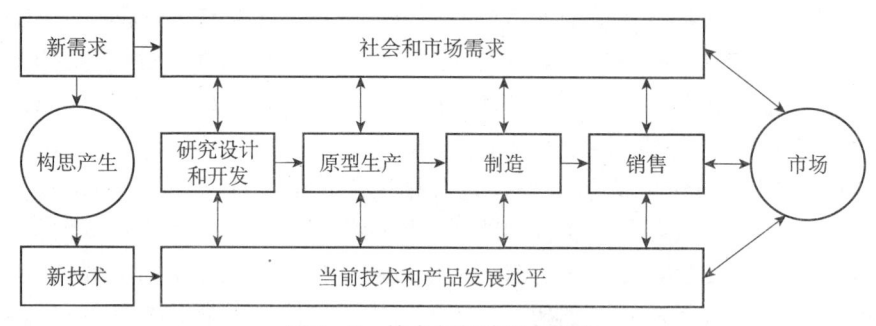

图 2-9 技术创新的耦合模式

资料来源：Rothwell[205]（1994）、Schienstock 和 Hämäläinen[206]（2001）。

（2）链环模式。Klein 和 Rosenberg[204]（1986）等在考虑创新链各个环节之间反馈关系的同时，将技术创新的各个阶段与现有技术知识存量和基础研究联系起来，提出了技术创新的链环模型，如图 2-10 所示。他们认为，企业层面的技术创新过程可描述为通过复杂的反馈环相连的一组活动，从基础研究到市场这一过程中的要素可以被看作以链环相连接的，并且通过交互作用，不同的知识以新的方式进行联结。链环模型主要强调两类交互作用的结合。第一种相互作用是指产品开发实践中所包含的各个阶段之间的反馈关系。新产品的开发始于新市场机会的感知或新的科技发明，接着进行产品或过程的分析设计和实验，然后根据初步实验进行再设计和生产，最后向市场扩散，构成了创新过程的中心链。中心链条包含着由各阶段相互作用所形成的各种短反馈环（c→f）和长反馈环（c→F）。短反馈环将中心链的相邻阶段联结起来，推动每个阶段顺利向下一个阶段推进；长反馈环前向联结对市场需求的感知，强调中心链每个阶段对市场和用户的反馈和察觉。第二种交互作用是创新中心链与基础研究之间的知识联系。当企业现有技术知识存量足以解决创新过程中间三个阶段所遇到的问题，企业将直接快速回应，并推动其进入下一个阶段；如果不行，这些问题将被提炼成信息，并被传送到基础研究层面加以探索。另外，基础研究和发明、设计分析阶段存在直接联系，促使企业及时将科学研究成果转化为应用性发明专利，或者将应用性难题提供给基础研究部门（见图中箭头 D）；而销售阶段所获取到的外部技术信息和知识以及工艺设备等，也为基础研究提供了不可或缺的支持（图中箭头 S）。总之，科学研究是创新中心链各阶段的基础，并贯穿整个技术创新过程，中心链的各阶段推进科学研究现有知识和技术基础的应用，并引导基础研究的发展方向。

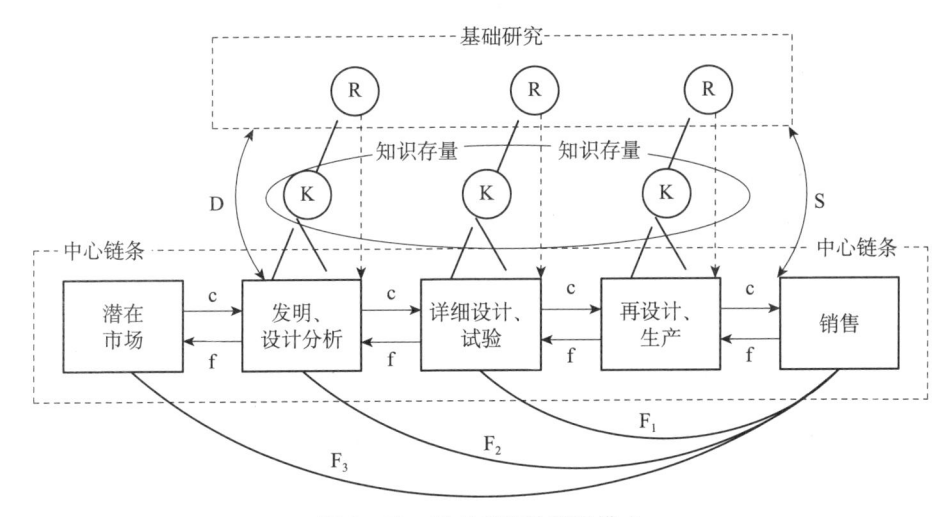

图 2-10 技术创新的链环模式

资料来源：改编自 Kline 和 Rosenberg[204]（1986）。

（3）一体化模式。基于交互作用的链环模型，为技术创新过程提供了较为合理的解释框架，但是也有学者认为企业的技术创新不应将产品开发过程分成具有时间顺序的几个阶段[213]；相反，研发互动、原型开发、生产制造及其他关键的活动可以同时并行开展，并在此基础上根据开发需要进行综合集成，这就是集成和并行开发模式（integration and parallel development model），有时也被称为"一体化模式"（integrative model），如图 2-11 所示。它反对技术创新过程的高度分割和序列化，强调研发部门、设计生产部门、供应商和用户之间的密切联系、沟通和合作，开始从行为主体角度考察创新活动的开展，为技术创新过程增加了新的内容。这种模式运用的关键在于企业对并行开展活动的调整、控制和集成能力。企业需要定期召开横跨各部门涉及多个创新过程阶段的联组会议（joint group meeting），进行多次信息交流，以保证各功能阶段活动方向的一致性，以及这些活动综合集成的可行性和可靠性。在 20 世纪 80 年代中后期和 90 年代初，许多日本制造企业在新产品开发系统中采用了这种模式，极大地提高了创新的速度和效率，并击败了西方的竞争对手，这反过来致使许多西方领先企业努力学习和掌握创新过程的一体化模式[205]。

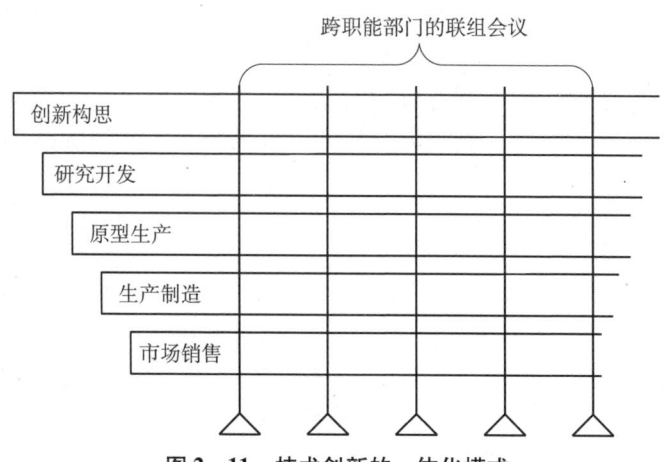

图 2-11 技术创新的一体化模式

资料来源：改编自 Rothwell[205]（1994）。

（4）网络和系统模式。随着一体化创新过程模型的发展，一些学者开始从网络和系统视角看待企业的创新过程，提出创新过程的网络和系统模式。Rothwell[205]（1994）列举了领先创新企业提高产品开发活动速度、效率和灵活性的一系列行为因素，这些行为包括集中、综合和并行的开发过程，牢固的早期垂直联系，以及以电子为基础的设计和信息系统的使用。他发现创新越来越多地涉及横向联系，如协作性的竞争前研究（collaborative pre-competitive research）、联合研发企业和以研发为基础的战略联盟，正逐渐变成一个网络的过程。在此基础上，他提出了创新的系统集成和网络模式（systems integration and networking）。这种网络模式主要在一系列潜在战略要素和关键使能因素综合作用下形成的，是一种精益创新。潜在战略要素包括以时间为基础的战略（强调更快、更有效率的产品开发）、聚焦于产品质量和其他非价格因素的开发、以客户为中心的战略、与主要供应商的战略整合、横向技术合作战略、电子数据处理战略、政策的总体质量控制；关键使能因素包括更大的整体组织和系统集成，快速和有效决策所需的更为扁平化、灵活的组织结构，发达的内部数据库以及有效的外部数据链接。显然，一体化、灵活性、网络化及并行（实时）信息处理是系统集成和网络模式的主要特色。

创新是一个非常复杂的过程，往往包含了各种新颖性的出现。随着研究的深入和认识水平的提高，学者从更为多元、更为系统的方式去看待技术创新的发展过程。Rothwell[205]（1994）认为，系统集成和网络模式本身涉及大量的学习过程，产业创新可以被描述为一个知识积累的过程，或学习的过程，包括组织的内外部学习。Edquist[183]（1997）更进一步认为创新是一个非线性的过程。这说明技术创新可以由不同的因素引起，因此，我们应该考虑到包含于科学、技术、学习、生产和需求中的复杂的反馈机制和交互作用关系。Lundvall[42]（1992）也认为创新过程不仅是一个技术的过程还是一个社会的过程，其深深地根植于一般的社会和经济活动中，同时也是一个企业和与其的环境之间交互学习的过程。Schienstock 和 Hämäläinen[206]（2001）认为，由于现代信息和通信技术在产品和生产流程中的应用性渗透模糊了产品创新和服务创新之间的区别，因此，在分析技术创新过程的时候，我们必须重视技术和社会方面之间的相互关系。随着学者对于创新的交互式作用，创新与社会、环境、制度等关系的强调和研究，一些学者提出技术创新的系统模式，如 Edquist[183]（1997）、Andersen 等[214]（2002）。他们强调，技术创新是一组复杂要素或元素（如企业、科研机构、大学、科技服务中介等）为获取和利用知识而产生相互作用的过程，并且这种相互作用受到这些要素在网络、区域层面等一系列因素的影响。

2.3.4 研究述评

创新研究，是一个相对年轻但快速增长的社会科学分支。在约瑟夫·熊彼特等的推动下，它已发展为一个研究经济、技术、组织和体制变革之间关系的跨学科领域[182]。技术创新作为其中的重要组成部分，对国家和社会经济发展、产业技术进步和企业自主创新具有重要作用。也就是说，技术创新通过推进不同层面的技术变革和技术扩散，带来了广泛的社会经济价值。通过对技术创新理论的回顾、技术创新概念内涵和发展模式的归纳可以发现，技术创新研究的发展具有以下特点：

（1）技术创新的研究视角已经从传统的经济学转向管理学、向社会学视角演进[369]。在经济学视角下，技术创新理论主要从宏观层面强调各种经济要素的有效组合（即信息、人力、物质材料与企业家才能等经济要素的有机组合）对经济发展的推动作用。在管理学视角下，技术创新理论开始从宏观走向微观，探讨技术创新的发生过程模型，阐释一个新思想的产生，到研究发展、试制生产，再到首次商业化的实现模式，主要强调技术创新的"过程"和"结果"。在社会学视角下，技术创新对企业及整个社会经济发展的重要性，以及技术创新过程的复杂性和多样性，已经为大多数学者所熟知和认同，学术界和企业界开始聚焦企业如何在内部资源有限、外部竞争激烈的复杂环境下，推动企业技术创新的发生和产业技术进步。在这种视角下，技术创新理论的研究和发展，主要强调企业与外部环境的联系，能够有效促进企业的知识获取、创造，以及内外部资源整合，从而最终实现技术创新。

(2) 技术创新研究沿着多条路线而不是单一路线不断发展。创新可能是指创新过程的结果，也可能指创新过程本身[22]。技术创新既可以是一个结果，也可以是一个过程。根据创新强度、对象、深度、方式、影响的变化，技术创新又可以划分为渐进性与根本性、产品与工艺、模块与架构、封闭式与开放式、能力提高型与能力毁灭型、维持性与破坏性等多种类型。其中，渐进性创新与根本性创新，作为技术创新的一种基本分类，已经为众多创新研究学者所认同[201,215]，并在实证研究中得到越来越多学者的检验与采用[216,217]。当然，技术创新的渐进性与根本性，只是相对不同企业、市场和产业而言，实质上二者之间是一个连续的过程[60,215,218]。

(3) 技术创新的发展模式已经从较为陈旧的线性模式和链环模式向相对新颖的一体化模式和网络化模式演变。创新过程的"理想模型"正从一个传统封闭系统向几乎完全开放且具有战略性互补资源的网络系统转变。技术变革及其内在知识基础的日益复杂化、知识生产的日趋专业化，以及技术机会与市场需求和组织惯例的连续匹配，促使创新过程变得更为复杂[182]。在这种情形下，创新过程涉及大量专业知识的协调与整合，并要求企业能够在不确定的条件下学习如何转换技术、进入市场，从而实现产品质量的提高、生产成本的降低以及技术的根本性变革。这样，对于组织来讲，网络化创新正变得日益重要，因为它们试图通过获取和整合相互依赖的复杂知识满足自身的发展需要和适应快速变化的环境[219,220]。

2.4 相关实证研究

以"network""absorptive capacity""innovation"和"（创新）网络""吸收能力""创新"为英文和中文关键词，同时在 EBSCO-ASP-BSP-SRC、John Wiley 全文电子期刊、ProQuest、Elsevier 全文电子期刊、JSTOR 和中国期刊网等数据库中搜索相关论文（截至 2011 年 6 月）。经过筛选，我们发现，很多研究分别考察了网络特征、吸收能力与企业创新的关系，但是将三者纳入同一框架进行研究的文献并不多。纵观吸收能力视角下网络特征与技术创新关系的实证研究，主要有以下三类：第一类，以网络特征和吸收能力为自变量，考察它们对创新和绩效的影响；第二类，吸收能力作为网络特征影响创新扩散、创新产出及绩效等方面的中介解释机制或调节变量；第三类，吸收能力同时作为网络特征的中介和调节变量，影响网络特征与创新相关变量的关系。国内外主要的实证研究见表 2-6 和表 2-7。

第2章 理论基础与文献综述

表2-6　国内外吸收能力视角下网络特征与技术创新关系的主要实证研究

学者	网络特征分析层面			数据与方法
	整体层面	关系层面	个体层面	
Tsai[82]（2001）			√	调查问卷/多元回归
Julien等[221]（2004）		√		调查问卷/方差和相关性分析
Hovorka和Larsen[222]（2006）	√	√		纵向双案例
Boschma等[168]（2007）		√	√	调查问卷/相关性分析
Gilsing等[223]（2008）	√	√	√	联盟数据专利数据/多元回归
Shanxing等[224]（2008）		√		调查问卷/层次回归
Kuen-Hung[225]（2009）		√		调查问卷/层次回归
刘元芳等[226]（2006）	√		√	调查问卷/多元回归
郑慕强和徐宗玲[227]（2009）	√	√		调查问卷/层次回归/结构方程
王长峰[228]（2009）	√	√		调查问卷/计仿真/多元回归
窦红宾和王正斌[229]（2010）	√	√		问卷调查/结构方程
钱锡红等[48]（2010）			√	调查问卷/多元回归
潘宏亮和杨晨[230]（2010）		√		调查问卷/多元回归
王志玮[231]（2010）	√	√		问卷调查/多案例/结构方程

资料来源：根据文献资料整理。

表2-7　网络特征对吸收能力和创新绩效的影响

网络特征变量	对吸收能力的影响			相关文献
	正向	负向	其他	
网络规模			√	窦红宾和王正斌[229]
	√			郑慕强和徐宗玲[227]；王志玮[231]
网络密度	√			窦红宾和王正斌[229]；Gilsing等[223]；Hovorka和Larsen[222]
网络稳定性	√			窦红宾和王正斌[229]
网络（关系）强度	√			窦红宾和王正斌[229]；郑慕强和徐宗玲[227]；王志玮[231]；Hovorka和Larsen[222]
关系质量（互惠性）	√			郑慕强和徐宗玲[227]；王志玮[231]
技术距离		√		Gilsing等[223]
网络位差		√		王志玮[231]
网络中心性	√			王志玮[231]
		√		Gilsing等[223]
网络规模		√		窦红宾和王正斌[229]
	√			郑慕强和徐宗玲[227]；刘元芳等[226]
网络密度	√			Hovorka和Larsen[222]；窦红宾和王正斌[229]
		√		王长峰[228]；Gilsing等[223]
网络稳定性	√			窦红宾和王正斌[229]

续表

网络特征变量	对吸收能力的影响 正向	对吸收能力的影响 负向	对吸收能力的影响 其他	相关文献
网络（关系）强度	√			Hovorka 和 Larsen[222]；窦红宾和王正斌[229]；潘宏亮和杨晨[230]；王长峰[228]；郑慕强和徐宗玲[227]；Boschma 等[168]
			√	Kuen-Hung[225]；Shanxing 等[224]
互惠性	√			郑慕强和徐宗玲[227]
技术距离			√	Gilsing 等[223]
网络中心性	√			王长峰[228]；Boschma 等[168]；刘元芳等[226]；Tsai[82]；钱锡红[48]
			√	Gilsing 等[223]

注：其他表示二者关系不显著或具有非线性特征或因合作对象不同而不同。
资料来源：根据文献资料整理。

2.4.1 网络特征和吸收能力作为自变量的研究

网络特征和吸收能力作为自变量的研究主要从网络和企业的角度，以网络特征和吸收能力为自变量，检验它们对技术创新绩效和竞争优势的影响。其中，Boschma 等[168]（2007）、Gilsing 等[223]（2008）将企业吸收能力作为自变量引入模型，但他们这样做只是为了更好地分析网络特征与企业创新的关系，吸收能力并没有得到同等的对待和重视；而潘宏亮和杨晨[230]（2010）、王长峰[228]（2009）将其作为衔接企业内外部环境的重要因素，作为与网络特征处于同等地位的自变量引入模型。

Boschma 等[168]（2007）以意大利南部巴列塔鞋类工业区为研究对象，实证考察了集群企业在本地知识网络中的位置与创新绩效的关系。研究发现，集群企业在本地知识网络的中心位置及其与外地企业的知识联系有利于提升创新绩效；集群企业吸收能力并不影响其网络位置，同时也不直接影响企业创新，但有利于发展集群企业与非本地知识联系。因此，他们认为，对于集群企业而言，本地与非本地联系都非常重要，而吸收能力似乎只能通过非本地知识联系间接提高企业创新绩效。该研究支持了企业创新（知识）网络构建过程中的跨区域性和目的性，还暗含了企业非本地网络联系对吸收能力与创新绩效的关系具有完全中介效应。

Gilsing 等[223]（2008）利用化工、汽车和医药产业 85 家企业的联盟数据实证研究了技术距离、网络密度和网络中心性对企业探索性创新的影响。结果表明，技术距离、网络密度和网络中心性对于企业新颖性创造和吸收能力同时存在的反向作用，使得它们对企业探索性创新的最终效应表现为倒"U"形曲线；而吸收能力作为控制变量有利于企业的探索性创新。该研究的结果还间接地验证了"技术距离和网络中心性有利于企业的新颖性创造，但不利于吸收能力；以及网络密度有利于企业的吸收能力，但不利于新颖性创造"的假定。因此，他们认为，成功的探索性创新需要在新颖性创造与吸收能力之间寻找一个微妙的平衡。

王长峰[228]（2009）综合利用计算机仿真和多元回归方法，实证考察网络特征和吸收能力对企业创新绩效的影响。研究认为，网络中心性和关系强度对企业创新绩效具有直接的正向影响，而网络密度与企业创新绩效存在一种非线性关系；且吸收能力充当了外部知识与创新绩效之间的转化器，吸收能力的知识获取维度对于企业技术创新绩效更为关键，且吸收能力的知识吸收、转化和利用维度对于企业管理创新绩效更为关键。

潘宏亮和杨晨[230]（2010）利用结构方程模型分析方法，实证考察了苏州地区106家制造企业吸收能力、关系网络与其创新绩效和竞争优势之间的相互作用机理。结果表明：吸收能力和关系网络都有利于提高创新绩效，并且通过创新绩效间接正向影响企业的竞争优势。

2.4.2 吸收能力作为中介解释机制或调节变量的研究

吸收能力作为中介解释机制或调节变量的研究将吸收能力作为一个重要变量引入模型，侧重考察吸收能力对网络特征与技术创新关系的影响。Hovorka 和 Larsen[222]（2006）、窦红宾和王正斌[229]（2010）、王志玮[231]（2010）探讨了吸收能力对网络特征影响的中介解释机制；而 Julien 等[221]（2004）、Shangxing 等[224]（2008）、Kuen-Hung[225]（2009）、刘元芳等[226]（2006）、钱锡红[48]（2010）等分析了吸收能力对网络特征影响的调节效应。

1. 吸收能力作为中介变量的研究

Hovorka 和 Larsen[222]（2006）采用探索性案例研究方法对两个分别由纽约市若干缓刑部门组成的网络联盟进行对比分析，探讨网络结构、社会信息处理、组织相似性、吸收能力在信息技术系统大规模应用过程中的相互作用。这两个网络联盟最初设立的目的在于促进敏捷性实践做法的应用，都支持知识传播和共享，并提供信息技术系统成功应用所需的专业知识，但二者在实施成效方面却形成了鲜明对比。研究认为，网络组织特点和交流过程通过强化社会影响和支持性知识转移正面影响信息技术系统的成功应用。高强度（不同部门成员交流次数的总和）和高密度（不同部门成员之间直接联系的总和）的交流网络通过支持积极的社会信息处理和网络层面的动态吸收能力的提高，加快联盟成员对信息技术的采纳决定。研究还发现，网络强度与积极的社会信息处理和动态吸收能力之间存在正向的相互作用；动态吸收能力与积极的社会信息处理和静态吸收能力之间也存在正向的相互作用。该研究强调从一个更为动态的视角看待网络进程和特点，这些相互作用显示了这些社会网络理论并非分离、独立的过程，而是与其影响交织在一起的，同时也显示了吸收能力对于网络强度与信息技术创新推广应用之间关系的中介效应。

窦红宾和王正斌[229]（2010）利用结构方程模型对 106 家西安通信装备制造产业集群企业外部网络对创新绩效的影响进行了实证研究。结果发现：企业外部网络强度、网络稳定性、网络密度不仅直接正向影响创新绩效，而且通过吸收能力的部分中介效应间接影响企业创新绩效；而网络规模对企业吸收能力和创新绩效的影响均不显著。

王志玮[231]（2010）以不同省域地区 251 家企业为对象，实证考察了企业外部知识网络嵌入性对破坏性创新绩效的影响机制。研究认为，外部知识网络嵌入性通过吸收能力促进破坏性创新绩效；而在企业的吸收能力中，对破坏性创新绩效起作用的是知识的识别获取维度。具体说来，网络中心性和网络关系质量通过吸收能力的知识识别获取维度推动破坏性创新绩效的提升。该研究强调了吸收能力不同知识处理维度的中介解释机制。

2. 吸收能力作为调节变量的研究

Julien 等[221]（2004）以欧洲陆路运输设备部门 147 家中小企业为研究对象，考察了弱信号网络、吸收能力、技术创新三者之间的关系。他们利用问卷调查和因子分析法将大学、研究中心、标准化机构、科技顾问及政府部门等外部组织归为企业的弱信号网络。研究结果表明：企业的弱信号网络比强信号网络更有可能引发技术创新；企业的创新性越强，就越频繁地使用弱联系网络；企业的信息吸收能力越强，其创新性就越强，并且其弱信号网络对于技术创新的影响也会更强。

Shangxing 等[224]（2008）以广东和陕西两个高新技术产业区 174 家企业为对象，实证研究管理关系、吸收能力与企业创新的关系。他们将企业与外部组织机构高层管理人员之间的关系分为业务型关系和大学型关系。研究发现，企业拥有的大学型关系越强，就越有可能创新，而业务型关系不存在这种关联；吸收能力有利于企业创新，并正向调节企业大学型关系对创新产出的影响，但这种调节作用因管理关系特点的不同而不同。

Kuen-Hung[225]（2009）利用台湾技术创新调查数据库数据，实证研究吸收能力对企业网络关系类型与其产品创新绩效二者关系的影响。主要研究结论有：①吸收能力正向调节企业垂直合作（供应商和客户）对技术崭新或改良产品绩效（the performance of technologically new or improved products）的影响；②吸收能力对企业—供应商合作与轻微改变产品绩效之间关系（the performance of new products with marginal changes）的影响随着企业规模和产业类型的变化而变化；③吸收能力负向调节企业—客户合作对轻微改变产品绩效的影响；④吸收能力正向调节企业—竞争对手合作对大型企业轻微改变产品绩效的影响；⑤吸收能力负向调节企业—研究机构合作对技术崭新或改良产品绩效的影响；相反，吸收能力正向调节企业—研究机构合作对轻微改变产品绩效的影响。

刘元芳等[226]（2006）利用江浙沪闽四地 105 家高新技术企业的技术联盟数据实证考察创新网络与企业创新绩效的关系。结果发现，网络规模、网络中心性及企业吸收能力有利于提高企业创新绩效；并且吸收能力越强，企业越能够利用它在联盟的中心位置产生更多的创新，而在网络规模对创新绩效的影响中并不存在这种效应。

钱锡红[48]（2010）等以深圳集成电路产业 121 家企业为对象，实证考察网络位置、吸收能力对创新绩效的作用机制。研究结果表明：位于网络中心且占据丰富结构洞的企业在创新方面更具优势，而企业吸收能力有利于企业提升创新绩效，并且企业吸收能力的知识获取和消化维度正向调节网络中心性和结构洞对创新绩效的影响，而知识转化和应用维度的调节作用并不显著。

2.4.3 吸收能力同时作为中介解释机制和调节变量的研究

吸收能力同时作为中介解释机制和调节变量的研究具有一定的特殊性，因为它同时考虑或暗含了吸收能力对于网络特征与企业技术创新的中介和调节效应。

Tsai[82]（2001）以石油化工企业的 24 个业务单元和食品加工制造企业的 36 个业务单元为研究对象，实证考察了网络位置、吸收能力及其之间的交互作用对业务单元创新和绩效的影响。研究结果表明：业务单元在公司内部的中心地位有利于其利用组织内部的共享性学习、知识转移和信息交换机会促进创新，但是中心地位所带来的经济效益并不一定超过其高昂的管理成本；业务单元吸收能力及其与网络中心性的交互作用都有利于提高创新和绩效水平，并且创新可能中介或调节了网络中心性与吸收能力对业务单元绩效的正向影响。该研究还认为，位于网络中心的业务单元可以通过网络关系获取知识，但是可能没有足够的能力消化吸收这些知识。因此，不同时考虑网络的中心位置和吸收能力，组织就可能陷入"搜寻—转换困境"而无法将所获知识在内部进行转换。显然，业务单元获取的知识越多就需要越强的吸收能力。这暗含了吸收能力作为外部获取知识的加工处理机制，其强弱程度关系到业务单元能否顺利将其网络位置优势转化为现实的创新产出或经济效益。

郑慕强和徐宗玲[227]（2009）以广东内衣行业和不锈钢行业两大集群网络中224家中小企业为研究对象，实证考察了外部网络、吸收能力和技术创新三者之间的关系。他们从量和质的维度选取网络规模、网络强度和网络互惠度三个变量刻画和测量中小企业外部网络。研究结果表明：吸收能力在中小企业外部网络与技术创新绩效之间起调节和部分中介的作用。

2.4.4 研究述评

创新是一个复杂的搜索、学习、解决问题的过程[20]。在创新过程中，创新参与者之间相互作用而形成的各种联系，使网络成为知识交流和学习的重要手段，影响着企业的各种技术创新活动及其所产生的绩效。基于上述文献的归纳与分析，可以得出以下初步结论和启示：

（1）绝大多数研究选取工业企业特别是高新技术企业，而不是服务性企业作为对象，这在一定程度上可以说明制造业特别是技术或知识密集型行业是研究三者关系的首选领域，因为在日益开放、复杂、动荡的竞争环境下，技术创新活动的网络化已经成为这些行业发展的显著特征。这也为本书研究对象的选取提供了参考依据。

（2）同时从整体、关系和个体层面考察网络特征对吸收能力和创新绩效影响的只有3篇（Gilsing等；窦红宾和王正斌；王志玮），并且它们的实证结论本身或与其他研究存在诸多差异，甚至产生冲突，说明现有研究还不足以清晰阐明三者之间的内在关系，需要更多同时以三个层面的网络特征为前因探讨其对技术创新及吸收能力对两者关系影响的研究。因此，探索网络特征、吸收能力和技术创新等相关理论之间的融合点和逻辑关系，进而为实证研究提供理论支撑和概念框架是非常必要的。

（3）绝大多数研究考察了网络特征对技术创新的影响，但是往往把技术创新看作过程的结果，而非过程本身，这忽略了网络特征对不同技术创新过程（活动）影响的差异性。尽管不同类型的技术创新活动，都可以推动创新绩效的提升，但是网络特征和吸收能力对它们的作用机制可能不同，这可能也是引起上述实证检验不一致的原因所在。因此，本书研究把不同强度的技术创新类型作为网络特征和吸收能力的结果变量，对三者关系进行更为深入和细致地考察。

（4）有些研究考察了网络特征和吸收能力对技术创新的影响，也有一些研究考察了网络特征对吸收能力和技术创新的影响。但是,在一个特定的环境和组织背景下,这些影响关系的可行性和适用性如何?或者说,网络特征、吸收能力和技术创新的关系是否会随着外部环境和组织战略的变化而变化?目前很少有研究在权变视角下考察网络特征、吸收能力和技术创新之间的动态关系,而基于不同情境对于三者关系进行比较分析的研究更是少之又少;相反,大多数研究只是单纯地检验它们之间的关系,而忽略了可能使三者关系更为清晰和接近实际的潜在因素的影响。因此,引入环境特性变量、组织特性变量和知识属性变量来动态考察网络特征对吸收能力和技术创新,以及吸收能力对技术创新的调节机制是相当有必要的。

本章小结

本章是本书的文献综述部分。首先对创新网络的理论基础、概念内涵、类型划分及特征属性分析维度进行了归纳总结,并在此基础上界定了本书企业创新网络的概念和类型,选取了本书的网络特征变量;其次,本章介绍了吸收能力的相关理论,探讨了吸收能力的概念演变、内涵特点、结构维度、过程模型和操作测量,并在此基础上界定了本书中企业吸收能力的基本概念和结构维度;再次,本章简要论述了技术创新的理论发展、基本概念和发展模式;最后,对吸收能力视角下网络特征和技术创新关系的相关实证研究进行了归纳总结,并在此基础上进行了研究述评。本章的综述和讨论界定了本书关键研究要素的基本概念,并为本书后续研究中概念模型的构建和研究假设的提出提供了理论依据。

第3章

概念模型与研究假设

3.1 概念模型

3.1.1 理论整合

由2.1.1节和2.2.1节相关理论基础的归纳分析和探讨可以看出，不管是企业在社会经济活动中的网络嵌入性，还是企业的社会资本，或是企业的特定资源和能力，都对企业组织（竞争）优势具有重要影响，并且它们对企业组织（竞争）优势的影响总是沿着特定路径实现的，具体如图3-1（a）所示。首先，网络嵌入性、企业社会资本或企业特定资源和能力，都可以对组织（竞争）优势产生直接影响。在上述各自的理论分析框架下，在特定的条件下，这些要素都有可能成为组织（竞争）优势的源泉，因而这种直接影响显然是合理的，也是可行的。例如，焦点企业的网络中心位置，可能催生"搭桥"机会，进而为组织直接带来信息优势和控制优势；焦点企业与创新伙伴共同拥有的信任资本，能够为企业在市场竞争中提供一种有别于竞争对手的"声望"优势；企业特定资源的存量大小及其变化情况，直接影响企业资源禀赋优势的强弱及持续性；企业特定能力的形成和运用，直接成为企业能够从市场竞争中获利的关键因素。其次，网络嵌入性或企业社会资本，还可以通过影响企业特定资源情况和特定能力发展或运用，作用于企业的组织（竞争）优势。企业拥有网络结构的优越程度，总是通过影响企业内部能力的利用情况（如多样化知识、第三方认可以及共用资源与合作能力的获取），进而作用于企业的绩效和竞争力[35]；企业拥有的社会资本（互动强度、信任和可信度以及共同愿景）的水平高低，往往通过市场和技术信息获取，以及企业与创新伙伴间的交流和沟通作用于企业资源的交换和整合程度，并最终影响产品的创新速度，提升创新的效益[232]。另外，企业特定的静态资源要素存量，是企业各种能力形成和运用的基础，往往通过作用于各种企业能力对企业组织（竞争）优势产生影响。企业特定静态资源要素的数量和种类及其变化情况，决定了企业能力的多样性、作用范围和异质程度，最终也将影响企业竞争优势的构建和企业绩效的提高。

在上述影响路径下，围绕企业的组织（竞争）优势，许多学者对不同理论观点之间的联系进行了实证检验，并取得了极为丰富的研究成果，2.4 节关于网络特征、吸收能力与企业创新的实证研究综述正是其中的重要组成部分。尽管这些研究的相关结论和观点不尽相同，甚至有时候相互冲突，但是它们始终在一个相对稳定且一致的关系框架下进行论证和阐述，具体如图 3-1（b）所示。这个框架由企业基于组织间关系的网络特征集（set of network characteristics，NCS）、企业特定的资源/能力要素集（set of resources and capabilities elements，RCS），以及企业的组织（竞争）优势要素集（set of organizational (competitive) advantage elements，CAS）三个子部分及其之间的内在关系构成，因而我们称之为"NCS-RCS-CAS"研究范式。一方面，嵌入性、社会资本和结构洞等社会网络理论观点，从不同视角分析以组织间关系为基础的网络特征属性，并形成了各种横跨组织边界的网络特征集。在 NCS 中，网络规模、网络密度、关系强度、网络中心性、关系质量等各种特征属性，作为自变量，不仅可以独自或共同作用于企业的特定资源与能力和企业的组织（竞争）优势，而且可以通过企业特定资源与能力间接地影响企业的组织（竞争）优势。另一方面，以资源和能力为基础的理论观点，从静态和过程视角分析企业的竞争基础和主观能动性，也形成了聚焦单个企业的特定资源与能力要素框架。在 RCS 中，企业拥有或控制的各种特定静态资源（具备 Barney 提出的四大特征），特别是那些关键的异质性知识，以及企业核心能力、吸收能力、动态能力、网络能力等要素，既可以作为自变量，独立或共同作用于企业的组织（竞争）优势，又可以作为中介变量，传递网络特征要素对企业组织（竞争）优势的影响。另外，NCS 和 RCS 所影响的各种企业特定行为或结果变量，构成企业的组织（竞争）优势要素框架。在 CAS 中，作为因变量的组织（竞争）优势，具有丰富的概念内涵，包含了多种组成要素。优势是一种优越的位置/情形，或者由于某种特定行为而产生的利益和好处。企业作为一个组织，可能具有多种优势，当这些优势与其他企业进行对比时，就可以判断这些优势是否具有竞争力。正如 Barney（1991）所阐述的那样，当企业正在实施价值创造战略，且该价值创造战略没有同时被其当前或潜在的任一竞争对手实施时，它就具有了竞争优势；当企业正在实施价值创造战略，且其当前或潜在的任一竞争对手没有同时实施这项战略和无法复制这项战略所带来的好处时，

创新网络、吸收能力与企业技术创新

它就拥有了持续的竞争优势。具体来讲，这些组织（竞争）优势要素主要体现在组织绩效（包含财务绩效）、价值创造，以及创新、效率、灵活性、持续性等方面[233-236]。

(a) 理论整合视角下企业组织（竞争）优势的影响路径

嵌入性视角
- 关系嵌入性
- 结构嵌入性
- 结构洞

社会资本视角
- 结构维
- 关系维
- 认知维

静态视角
- 企业内部资源
- 异质性知识
- 企业网络资源

过程视角
- 核心能力
- 吸收能力
- 动态能力
- 网络能力

社会网络视角下的网络特征理论 → 组织（竞争）优势 ← 以资源和能力为基础的理论观点

基于组织间关系的网络特征框架 　　 企业特定的资源/能力要素框架

组织（竞争）优势要素框架

(b) 理论整合视角下本书研究的基本研究范式

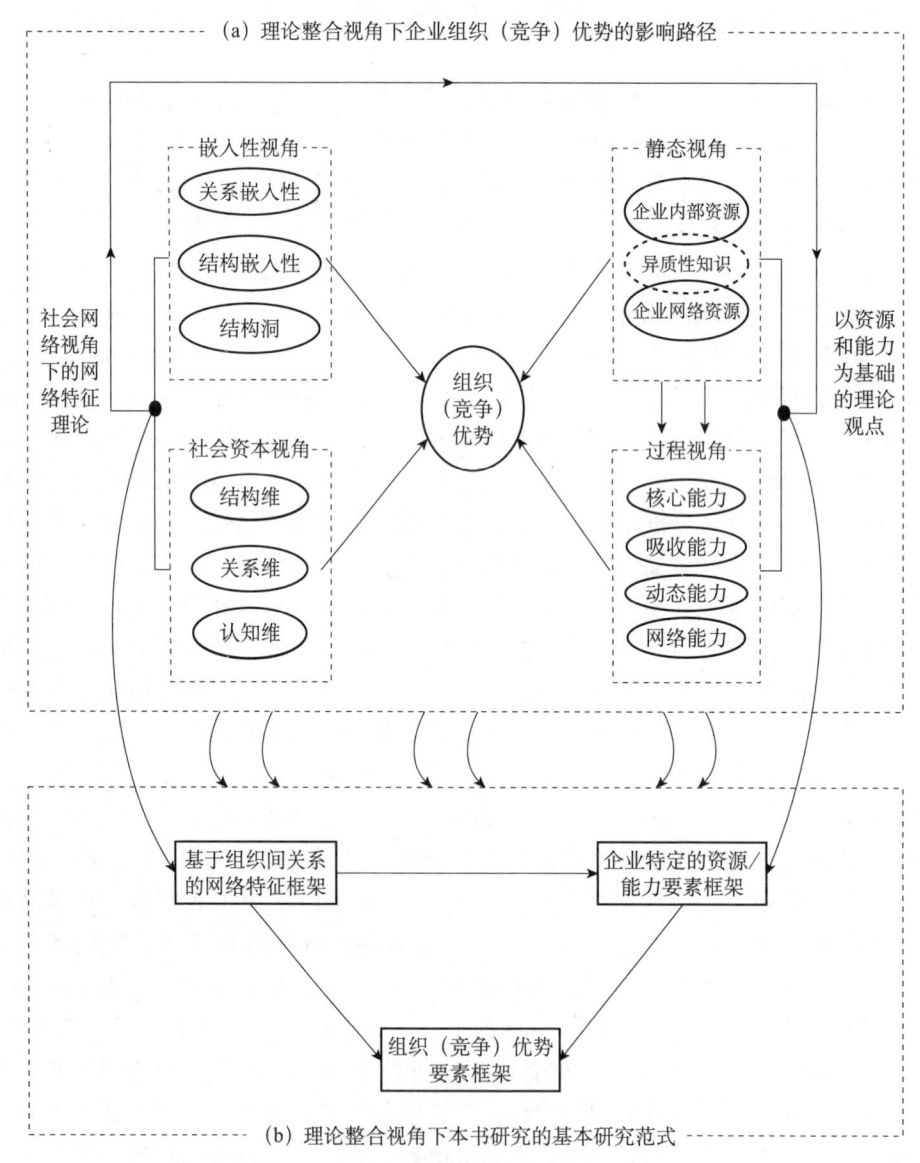

图 3-1 本书的理论整合路线和基本研究范式

— 70 —

3.1.2 模型构建

在上述总结和归纳的 NCS-RCS-CAS 研究范式下，我们进一步提出本书研究的基本概念模型，如图 3-2 所示。

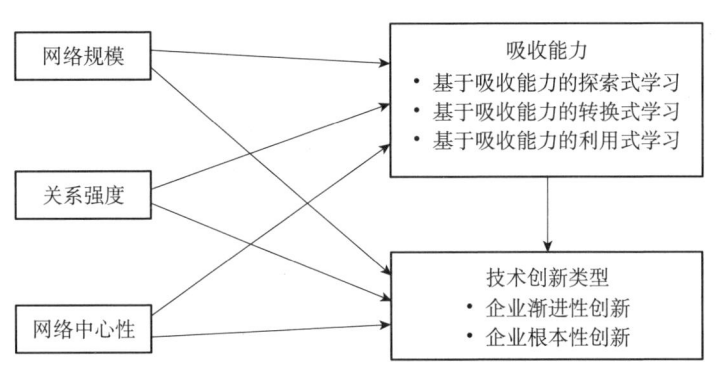

图 3-2 本书研究的概念模型

首先，在 NCS 中，根据 2.1.4 节对网络特征维度的文献综述和相关分析，本书从焦点企业层面、企业互动层面和焦点企业认知范围内的网络层面，分别选取网络中心性、关系强度和网络规模三个特征变量刻画焦点企业创新网络的特征属性，并作为本书概念模型的自变量，探讨其对企业技术创新的影响。

其次，根据 2.2.1 节对以资源和能力为基础的理论观点的回顾和评论，我们认为，在企业技术创新过程中，特定资源和能力除了各自的单纯影响外，更多时候表现为一种联动影响：企业特定资源（特别是异质性知识）的获取、占有及配置过程，作为一个捆绑性的连续整体，影响企业的竞争优势；而根据 2.2.2 节和 2.2.3 节对吸收能力概念内涵和过程模型的文献综述及相关分析，我们发现，基于组织学习过程的吸收能力，包括了对外部知识的识别、吸收、维持、激活、转化和利用，能够有效地将资源和能力同时纳入考虑范围，反映其对企业竞争优势的影响。因此，在 RCS 中，选取吸收能力作为本书概念模型的中介变量，分析其对焦点企业创新网络特征与技术创新关系的影响。所谓的中介变量，是指考虑自变量 X 对因变量 Y 的影响，如果 X 通过 M 来影响 Y，则称 M 为中介变量。

最后，根据 2.4 节对企业网络特征与吸收能力、技术创新相关实证研究的文献综述和相关分析，我们发现，这些实证研究大多以创新绩效作为因变量，很少关注焦点企业网络特征对技术创新行为的影响。为此，在 CAS 中，选取焦点企业的根本性和渐进性创新作为本书概念模型的因变量，从过程视角进一步探讨焦点企业网络特征对技术创新的作用机制和影响差异，试图找出以往学者关于企业网络特征与创新绩效实证结论相互矛盾的内在根源。

3.1.3 变量解释

1. 网络特征变量

（1）整体层面：网络规模。网络规模（network size）是描述网络层面特征的一个具体测量指标。在社会网络分析中，网络规模是指个体单元之间直接联系的数量，广泛用于测量整体网络的整合程度（intergration）、人气（popularity）和范围（range）[241]，以整体网络为分析单元；而在以自我为中心的企业创新网络中，网络规模是指与焦点企业直接联系的合作成员数量，以网络中的焦点企业为分析单元。不管以节点、节点间关系或整体网络为分析单元，大多数研究将网络规模作为网络特征的一个重要衡量指标。正如 Powell 等[14]（1996）所说的那样，企业参与的研发联盟的数量多少反映了企业对产业核心活动的参与程度，以及企业以探索为目的的网络配置概况，因而应单独考虑企业研发联盟伙伴的数量对企业组织学习和技术创新的影响。

（2）企业间层面：关系强度。关系强度（strength of ties）是一个含有多种成分的多维概念，是测量人际间或组织间关系强弱的重要指标[241]，被广泛用于分析个体和组织层面的社会结构和行为研究[29,39]。在以自我为中心的企业创新网络中，关系强度作为影响关系中合作双方一系列行为变量（因变量）的连续变量（自变量）[37]，是焦点企业与外部合作伙伴在技术创新过程中所形成的一系列关系特征的集合，包括焦点个体与合作伙伴的互动频度、合作久度、资源投入、合作交流范围以及合作互惠性五个维度[37,94,241]。互动频度是指网络成员之间交往（发生交互作用）的频率，能够反映网络成员之间的亲密程度；合作久度是指网络成员保持合作关系的持续时间；资源投入程度是指网络成员在合作过程中的资源投入种类和数量，能够反映网络成员之间相互信任/开放以推动互动学习和知识共享进而减少溢出和套牢（hold-up）相关风险的意愿；合作交流范围是指网络成员之间开展合作活动和进行问题讨论的范围，能够反映网络成员之间知识共享的宽度和深度，可能涉及技术、材料、资源、市场、政府法规、金融、会计等领域的知识，也可能包括为解决冲突的合同、人员交换和信息交换程序，合作解除等治理方面的信息和知识；合作互惠性是指网络成员之间利益和服务共享的对等性，能够反映网络成员之间在合作成果分配和服务利用方面的公平性。

（3）焦点企业层面：网络中心性。网络中心性（network centrality）是描述和测度网络位置的一个重要概念，主要用于测量行为主体在网络关系中的深入参与程度[242]，能够用来评价个体节点的重要性和衡量个体节点的优越性及社会声望；网络中心性常被用来检测网络节点获取资源/信息、控制资源/信息的可能性[243]。行为主体越处于网络的中心位置，其影响力就越大，也就比其他网络成员拥有更多的直接联系[244]，也因而更少依赖于单一的其他个体。网络中心性不仅使个体拥有接近和获取其他个体所拥有资源/信息的机会，而且强化了个体对资源/信息的控制能力，因为处于网络中心的个体能够从相互替代的其他个体间进行选择。网络中心性的常用测量指标有程度中心性、中介中心性和接近中心性[245]。程度中心性主要衡量一个节点控制范围的大小，中介中心性主要衡量某一特定节点对其他节点间交往扮演潜在"中介人"的角色，接近中心性主要衡量网络节点不受其他节点控制的程度，这三类指标都反映了节点处于网络中心位置的程度。

2. 企业吸收能力

在本书研究中，企业吸收能力是一个强调过程导向的概念，是指企业通过探索式学习、转换式学习和利用式学习一系列连续过程利用外部知识的能力，包括多种组成成分。

（1）基于吸收能力的探索式学习。基于吸收能力的探索式学习是指企业对外部知识的获取过程，包括识别和消化/吸收外部知识两个阶段[130,127,151]。例如，宝洁公司"联系（connect）+开发（develop）"部门基于开放的网络化平台对全球创新方案的发现和评估活动；苹果公司专业研发人员基于开放的iPhone手机应用服务程序平台对全世界手机功能奇思妙想及其相关程序的搜寻和完善活动。对于外部知识的识别，包含了Cohen&Levinthal[32]（1990）和Todorova&Durisin[141]（2007）所定义的"评价维度"，以及Lane等[130]（2006）所补充的"理解维度"，强调"识别外部新知识价值"的重要性，是指企业通过组织惯例和流程对外部新知识价值进行评估和挖掘的过程。因为从组织学习的角度来看，企业进行外部知识获取的过程中，必然要先对外部知识的价值进行识别，而价值的识别是企业利用特定惯例和流程理解和评价外部知识的结果。形成这种识别能力的组织惯例和流程在本质上具有认知性，与个体层面对外部知识新价值的直觉、分析、理解模式相关[246]。对于外部知识的消化/吸收，是指企业将外部知识变成可被组织吸收的知识成分的过程。消化/吸收是企业获取外部知识的关键阶段，只有当外部知识通过特定组织惯例或流程强化对有关问题方法的理解进而将其整合到内部知识基础加以消化吸收[247]，企业才能真正实现对外部知识的获取。此外，基于吸收能力的探索式学习需要相关的先前知识作为基础[135]，特别是企业先前的技术知识，因为在这个学习过程中企业总是拥有足够的市场知识，并为特定市场应用获取技术知识[127]。企业间基于吸收能力的探索式学习所存在的差异，很大程度上取决于它们先前技术知识存量的差距[172]。

(2) 基于吸收能力的转换式学习。基于吸收能力的转换式学习是指当企业积累的知识是复杂的、进入的时机是重要的，或者所处环境是高度动态的，探索式学习和利用式学习不足以维持优越绩效[143]，为了避免丢失技能诀窍和组织惯例，企业需要积极维持和管理知识存量，保持获取知识的"活力"；而为了知识的后续利用，这些维持的知识必须通过经验再次内部化以实现重新激活[248]。基于吸收能力的转换式学习，强调消化后的外部知识与现有知识之间的联结，更侧重那些将现有知识和消化吸收后的知识联结起来或以新颖方式联结现有知识的导入活动及相关能力[249]，是指企业对外部获取知识的定期维系过程，包括保养和激活外部获取知识两个阶段[127,130]。例如，宝洁公司全球研发、技术、市场和采购等部门的工作人员基于"实践社区"（communities of practices, CoPs）对通过"C+D"模式获取的新技术知识及其与内部创新资产的组合和应用可能方案进行的共享、交流与讨论活动；京东方科技集团股份有限公司①基于具有标准、开放接口的知识管理平台，围绕功能集成、工艺简化和性能改善三个方向，对能够与企业已有和将来的知识应用相集成的外部技术进行的积累和储备活动。对于外部获取知识的保养，是指企业对消化/吸收后的外部知识进行保留、存储、共享和更新的过程。外部获取知识的隐性、复杂性及系统性程度越高，企业就越需要进行定期保养。对于外部获取知识的激活，是指企业根据情境变化，随时调用保养知识的过程。它强调将保养知识通过经验再次内部化，转换成一种可用的形式，不仅要求修改企业保养知识以匹配当前需要，而且要求评价激活后的知识在变化情境中的可靠性和有效性[64,80,249]。此外，基于吸收能力的转换式学习同样需要相关的先前知识作为基础，只是在该学习过程中企业先前的技术知识和市场知识都难以达到足够的水平，因而这两种知识积累水平的差距都有可能导致基于吸收能力的转换式学习在组织间的差异[143]。

(3) 基于吸收能力的利用式学习。基于吸收能力的利用式学习并非专指最后的知识应用，一旦企业决定知识的潜在应用方向，企业就开始进入利用阶段[251]。它不仅强调通过知识整合将技术和市场关联和匹配起来[247,250]，而且强调知识在新产品或服务的商业化应用[82]，指企业对外部获取知识的利用过程，包括转化和应用外部获取知识两个阶段[127,130]。例如，宝洁公司不同地区、不同层级的产品负责人对"C+D"部门发现的新技术或想法与生产经营系统进行匹

---

① 江积海. 基于价值网络的开放式创新——京东方的案例研究[J]. 研究与发展管理, 2009, 21 (4): 60-67.

配并投入产品和市场开发的活动；京东方科技集团股份有限公司在核心技术模块化的基础上把客户提供的新概念转化实体原型并进行试制的活动。对于外部获取知识的转化，是指企业对激活后的外部知识和现有知识进行整合的过程，具体包括新旧知识的联结和组合，以及新的产品创意与现有技术的匹配等[127]。这种转化能力能够识别出两种显著不协调的信息和知识，并且通过异类联想（bisociation）的方法改变它们的特性，促使企业能够在新认知框架下认识和理解它们，进而发现企业新竞争力的成因，以及新知识对企业重新规划产业定位和竞争战略的重要性[252,253]。对于外部获取知识的应用，是指企业将转化后的外部知识应用到企业运营实践中的过程，反映了这些知识在企业新产品和服务应用当中的容易程度和适应性调整程度[127]。这种应用能力通过特定的组织惯例和流程提供结构化的、系统的、程序化的机制，促使企业能够在更长的时间内维持对知识的利用。此外，基于吸收能力的利用式学习也需要相关的先前知识作为基础，只是产品或服务背景下的市场知识在其中发挥着更为关键的作用。基于吸收能力的利用式学习在组织间的差异，可能取决于它们先前市场知识存量的差距[127,148]。

3. 渐进性创新与根本性创新

在本书研究中，技术创新是渐进性创新和根本性创新两端之间的连续分布，将产品模块内部和模块之间的连接方式，以及模块核心设计理念的改变作为渐进性创新或根本性创新的特殊情况。基于创新强度的差异，从渐进性创新到根本性创新的连续过程可以划分为五个等级：微小改进、重要改进、位于中间的、激进的和高度激进的创新[60,215]。微小的渐进性创新是指现有产品的增量改进，它是一种标准化产品或当前技术的应用，没有专利保护，也不需要研发。重要的渐进性创新是指适应现有技术的产品特征的延伸，它只需要有限的专利保护和少量的研发。位于中间的创新，即中等程度的创新，能够产生拥有专业技术的新产品。这种创新是标准和特色功能的一种组合，需要达到行业平均水平的研发投入，但是可能会被其他企业复制。激进的创新能够基于国家最高水平的专有技术，生产一种新的产品或系统。它需要大量的研发，并将会显著提升企业的技术能力。高度激进的创新能够产生一种独特的原始产品或系统，它所依赖的专有技术超出了国家最高技术水平和大多数研发水平，并使现有产品或系统变得过时。

在本书中，渐进性创新强调企业基于原有核心技术对现有产品和工艺的适应性调整和改进，倾向鼓励和保持现状[201]，主要包括上述的重要和微小渐进性创新。例如，奇瑞在QQ汽车生产平台的基础上，通过在外观、性能、内饰、安全性、动力系统等方面的改进，逐步推出新型号的QQ汽车，包括QQ3（两厢）、QQ6（三厢）、QQme（小众时尚）和2012款QQ（动力、节能、质量等全面提升）；美的集团基于变频技术发展出直流变频空调和全直流变频空调（节能更强），并推出智成、感观、智薄、舒适气流、深度睡眠等系列全直流变频空调。根本性创新强调推出全新的产品/服务和工艺，倾向在改变核心设计理念过程中对产品和工艺相关知识进行重构，往往涉及多层面的变革[200,254]，主要包括上述的中等、激进和高度激进的创新。例如，变频技术相对于定频技术、电动汽车相对于燃油汽车，电子表相对于机械表等。同时，为了使研究更加具有普遍性意义并符合我国企业的技术创新实际，本书所指的根本性创新主要相对于企业自身技术知识轨迹而言，并非一定要是行业的重大技术变革。在本书中，企业首次采用行业内的变革性技术，也属于根本性创新的范畴，这样我们就可以将研究对象有效地扩展到大多数创新型企业[286]。另外，如果产品模块内部和模块之间的连接方式，以及模块核心设计理念的改变给行业原有的产业格局和商业模式带来重大影响，那么将这种变革也归入根本性创新的范畴，如苹果推出的iPhone手机；反之，将其归入渐进性创新的范畴。

3.2 理论依据与假设

3.2.1 网络规模的影响

广泛的企业网络，能够为企业争取更多灵活谈判空间的可能性，有助于其将社会资本转为现实生产力，从而带来各种经济效益[255]。大多数研究认为，网络规模对企业创新产出和绩效具有积极的正向影响[256-258]。在此基础上，本部分进一步归纳分析网络规模对企业吸收能力、渐进性创新和根本性创新的影响，并提出本书的部分假设。

1. 相关理论研究

（1）网络规模的扩大促进了知识获取和利用存量的增加。更多的创新合作伙伴，扩大了企业的资源来源渠道，促使企业能够获取和利用更多的信息和知识存量[259]。Soh和Roberts[260]（1998）认为，企业过去和现在建立的技术联盟凝聚成企业的社会资本，反映了企业能够获取外部信息和其他资源的程度和数量大小。Ahuja[45,93]（2000）进一步认为，企业所维持的直接联系数量（与企业直接联系的合作伙伴数目）能够有效地推动网络内部的知识共享，进而促使焦点企业能够从合作研发项目中获取和利用更多的知识和互补性技术。此外，Phelps和Paris[47]（2010）认为，企业拥有的联盟合作伙伴越多，可能促使其具有更高的技术多样性。而技术的多样性意味着其拥有多样化的内部知识基础，更有可能获取和吸收外部相关技术领域的知识溢出，变得更具创新性[261]。

（2）网络规模的扩大对企业获取的信息和知识性质产生复合性影响。当专有技术知识广泛分布在各种异质性单元时，企业要想把相关研究成果进行商业化就必须从不同途径获取、吸收和利用他人的创意和信息[14]。Burt[43]（1992）认为，大规模网络比小规模网络更有可能形成结构洞。这意味着与焦点企业相联结的创新伙伴之间存在联系空隙，使得焦点企业更有可能从网络中获取非冗余信息和知识流[263]。这种信息资源的异质性能够更好地为渐进性创新者所利用，因为他们更容易将创新与组织内外已有的技术性产品和系统联系起来[264]。并且，大规模的联盟网络可能带来企业不熟悉的知识流，增加其知识整合的难度[265]。

Vanhaverbeke等[266]（2007）也指出，在达到临界点之前，企业不断增加合作伙伴数量，使其能够跨越组织边界，在更大范围里搜寻更多的新颖技术和知识，推动探索型创新的发生；同时也会使企业获得一些冗余或相似性信息和知识，这在一定程度上增加了企业选择有用知识的灵活性，有利于企业的利用型创新。然而，当企业的合作伙伴达到一定数量后，企业若不考虑合作伙伴多样性而增加联盟数量可能导致一种无效率的网络资源配置状态，它们获取的多样化信息和能力远不比一个小型非冗余网络多，减少了企业接触和获取关键新颖消息的机会[257]。但是，Deeds和Hill[267]（1996）、Vanhaverbeke等[266]（2007）指出，当合作伙伴数量开始引发信息过度载荷或规模不经济时，企业的有效管理将会促使其解除那些已经不再具有创新价值的联结，自动减少维持的联盟关系数量。Dyer和Nobeoka[46]（2000）对于丰田创新网络的经验研究也发现，功能相似或角色重复的供应商为丰田选择合作伙伴提供了丰富的选择资源，为其以低成本获取最优外部资源提供了机会和条件，但是他们不会将具有竞争性的两个供应商归入同一个自主学习小组或自愿供应商学习团队，因为将功能相似的供应商纳入同一团队可能引起合作伙伴之间的冲突，导致网络团队内部形成不同竞争者的利益集团，以致无法获取足够的联盟规模效益或投资报酬率。

（3）网络规模的扩大降低了企业对强联系的依赖程度。企业与外部实体联系的数量越多，其网络规模就越大，获取外部知识的渠道就越多，对强联系的依赖程度就会降低，并且更有可能从扩大的网络规模中发现对于推动根本性创新更有价值和吸引力的弱联系[268]。Kraatz[269]（1998）在论述私人大学联盟对组织适应环境变化的促进作用时也认为，小规模网络比大规模网络能够提供更多频繁互动的机会，随着网络规模的扩大，成员之间相互作用的可能性必然会有所减少。

2. 相关实证研究

该部分对网络规模与企业吸收能力、渐进性创新和根本性创新的相关实证研究进行了归纳阐述。Powell 等[14]（1996）的实证研究强调了研发联盟数量通过非研发合作和网络多样化对根本性技术研究的影响；Landry 等[270]（2002）专门强调了企业合作伙伴中科研机构和科技服务机构数量对创新根本性程度的影响；Rhee[271]（2004）、刘璐[272]（2009）的实证研究涉及网络规模对于基于吸收能力的探索式学习和利用式学习的影响；在 Phelps 和 Paris[47]（2010）的实证研究中，网络规模对网络多样性和探索性创新的影响得到了讨论；Rowley 等[34]（2000）、Vanhaverbeke 等[266]（2007）的实证研究同时探讨了网络规模对利用型创新和探索型创新的影响。这些研究的结论显示，网络规模越大，企业接触和获取多样性知识的范围越广，机会越多，对于企业获取知识溢出效应、提升吸收能力和促进渐进性及根本性创新发挥了非常重要的作用。以下分别对不同学者的研究进行归纳阐述，以对本部分提出的研究假设提供支持。

Powell 等[14]（1996）对生物技术企业的实证研究显示，研发联盟数量对非研发合作数量和网络多样化具有显著的正向作用，即研发合作数量的增加推动了生物技术企业在融资、市场营销、临床、综合业务、投资和供给等领域的合作。这些非研发合作为生物技术企业开展知识基础研究、实现核心技术的根本性突破提供了重要支持。

Rhee[270]（2004）试图检验大规模稀疏工作咨询网络（task-advice network）是否更有可能对行为主体探索式学习（对新事物的学习）产生影响。基于 Granovetter[37]（1973）和 Burt[38]（1982）的"弱联系"观点，他认为，工作咨询网络的规模越大，行为个体从网络中获取信息的多样性程度就越高。通过对加利福尼亚工程与制造领域的高新技术企业的实证研究发现，这些企业专业和管理人员工作咨询的网络规模对其探索式学习有着正向且轻度显著的影响（p 值小于 0.1）。刘璐[272]（2009）对企业外部网络与企业绩效关系的实证研究显示，企业外部网络规模对其吸收能力的知识获取和开发利用维度具有正向影响，网络规模越大，越有利于企业获取外部知识并对其进行开发利用。

Landry 等[270]（2002）对加拿大蒙特利尔西南地区制造企业的实证研究显示，企业创新的激进程度随着其研究型网络资产（research network assets）的增加而增加；并且，企业研究型网络资产对于企业创新激进程度的解释力度最高。在这里，研究型网络资产主要由政府研究实验室、技术转移机构、大学和社区学院等组织构成。也就是说，企业在技术创新过程中形成合作关系的科研、科技服务机构越多，企业创新的激进程度就越高。

Rowley 等[34]（2000）对钢铁和半导体制造产业战略联盟网络的实证研究发现，在以知识探索为主要特征的产业环境中，与企业具有弱联系（低资源承诺、互动次数少）的合作伙伴数量与其绩效显著正相关；在以知识利用为主要特征的产业环境中，与企业具有强联系（高资源承诺、互动次数多）的合作伙伴数量与其财务绩效具有正向影响。

Vanhaverbeke等[266]（2007）对化工、汽车和制药行业的实证研究显示，企业合作伙伴直接联系数量对探索型创新（不属于企业过去五年某种专利类的专利数目）和利用型创新（属于企业过去五年某种专利类的专利数目）具有曲线效应，存在倒"U"形的正向关系。与企业直接联结的合作伙伴的增加，能够通过增加信息和知识载荷存量和种类，促进企业更好地锁定利用型创新所需的详细、特定信息和知识，以及推动企业更大范围地搜寻探索型创新所需的新颖技术；但是这种数量超过一定程度后，将促使企业花费更多的时间和资源去管理、利用和控制这些庞大的关系网络，从而降低其对利用型和探索型创新的正向影响。

Phelps和Paris[47]（2010）在对电信设备制造商的研究中测量以焦点企业为中心的整体网络多样性时蕴含了这样的假设：整体网络多样性随着网络规模线性增加。其实证研究显示，作为控制变量的网络规模，对企业的探索型创新具有显著的正向影响；并且，以焦点企业为中心的整体网络多样性对探索型创新具有积极的正向作用。

3. 研究假设的提出

通过上述相关理论的归纳分析可以看出，网络规模的扩大通过增加企业获取和利用知识的存量对企业吸收能力具有促进作用，同时也会通过影响企业获取和利用知识的多样性、相似性和新颖性，以及网络关系强度对企业渐进性及根本性创新产生多重作用。而通过上述相关实证研究的归纳分析可知，网络规模在企业获取知识溢出效应、提升企业吸收能力和促进渐进性及根本性创新的过程中发挥了非常重要的促进作用。这为本书提出网络规模与吸收能力、渐进性创新和根本性创新的关系假设提供了重要的理论和实证依据。

我国社会经济发展处于转型时期，市场机制尚未健全，市场体系也不甚发达，整个市场环境信任度较低；在这种背景下，许多对于技术创新极为关键的技术知识和市场信息只能通过合作关系获取和传递[273]，合作伙伴数量的多少很大程度上代表了我国企业从外部网络中获取创新资源的丰裕程度。换句话说，对我国的企业来说，不管是开展渐进性创新还是根本性创新，它们都需要通过外部创新网络获取更多的关键技术知识和市场信息，而企业创新伙伴的增加进一步放大企业从外部获取新颖和有用知识的机会和可能性，促使企业越有可能实现创新的规模效应。并且根据Deeds和Hill[267]（1996）、Dyer和Nobeoka[46]（2000）、Vanhaverbeke等[266]（2007）的观点，在以自我为中心的创新网络中，焦点企业具有关系选择的自主权，能够在经济人合理假设下对其创新伙伴资源进行有效管理，能够根据环境和需要调整创新合作伙伴的数量，始终能够保证其从中获取各种创新好处。此外，在企业资源和精力有限的情况下，网络规模的扩大，意味着焦点企业需要投入更多的资源和精力去结交更多的创新伙伴和管理那些新增的合作关系，这在一定程度上说明焦点企业在增加接触和获取更多新颖知识可能性的同时，降低了其对创新伙伴的人均资源投入，从而不利于强联系的培育和维护而更有利于弱联系的形成和拓展。因此，网络规模的扩大可能强化了网络规模对根本性创新的正向影响而弱化了其对渐进性创新的正向影响。

综上所述，以焦点企业为中心的创新网络规模大小对于企业获取和利用多样性、异质性和新颖性知识，进而提升企业吸收能力和促进不同强度的技术创新具有积极的正向影响，即创新网络的规模越大，焦点企业就更容易通过扩大外部知识的获取和利用存量进而提升企业吸收能力，就能够更好地利用外部知识的多样性和异质性进而推动渐进性创新，以及拥有更多的机会去获取和吸收外部新颖知识进而推动根本性创新。并且，网络规模对企业根本性创新的影响强度要大于渐进性创新。基于此，本书提出以下研究假设。

假设 1a 创新网络规模对于焦点企业的吸收能力具有直接的正向影响，即焦点企业的创新伙伴越多，焦点企业的吸收能力就越强。

假设 1b 创新网络规模对于焦点企业的渐进性创新具有直接的正向影响，即焦点企业的创新伙伴越多，焦点企业的渐进性创新水平就越高。

假设 1c 创新网络规模对于焦点企业的根本性创新具有直接的正向影响，即焦点企业的创新伙伴越多，焦点企业的根本性创新水平就越高。

假设 1d 与渐进性创新相比，创新网络规模对于焦点企业根本性创新的影响会更强，即焦点企业的创新伙伴越多，焦点企业就越有利于推动根本性创新的发生。

3.2.2 关系强度的影响

根据 3.1.2 节和 2.4 节可知，关系强度是焦点企业与其创新伙伴在技术创新过程中的互动频度、合作久度、资源投入程度、合作交流范围及合作互惠性的函数，与企业各种技术创新行为和绩效密切相关。大多数研究表明，频繁的、持久的、良好的合作关系，能够增强网络成员间的共同理解和信任，促进网络成员共享有价值的信息资源，减少机会主义行为的发生和复杂多变的外部环境所带来的不确定性，从而提高网络成员间的学习质量和知识外溢[274,275]；但是也有一些研究指出，长久持续的合作关系，可能与创新网络的灵巧性相冲突，导致网络成员认知距离的过度减少，影响创新来源的多样化[94]；也可能面临关系锁定的危险[73]。基于Granovetter[37]（1973）、Burt[38]（1982）、Rogers[39]（1995）等对关系强弱特征的描述和判断，我们认为，当焦点企业与其创新伙伴之间具有较高的互动频率、资源投入（承诺）和互惠性、较长的合作时间及较为广泛而深入的交流范围时，它们之间就形成了强联系，反之则形成弱联系。接下来，基于"嵌入性"理论和社会资本理论，本节进一步归纳分析关系强度对企业吸收能力、渐进性创新和根本性创新的影响，并提出本书研究的部分假设。

1. 相关理论研究

（1）强联系对企业吸收能力与渐进性创新和根本新创新的影响。在强联系优势理论下，通过归纳分析，本书认为，强联系可以通过以下几个方面对企业吸收能力和不同强度的技术创新行为产生影响。

一是强联系促进了网络成员间关系专有资产（relation-specific assets）的形成与发展。企业间关系专有资产是指嵌入企业关系当中的专用性资产[276]，具有位置特性（site specificity）、实物资产特性（physical asset specificity）和人力资产特性（human asset specificity）[277]。Dyer和Singh[33]（1998）基于关系视角讨论合作战略对企业竞争优势影响时认为，通过长期合作关系，企业积累了具有专用性知识诀窍的交易者，如熟悉系统和程序的供应商工程师，以及对客户来说具有特质的个体；组织间合作具有较大的业务规模和较广的业务范围，有利于联盟内企业在达到生产经济规模后，通过专用性资产替代通用性资产，提高生产率和效率。而高度的资源承诺与长期良好的互惠合作关系，能够增强企业间的信任水平，能够避免关系专有资产投入作为一种沉没成本所带来的投机行为风险，为双方对企业间关系专有资产的投入提供一种有效保障。Dyer和Nobeoka[46]（2000）对美国和日本汽车制造商与其供应商关系的研究发现，日本汽车制造商的供应商更愿意进行持久且高成本的关系专有资产投资，因为日本汽车制造商对其关系专有资产投资提供了至少8年的有效保证条款或协议；而美国汽车制造商平均只提供2.3年的有效保证合同，因而其供应商拒绝投资回收周期长的关系专有资产。Uzzi[30]（1997）也发现，对于互惠互利的独特预期，以及嵌入关系（紧密或特殊的关系）的资源合作性共享，生成了基于即时收益的市场关系所无法获得的投资，并且当这种嵌入关系不存在时，公司将不太可能对此进行投资和冒险。

这些基于关系的企业间专有资产更有可能推动焦点企业与创新伙伴之间深入、双边交流以及详细信息的交换[36,40,41]，能够促进企业对创新伙伴相关领域隐性知识和技术诀窍的获取与消化吸收，推动企业迅速发现和利用网络中有助于产品和服务质量提升及其市场推出速度加快的新技术和新方法，降低整体价值链成本、增强产品差异化、减少产品缺陷并缩短产品开发周期[33]。

二是强联系推动了网络成员间知识共享惯例（knowledge-sharing routines）和共同认知模式的形成。Asanuma[278]（1989）、Dyer[46,279]（1996，2000）等认为，长期持久的合作关系，有利于企业间发展共同的工作经验，积累各种专用性的信息、语言和知识诀窍。Larson[280]（1992）认为，当企业间交易是互惠互利的，信任开始形成，并且细致信息传递和联合问题解决的基础逐渐到位。Simsek等[281]（2003）认为通过在组织间和组织内释意过程中的互惠互动作用，会形成一些共享性的态度、主张和信念。基于特定领域的共同理解模式及其组织惯例，对于组织间信息和知识诀窍的深度沟通、各种价值信息和知识的准确交换，以及网络内企业辨认外部威胁的影响和评估这些威胁的潜在反应，具有重要意义。

Dyer 和 Singh[33]（1998）认为，知识共享惯例是企业间交互作用的一种通用模式（regular pattern），它促使特定知识的转移、重组或创造成为可能[108]，企业可以通过发展卓越的知识共享惯例（knowledge-sharing routines），从联盟合作伙伴中获取关于产品性能提高技术和创新（performance-enhancing technology and innovations）的新想法和信息。他们还认为，这种知识共享惯例和共同认知模式的形成，能够促进组织间信息共享和增加组织间社会—技术交互作用，增强联盟伙伴内的个体成员对彼此的熟悉程度到足以知道每个企业具有什么样的关键技能以及这些技能在企业内部存在何处，最终提高企业在联盟中的合作伙伴专用性吸收能力（partner-specific absorptive capacity）。

三是强联系更容易导致认知的近似性。Uzzi[30]（1997）、Rowley等[34]（2000）、Rindfleisch 和 Moorman[282]（2001）、高展军和李垣[283]（2006）等认为，行为主体间的知识共享以及共同认知模式的形成，容易导致认知上的近似性。嵌入式关系（紧密或特殊的关系）塑造了企业对公平的预期和渴望的程度[30]；而认知近似性的形成，会使企业面临对和谐一致的网络关系的渴望及对网络秩序的维护压力，这会弱化企业突变创新的经济动机[283]。另外，这种认知近似性引导行为主体在关系内深入搜寻解决办法，而不是跨越关系进行广泛搜索[30]，并且这种行为在频繁的互动作用下，促使网络行为主体两两之间发生联系，从而形成一个存在冗余联结的高密度网络[34]。这种冗余联结将企业锁定于当前网络中，可能通过限制企业与潜在创新企业的联系次数，抑制其创造新联系的灵活性，严重制约了企业对外部多样化知识的接触，并阻止其获取创新应用的关键新颖信息[30,41]，从而导致其所在网络知识流动的相似性，降低了企业探索全新技术领域和进行根本性技术创新的可能性[266]。

（2）弱联系对企业吸收能力、渐进性创新和根本性创新的影响。与强联系相比，弱联系很难促使网络成员之间形成关系专有资产、知识共享惯例，但是它能够促使焦点企业在推进技术创新过程中摆脱认知近似性的困扰，为企业吸收能力和技术创新提供其他好处。总体而言，与强联系相比，来源于弱联系的想法和洞见更有可能具有低成本性、多样性和革新性[30,43,270]。

首先，弱联系具有低成本的新颖知识获取优势。Uzzi[30]（1997）认为强联系需要承担大量维持和转换成本；而弱联系与之相比，不需要长期频繁的互动、高度的资源承诺、特定关系资产投入以及捆绑型的互惠性协议等，因而能够更大幅度降低知识的获取成本。Granovetter[37]（1973）、Rogers[39]（1995）、Kraatz[269]（1998）等的研究进一步指出，弱联系不需要企业投入太多的资源和时间维持和管理，这促使其拥有充足的资本和实力去更大范围地接触和联系更多的创新伙伴，拓宽焦点企业知识探索的范围，比较有可能从外部给组织决策制定者带来完全不同的新想法和洞见。

其次，弱联系能够提供一种搜索优势。这种优势主要来源于两种潜在机制：弱联系通过非冗余联结提供新颖知识、弱联系不需要将企业捆绑于互惠帮助关系之中[284]。Burt[43]（1992）认为，弱联系至少是一种非冗余的相互关联（a correlate of nonredunancy），而具有不同背景、拥有不同信息及持有不同想法的成员间更有可能形成弱联系[37,39]。这意味着，企业拥有的弱联系越多，其拥有的非冗余联结更有可能越多，其接触的信息的多样性和新颖性程度更有可能越高。另外，弱联系一般与知识的远程搜索相联系，它能够增加搜索的差异性和高度新颖知识组合的潜在可能性[47]。此外，根据Granovetter[37]（1973）、高展军和李垣[283]（2006）等的观点，弱联系降低了捆绑式关系（binding relation）所带来的信任成本（包括时间投入、网络群体身份认同、网络准则约束和认知近似性等），使企业更有可能远离网络进行自我定位以及自主学习和创新。因此这两种机制不仅降低了网络结构对焦点企业行为的限制和约束，而且为企业接触多样化的新颖知识提供更多机会，促使其更容易突破常规和组织惯例，去搜寻、获取和试验全新的知识。

最后，弱联系更有可能增强创新网络的开放性。网络的开放性，主要关注网络内部成员与网络外部成员之间建立知识交流关系的种类和数量[285]。弱联系的低成本知识获取优势，促使企业可以接触和联系更多的外部创新伙伴，扩大其合作和交流对象的选择范围；而弱联系的搜索位置优势，促使企业能够更为自由地与网络外部成员交流与联系。因此与强联系相比，弱联系具有更大的社会开放度，更容易吸引新成员的加入和实现跨边界的组织间交流与联系，提高企业创新网络的整体开放性，这将推动企业获取和吸收外部环境中各种全新的观点、视角和方法[286]，促进根本性创新的发生。

2. 相关实证研究

该部分对关系强度与企业吸收能力、渐进性创新和根本性创新的相关实证研究进行了总结。通过归纳分析,不同学者在不同研究对象的实证研究中所考察的关系强度和吸收能力的维度,以及技术创新的强度也各不相同,也就是考察了强联系和弱联系的一种或几种特征对吸收能力不同维度、渐进性创新和根本性创新的影响。在 Uzzi[30](1997)、Dyer 和 Nobeoka[46](2000)、Yli-Renko 等[287](2001)、Molina-Morales 和 Martínez-Fernández[288](2009)等的实证研究中,涉及关系强度对基于吸收能力的探索式学习(对外部知识的识别和消化)或利用式学习(对外部知识的转化和应用)的影响;Kraatz[269](1998)、Hansen[284](1999)等的实证研究强调了关系强度对组织不同类型知识共享和转移影响的差异性,涉及关系强度对基于吸收能力的转换式学习(知识的保养和激活)的影响;Sabel[289](1993)的经验研究探讨了关系强度对基于吸收能力的转换式学习和企业渐进性创新的影响;刘璐[272](2009)的实证研究考察了关系强度不同特征对吸收能力三种组织学习的影响;Rowley 等[34](2000)、Rindfleisch 和 Moorman[282](2001)、潘松挺[286](2009)等的实证研究同时考察或涉及关系强度对基于吸收能力的探索式学习和利用式学习,以及渐进性创新和根本性创新的影响。以下分别对不同学者的研究进行归纳阐述,以对本部分研究假设提供支持。

  Uzzi[30](1997)对美国纽约市 23 家女装企业民族志式的实地研究发现,企业间的嵌入式关系(紧密或特殊的关系),以彼此间的信任为基础,能够推动网络内细致的信息传递和联合问题解决安排的形成。并且,他认为,在快速产品创新和消费者偏好多变的情况下,特别是当企业必须及时调整且需要合作的时候,这些嵌入式关系为资源配置提供了一个价格体系的替代品,能够克服价值体系运作所导致的市场反应与生产者调整之间存在的时间滞后问题,使公司及时将产品设计及生产水平更好地与消费者偏好匹配起来,帮助解决各种配置问题,实现产品的快速创新。

  Dyer 和 Nobeoka[46](2000)对丰田与其一级供应商形成的汽车开发制造的知识共享网络的探索性案例研究发现,这种网络的主要目的在于利用丰田的生产知识诀窍(如丰田的生产系统)以及丰田供应商的多样化知识。而且,这种高度相互连接且具有强关系的网络,能够有效推动隐性知识的转移。一方面,网络中的冗余关系(redundant ties)使其成员更容易定位各种潜在的价值知识;另一方面,强关系所产生的信任(社会资本)为隐性知识的转移提供了必要条件。Yli-Renko 等[287](2001)对英国 180 家创业型高科技企业的实证研究显示,企业与其关键客户的社会互动越频繁,越有利于企业获取外部知识。Molina-Morales 和 Martínez-Fernández[288](2009)的实证研究进一步显示,与其合作伙伴的密切交互作用,有利于提高知识交流的深度、广度和效率,创造一种新知识应用和利用的背景，使企业能够获取外部知识并将其与现有知识整合。

刘璐[272]（2009）对于企业外部网络的实证研究发现，关系质量对企业理解和内化获取的外部知识具有正向影响；支持性网络的互动频率对企业获取和开发利用外部知识具有正向影响；资源性网络的互动频率对企业吸收能力的所有知识处理维度具有正向影响。许冠南[25]（2008）对浙江省228家制造业企业的实证研究显示，关系嵌入性（信任、信息共享和共同解决问题）对企业的探索式学习（新知识的获取和利用）具有正向影响。企业间信任、信息共享对焦点企业新知识的获取具有显著的促进作用；企业间信任、共同解决问题对焦点企业新知识的利用具有显著的促进作用。

Hansen[284]（1999）以大型企业中由41个部门组成、承担120个新产品开发项目的业务单元网络为研究对象，探讨弱联结在业务单元之间知识共享中的作用。结果发现，在新产品开发环境下，新产品开发团队成员间的弱关系（不常接触且疏远的关系）延迟了项目的完成时间，因为弱关系阻碍了团队成员之间复杂知识的转移。他指出，弱的部门间关系有助于项目团队在其他部门寻找有用的知识（显性），但阻碍了复杂知识（隐性）的转移，传递复杂知识需要强联结。Kraatz[269]（1998）通过对230段私人大学组成的网络研究表明，与其他组织形成的强联系有助于减少不确定性、增加彼此间的交流和信息共享并增强社会适应性；Sabel[289]（1993）对宾夕法尼亚（Pennsylvania）制造企业间的经验研究发现，关键经济主体间（制造企业与外部合作者）通过嵌入式关系（指组织间信任）的不断发展，能够推动信息和知识的交互共享和持续更新，对制造企业的培训和工艺流程改进带来好处。

Rowley等[34]（2000）对钢铁生产和半导体制造产业239个战略联盟网络的实证研究显示，高度互联的强联结网络非常适合现有知识的扩散（利用），而非新知识的探索。在钢铁生产行业（以知识利用为主要特征），联盟成员间的相互联结、强联系（高资源承诺和互动频繁），以及二者的交互项对组织绩效具有显著的正向关系；在半导体制造行业（以知识探索为主要特征），高密度网络内的强联系与组织绩效显著负相关，但强联系与组织绩效的负相关关系并不显著。

Rindfleisch和Moorman[282]（2001）认为，嵌入式关系（embedded relations）（指互惠性和亲密性）通过降低合作双方对专有技术和知识损失的忧虑，以及目标和实施计划相互冲突的可能性，能够更为有效地推动新产品的开发活动。通过美国参加新产品开发联盟的106家企业的实证研究显示，关系嵌入性（互惠性和亲近性）能够提高联盟中组织间的信息获取和利用，关系冗余（redunancy）降低了联盟中组织间的信息获取，但是增强了组织间的信息利用；并且，关系嵌入性（互惠性和亲近性）对企业的新产品创造性和新产品开发速度具有正面影响，而对新工艺创造性的正面影响并不显著。关系嵌入性与企业在新产品联盟中的信息利用正相关,涉及企业新产品/工艺的创造性和开发速度。新产品/工艺的创造性是指企业利用新产品联盟信息开发出来的产品或服务,在产业中的新颖性以及对现有标准的挑战性。新产品的开发速度涉及企业从产品概念化到将产品引入市场过程中对新产品联盟信息的有效利用。

潘松挺[286](2009)认为网络关系强度与企业组织学习和技术创新模式存在耦合关系。其实证研究显示,强联系与利用式学习(涉及组织对现有技术和业务领域的知识获取、共享、整合、创造和应用),以及强调知识开发利用的渐进性创新正相关;弱联系与探索式学习(涉及组织对新颖技术和新业务领域的知识获取、共享、整合、创造和应用),以及强调信息异质性的突破性创新正相关。刘寿先[290](2008)对企业社会资本与技术创新关系的实证研究显示,企业与其合作伙伴的社会互动水平,对渐进性创新具有正向影响,而对根本性创新具有负面影响;企业间的信任程度对渐进性创新具有正向影响,而对根本性创新影响不显著。

3. 研究假设的提出

通过相关理论研究的归纳分析可知,高强度的网络关系通过生成关系专有资产和共享知识惯例,有利于企业提高对特定创新伙伴的吸收能力并推动渐进性创新,但其可能导致的认知近似性对于企业开展根本性创新具有不利影响;相反,低强度的网络关系通过提供低成本和搜索位置优势,以及增强网络开放性,有利于企业提高吸收能力和根本性创新水平。另外,通过相关实证研究的归纳分析可知,企业与其合作伙伴的关系强度越高,产生合作的可能性就越高,越有利于网络内部复杂、详细、隐性知识的获取、转移、共享、整合和利用,对于推动企业吸收能力的探索式、转换式、利用式学习和开展渐进性创新大有裨益;但关系强度对企业根本性创新的影响却未能形成一致观点:Rindfleisch 和 Moorman[282](2001)的研究显示它们之间可能是一种正相关关系;潘松挺[286](2009)、刘寿先[290](2008)的研究显示它们之间具有负相关关系;而 Rowley 等[34](2000)的研究似乎表明它们之间关系的分析需要考虑更多的因素。尽管如此,从相关理论和实证研究中可以肯定:焦点企业与其创新伙伴之间的关系强度对企业吸收能力和渐进性创新具有非常重要的促进作用,这为本书提出关系强度与吸收能力、渐进性创新之间的关系假设提供了重要的理论和实证依据。

在某一时点,企业的资源和精力总量是有限的,不可能与所有的外部创新伙伴都保持强联系,总是需要根据外部环境的变化和内部战略发展需求调整其与不同创新伙伴的合作战略。因此,大多数企业在与某些创新伙伴保持强联系的同时，总是与另外一些创新伙伴保持着弱联系，也就是说，一个企业可以同时建立和保持各种强联系和弱联系，只是合作对象不同而已。这样，"强联系优势"和"弱联系力量"的理论观点在特定条件下都是正确和适用的，强联系和弱联系能够同时存在并影响焦点企业的吸收能力和技术创新行为。尽管如此，Kraatz[269]（1998）认为，强联系在推动组织调整核心能力以适应环境变化方面更有价值。那些注视核心变化（可能是有风险的、有争议的、昂贵的或不可逆的）的组织决策者最有可能从合作性的互动和对话中获得好处。决策者在分析考虑这些核心变化时，可能最为需要的并不是对环境威胁和变化选择的简单认识，而是关于这些选择影响大小、可取性和可行性的一系列更为丰富、具体的信息。此外，从较弱、较远且信任度不高的关系中所得到的信息，不太可能承载大规模变化的相关内容[39]。这意味着企业在对弱联系保持适度关注的同时，应更多地关注那些已经形成或潜在的强联系，以获取更多的价值和利益。

当我们聚焦强联系时，并不意味着弱联系就会被遗忘或冷淡处理。实际上，企业拥有的强联系与弱联系是紧密相关的。对于焦点企业来说，它与创新伙伴形成的任何一种强联系都来源于弱联系，但是并非所有的弱联系都能成为强联系。只有那些创新伙伴掌握了焦点企业所需的关键的核心技术和市场信息，它们才有可能值得焦点企业投入更多的资源和精力与之建立和保持强联系。而这些关键的核心技术和市场信息，对于企业来说，可能是全新的，也可能与企业现有的知识基础紧密相关。从上述相关理论研究的归纳分析可知，大多数学者倾向认为强联系能够带来更多互补性和有用性知识，这些知识往往与企业现有的产品和技术的渐进性创新相关，但这并不能说明强联系不利于企业获取更多新颖的技术知识和市场信息。即使焦点企业由于强联系导致认知上的近似性，但仍可能利用这些"邻近"的关系获取全新的知识和推进根本性创新。Phelps 和 Paris[47]（2010）的研究表明，与具有丰富知识类型的创新伙伴合作也可以独立于结构洞，给企业带来多样化的新颖信息和知识诀窍进而推动探索型创新。这样，当焦点企业与这类创新伙伴建立和保持强联系后，通过开展广泛而深入的合作交流，也可以获取更多且更为详细的多样化知识和信息。并且，与这类创新伙伴的强联系能够提高其他外部组织与其建立新伙伴关系的可能性，从而为其获取新颖技术知识和市场信息创造更多的机会[291]。另外，Schilling[292]（1998）认为通过与供应商和分销商建立强联结，组织能够影响根本性技术的采用、增加根本性创新的客户基础，以及促进新标准的形成和推广；类似地，Yli-Renko 等[287]（2001）也发现，与关键顾客形成的强联系，有利于其根本性技术在新产品中的应用与推广。这样，强联系也可能带来更多的新颖知识和信息，进而推动企业的根本性创新，只是相对于渐进性创新而言，这种促进作用较弱而已。

综上所述，我们认为，焦点企业与其创新伙伴的关系强度，对于其获取、转移、共享、整合和利用外部复杂、详细的技术知识和市场信息进而提升企业吸收能力和开展不同强度的技术创新都具有积极的正向影响，即创新网络的关系强度越大，焦点企业就越容易推动吸收能力和不同强度技术创新水平的提升。并且，随着关系强度的不断提高，其给企业渐进性创新带来的好处要多于根本性创新。基于上述逻辑，提出以下研究假设。

假设 2a 创新网络的关系强度对于焦点企业的吸收能力具有直接的正向影响，即焦点企业与其创新伙伴的关系强度越高，焦点企业的吸收能力就越强。

假设 2b 创新网络的关系强度对于焦点企业的渐进性创新具有直接的正向影响，即焦点企业与其创新伙伴的关系强度越高，焦点企业的渐进性创新水平就越高。

假设 2c 创新网络的关系强度对于焦点企业的根本性创新具有直接的正向影响，即焦点企业与其创新伙伴的关系强度越高，焦点企业的根本性创新水平就越高。

假设 2d 与根本性创新相比，创新网络的关系强度对于焦点企业渐进性创新的影响会更强，即焦点企业与其创新伙伴的关系强度越高，焦点企业就更容易推动渐进性创新的发生。

3.2.3 网络中心性的影响

网络中传递的信息受制于每个合作伙伴的网络位置，不同的网络位置，代表着企业获取对于新产品开发或创新至关重要的新知识的不同机会[85,256]。位置不同，企业从合作中获取信息和知识的能力也不同，企业在网络中占据中心地位，更有可能获取所需的战略性资源。这些资源将通过提供产生新想法、新方式所需的外部信息和知识推动企业的创新活动。本部分将进一步归纳分析网络中心性对企业吸收能力、渐进性创新和根本性创新的影响，并提出本书的部分假设。

1. 相关理论研究

（1）高度网络中心性通过网络关系管道促进企业的知识获取和利用。高度的网络中心性能够通过网络关系管道给企业带来更多快速流动的资产、信息和身份资源[293]，有利于企业更好地获取和利用更多的外部信息和知识，进而提升企业的吸收能力。首先，高度的网络中心性能够给企业带来更多的知识接触和获取机会。Galaskiewicz[294]（1979）认为，位于网络中心的行为主体拥有更多的机会接触外部资产，如来源于合作伙伴的技术、资金和管理技能；Powell 等[14]

(1996)、Koka 和 Prescott[85] (2008) 等也认为网络中心性与信息获取的多样化机会紧密关联,企业位于网络中心,意味着其拥有更多具有直接联结的合作伙伴,能够拥有更多机会接触关键价值信息,从而降低知识搜寻成本并提高知识转移的效率。与其他成员相比,核心成员处于网络中心位置,拥有的信息来源更多,在网络中具有更高的可见度,能够清晰观测到其他成员的创新努力成果并判断所获信息的真实性,不太可能错过有价值的重要信息[14,295]。其次,与普通行为主体相比,位于网络中心的行为主体,作为各种关系和大量信息源的交汇点,更有可能较早接收到新信息和享受到技术发展的最新成果[39]。Bonner 等[291] (2005) 认为,企业处于网络的中心位置,意味着其拥有"战略性网络身份"(strategic network identity)。这种身份反映了焦点企业在联盟网络中作为中间人连接重要合作伙伴的位置情况及其在联盟网络中的价值,由一段时间内企业现有和过去的合作伙伴的评价所决定,极大地提高了企业在第一时间内被新的合作伙伴识别和了解的机会,从而有助于企业更早地获得各种战略合作信息和知识。Tsai[82] (2001) 也认为,业务单元在组织内部网络的中心性将影响其识别和响应新市场机会的能力。此外,高度的网络中心性赋予企业在网络中较高的地位、权利和威望。当企业成为网络中许多关系的接收者时,它也将成为网络中的权威主体而享受较高的地位和权利[245]。因此,位于网络中心的行为主体通常拥有更好和更多的资源和机会并能从资源不对称中获取各种知识和好处。

(2) 高度网络中心性通过影响获取知识类型对渐进性创新和根本性创新产生多重影响。Nooteboom 和 Gilsing[94] (2004) 认为,在系统性技术的渐进性创新中,企业总是需要较高的网络中心性,以便协调分工合作和保证系统技术不同成分的同步变化。然而,在根本性创新中,什么样的要素将会在什么样的架构下出现和配置,都具有很强的不确定性,而且这些要素都处于一种独立的系统状态下,企业在网络中的中心性并非那么重要。换句话说,网络中心性对于企业渐进性创新的重要性要高于根本性创新,而这种重要性差异主要在于较高的网络中心性提供了更多有利于渐进性创新的系统性技术知识和市场信息。

Soh 和 Roberts[260] (1998) 认为,高度的网络中心性意味着更多的联结关系和机会,这使得焦点企业可以获取和利用更多的外部信息和知识,但是高度的网络中心性促使这些信息和知识往往受限于先前的合作联系,总是与企业先前的合作项目相关或服务于企业现有的产品和技术。高展军和李垣[283] (2006) 也认为企业的位置中心性会促进技术创新,但是这种技术创新一般不会是突破性的,而更有可能是基于现有知识基础的渐进性创新。因为高度中心性给企业带来的信息和知识更多的是反映企业现有技术知识和市场需求变化趋势的现用性知识,而不是那些根本不同于企业现有基础的全新知识和能力。而刘寿先[290] (2008) 认为高度的网络中心性，使企业能够接触更多的外部创新伙伴，从而获取大量的新知识和信息。这些信息和知识，既包含了一部分与企业现有知识重复或相似的冗余性知识，有利于现有技术和产品完善的渐进性创新；也包含了一定比例不同于现有知识基础的新知识，有利于推动潜在需求识别和创造的根本性创新。

（3）高度网络中心性增强了网络嵌入性并提高了关系管理成本。企业在创新网络的中心位置能够产生权利，但是这种位置优势也可能给企业带来一些行为的约束，因为其中涉及诸多关联利益[296]。Soh和Roberts[260]（1998）认为，尽管企业越处于网络的中心，其可利用的社会资本就越多，但这些社会资本的可利用程度受到企业以前和现有网络关系的限制。这种限制使企业在寻找新的合作伙伴方面表现出更为明显的选择偏见，进而不利于接触和获取更多高度新颖的信息和知识[30,44,111,280]。Gnyawali和Madhavan[293]（2001）也指出，位于网络中心的企业由于参与大量的联结关系将高度依赖现有网络。这种高度依赖性可能促使企业投入更多的资源以维护和增强其在网络中的地位和权利[244]，从而强化了企业对知识搜寻对象的选择偏见。同时，网络中心位置所带来的多样化的信息源，可能促使核心企业遭遇信息的过度载荷[94]，从而使其需要投入更多的时间和精力去管理这些信息。此外，高展军和李垣[283]（2006）认为，因高度网络中心性而形成的更多联结关系，一方面通过增强对现有网络关系的嵌入性和依赖性限制企业的创新视野；另一方面可能产生的观点冲突所带来的高额管理成本，转移或分散了企业对突变创新的注意力和资源投入。

2. 相关实证研究

该部分对网络中心性与企业吸收能力、渐进性创新和根本性创新的相关实证研究进行了总结。通过归纳分析发现，不同学者基于不同研究对象的实证研究所考察的吸收能力维度和技术创新强度各不相同，即他们考察了网络中心性对吸收能力不同维度和不同强度技术创新类型的影响。在Shan等[256]（1994）、Powell等[14]（1996）、刘璐[272]（2009）、王志玮[231]（2010）等的实证研究中，网络中心性对基于吸收能力的探索式学习的影响得到了讨论；Eisenhardt[297]（1989）、Atuahene-Gima和Murray[298]（2007）等的实证研究专门强调了网络权力中心化对基于吸收能力的探索式学习和利用式学习的影响；Gilsing和Nooteboom[244]（2005）、刘寿先[290]（2008）的实证研究同时讨论了网络中心性对渐进性创新和根本性创新的影响。以下分别对不同学者的研究进行归纳阐述，以对本部分研究假设提供支持。

Shan等[256]（1994）对美国生物技术企业的实证研究显示，网络位置对企业合作关系数量具有正面影响。企业在网络中的位置越好，就越容易与合作伙伴建立更多的合作关系，从而越有可能吸收更多的外部信息和知识。Powell 等[14]（1996）对生物技术企业的实证研究显示，控制先前的合作研发活动，某一时刻，企业在网络中的中心地位越高，其随后参与的研发合作数量也会越多。同时，他们发现，这种不断增强的网络中心地位和不断增加的研发合作数量对于企业扩大规模、继续开展研发合作和保持知识学习的动力具有重要价值。刘璐[272]（2009）对于企业外部网络与企业绩效之间关系的实证研究也发现，企业外部网络的中心性对于吸收能力的价值识别维度具有正向影响，网络中心性越大，越有利于企业识别和评价外部信息和知识的价值。王志玮[231]（2010）对于不同省份251家企业的实证研究也得出类似的结论：网络中心性正向影响吸收能力的知识识别获取维度。

Eisenhardt[297]（1989）对8家高速微型计算机工业企业的经验研究显示，网络中的权利集中化过程对于企业获取有价值的建议非常重要。它促进企业的CEO能够接收到两层意见（two-tiered advice），并从最有经验的管理者那里获取建设性意见进而推动利用式学习（基于企业现有产品和技术基础的知识获取和利用）、加快决策制定过程，以及开发出更多的新产品。类似地，Atuahene-Gima 和 Murray[298]（2007）对广东工业园区高新技术企业的实证研究表明，在新产品的开发过程中，权利集中化程度与高层管理团队的探索式学习（不同于企业现有技术和产品基础的新颖知识获取和利用）和利用式学习（基于企业现有产品和技术基础的知识获取和利用）正相关。

Gilsing 和 Nooteboom[244]（2005）对于荷兰多媒体和生物技术产业的实证研究显示，与探索型创新网络相比，利用型创新网络倾向于具有较高的网络中心性。他们所指的探索型创新网络以根本性创新为目的，强调对现有技术、组织和市场的主流架构、逻辑或原则的彻底变革；而利用型创新网络以渐进性创新为目的，强调在主流逻辑或架构下不断提高效率并进行产品、技术的微调和改进。刘寿先[290]（2008）对高新技术企业的实证研究显示，网络中心性对企业渐进式和激进式创新都具有正向影响。换句话说，高度的网络中心性为企业提供了更为丰富的信息和知识源，能够同时带来冗余性和新颖性知识从而有利于企业的渐进式创新和激进式创新。

3. 研究假设的提出

由上述相关理论研究的归纳分析可知，高度的网络中心性通过推动企业获取和利用外部知识而对企业的吸收能力具有促进作用；并同时通过推动企业获取和利用更多的现用性知识而有利于渐进性创新，通过影响获取知识类型、网络嵌入性和关系管理成本对根本性创新产生多重影响。而由上述相关实证研究的归纳分析可知，网络中心性越高，企业在网络中的中心地位就越高，建立合作联系的数量和种类就越多，这对于提高企业吸收能力，以及开展渐进性创新和根本性创新具有了重要的促进作用，并且网络中心性对渐进性创新的影响要强于根本性创新。这为本书提出网络中心性与企业吸收能力、渐进性创新和根本性创新的关系假设提供了重要的理论和实证依据。

通过对比相关理论和实证研究的归纳分析可知，学者关于网络中心性对根本性创新的影响探讨并不多，但形成了激烈的讨论。相关的理论研究观点认为，高度的网络中心性也能够带来更多全新技术知识和市场信息从而推动根本性创新，但其同时增强了网络嵌入性和关系管理成本从而不利于根本性创新；而相关实证研究观点倾向认为，高度的网络中心性对于根本性创新也具有积极的促进作用，只是相对渐进性创新而言，这种促进作用较弱而已。在本书中，创新网络是焦点企业以自我为中心的主观认知网络。根据 Van de Ven[295]（1986）、Powell 等[14]（1996）、Burt[43]（1992）等的观点，网络中心性越高，意味着焦点企业在与外部创新伙伴的合作关系中占据主导地位，这使其更有可能掌握更多的知识和信息源，并在创新伙伴间发挥搭桥作用，从而增强焦点企业从中获取更多信息和控制利益的可能性。这些信息和控制利益，既可能促进渐进性创新，也可能促进根本性创新。特别是在我国这样的发展中国家，焦点企业在外部创新网络中的高度中心性，对于获取和利用更多的基础科学研究和核心技术知识，都具有重要意义。因此，我们更倾向认为，网络中心性对于企业根本性创新和渐进性创新都具有正向的促进作用，只是作用程度不同而已。根据 Gnyawali 和 Madhavan[293]（2001）、Gilsing 和 Nooteboom[244]（2005）、高展军和李垣[283]（2006）等的观点，随着网络中心性的不断增强，焦点企业将从创新伙伴关系中获取更多现有产品和技术的知识，而非全新产品和技术概念的想法和创意；并且，渐进性创新比根本性创新更需要高度的网络中心性。因此，网络中心性对于渐进性创新的正向影响程度要高于根本性创新。

综上所述，在以自我为中心的外部创新网络中，焦点企业的中心地位越高，就越容易获取和吸收更多的外部技术知识和市场信息，并利用它们改进和完善现有产品和技术，或者创造全新产品/服务以满足潜在的市场需求，对于企业的吸收能力和渐进性及根本性创新都有着积极的正向影响，即焦点企业在外部创新网络的中心性越高，就越容易推动其整体吸收能力和不同强度技术创新水平的提升。并且，随着网络中心性的不断增强，其对焦点企业渐进性创新的影响程度要高于根本性创新。基于此，提出以下研究假设：

假设 3a 网络中心性对于焦点企业的吸收能力具有直接的正向影响，即焦点企业在外部创新网络的中心地位越高，焦点企业的吸收能力就越强。

假设 3b 网络中心性对于焦点企业的渐进性创新具有直接的正向影响,即焦点企业在外部创新网络的中心地位越高,焦点企业的渐进性创新水平就越高。

假设 3c 网络中心性对于焦点企业的根本性创新具有直接的正向影响,即焦点企业在外部创新网络的中心地位越高,焦点企业的根本性创新水平就越高。

假设 3d 与根本性创新相比,网络中心性对于焦点企业渐进性创新的影响会更强,即焦点企业在外部创新网络的中心地位越高,焦点企业就更容易推动渐进性创新的发生。

3.2.4 吸收能力的影响

创新是一项将新知识应用到商业终端的复杂活动。吸收能力包含了企业对外部新信息和知识的获取,以及对它们的机会转换和商业化应用。随着网络化时代的到来,组织间的知识转移日趋频繁,此时吸收能力便成为企业创新活动及其绩效的关键影响变量。大多数研究认为,企业在某一领域拥有丰富的知识基础,其吸收能力水平越高,就越有能力识别和评价该领域新信息的价值,减少不确定性,从而更好地对其进行消化吸收和商业化应用[32,132,221]。也就是说,拥有强大的吸收能力能够确保企业从其外部网络获取更多有价值的资源和知识,从而推动企业创新活动的开展和创新绩效的提升。在此基础上,本部分将进一步归纳分析吸收能力对于渐进性创新与根本性创新的影响,并提出本书的部分假设。

1. 相关理论研究

(1) 高水平的吸收能力有利于增强企业知识架构的利用性和探索性适应。Van den Bosch 等[137](1999)在论述企业吸收能力与知识环境之间的演化关系中认为,企业的吸收能力可以从知识吸收的效率、范围和灵活性三个维度加以分析。知识吸收的效率从经济成本效益视角说明了企业如何对知识进行识别、吸收和利用;知识吸收的范围说明了企业获取和利用各种知识的宽度和广度;知识吸收的灵活性是指企业获取新颖知识和重构现有知识的程度。并且,他们认为,企业吸收能力的知识吸收效率与企业知识架构(knowledge configuration)的利用性适应相关联,影响企业现有能力、技术和范式的完善和推广;知识吸收的范围和灵活性与企业知识架构的探索性适应相关联,影响其全新技术和能力的开发与发展。正如 Cohen 和 Levinthal[32](1990)所评价的那样,"这些背景知识(吸收能力),在竞争对手赶上关键技术进步的时候,允许企业通过自身创新迅速搜寻有用的科学和技术知识或进行快速反应……而在产业领域根本技术进步更多的时候,企业在每个相关领域的基础与应用研究投入(吸收能力),使其能够更好地评估和探索这些领域的新发现"。这样，企业的吸收能力可以通过增强知识架构的利用性和探索性适应直接影响企业的渐进性和根本性创新。而这种促进作用又主要体现为高水平的吸收能力有助于降低企业掉入"能力陷阱"的风险。

Ahuja 和 Lampert[299]（2001）指出，企业在适应环境变化过程中需要面对三种能力陷阱：熟悉性、成熟性和邻近性。熟悉性陷阱导致企业过度强调现有知识基础的改进和完善，阻碍了企业探索外部知识源并限制了其自身的认知结构；成熟性陷阱导致企业对可靠和可预测性结果的过分强调和需求，从而降低了企业对外部知识的探索动力；邻近性陷阱反映了企业倾向探索与现有技能最为相关的知识领域，阻碍了企业对外部环境重大变化的扫描与监测。Zahra 和 George[126]（2002）认为高水平的吸收能力促使企业变得更加老练从而更少受困于这三种能力陷阱。首先，对外部信息和知识的获取，引入了显著不同于企业内部现有知识基础的启发式方法；对外部知识的消化吸收，促使企业不断反思传统思维方式进而从认知上转变自身的心智模式[300]；两种作用交替发生从而最小化熟悉性陷阱的风险。其次，外部获取知识在组织内部的传播使得企业能够产生新颖的组合方式，并对与现有技术专长呈低相关度的替代性解决方案变得异常敏感，从而降低了成熟性和邻近性陷阱的风险。因此，在其他条件不变的情况下，企业的吸收能力越强，就能够更好地利用丰富多样的知识基础，去响应外部环境中细微或革命性的技术和市场变化[139]，从而增强现有知识结构的利用性和探索性适应，进而推动企业的渐进性或根本性创新。

（2）高水平的吸收能力有利于企业更好地管理和利用外部网络知识。Cohen 和 Levinthal[32]（1990）在其开创性研究中指出，吸收能力决定了企业利用外部知识的程度和效果。高水平的吸收能力使得企业能够更加准确地预测技术知识的本质，以及更加积极地利用环境中的各种机会。这些机会所涉及的相关知识可能包括引发根本性变革的技术知识或特定技术快速商业化的市场知识。Rosenberg 等[301]（1994）、Narin 等[302]（1997）分析美国产业技术发展与大学及其他基础研究机构之间的关系发现，随着全新和改良产品的开发越来越依赖于各种学术研究成果，企业需要拥有和发展较高水平的吸收能力才能更好地将大学和其他科研机构产生的特定信息和知识应用于各种新产品开发当中。Julien 等[221]（2004）认为，各种技术源组成的正式或非正式合作伙伴关系网络需要特定吸收能力发挥"看门人"或"边界扳手"的作用，真正消化外部信息，赋予其内涵并将其根据创新强度转化成所需知识。

此外，Jantunen[303]（2005）也指出，为了管理外部知识，企业需要吸收能力。高水平的吸收能力能够确保企业在创造新知识的过程中获取有用的数据和信息，并在内部创新活动中进行有效使用。Uotila 等[304]（2006）讨论区域创新网络吸收能力评价方法时认为，吸收能力对于企业考虑面向未来的知识适应问题非常重要。高水平的潜在吸收能力使企业能够通过弱联系创新网络进行知识探索；高水平的现实吸收能力使企业能够通过强联系创新网络探索开展知识利用活动。

（3）高水平的吸收能力有利于增强探索式、转换式和利用式学习的互补性。对于欧洲移动虚拟网络运营商的案例和实证数据分析，Evanagelia 和 Anthony[305]（2010）发现了吸收能力不同知识处理阶段的互补性，即外部知识转移是组织绩效的一个重要决定性因素，而有效的知识利用只有紧随外部获取知识的消化吸收并与之形成一个连续的顺序过程，才能确保知识的成功转移。这意味着从外部知识获取到知识最终的商业化应用，是一个多阶段的连续过程，企业在任何一个阶段做得不好，都会影响获取知识的最终应用效果。

基于过程的视角，吸收能力的探索式学习、转换式学习和利用式学习并不是相互独立的，它们可能同时存在[130]。Ichniowski 等[306]（1997）、Harrison 等[307]（2001）指出，高水平的吸收能力将其三种组织学习过程捆绑在一起，使得其之间始终是相互依赖和相互支持的。正是由于这种相互依赖和支持，整体吸收能力与单一学习过程相比，具有更高的模仿难度。同时，Lane 等[130]（2006）、Lichtenthaler[127]（2009）等的研究也显示，高水平的吸收能力促使企业在三种组织学习过程中取得一种巧妙的平衡，能够有效抑制过度依赖和发展单一组织学习能力所带来的负面影响。此外，Zahra 和 George[126]（2002）、Uotila 等[304]（2006）也进一步形象地表达了潜在吸收能力和现实吸收能力在创新过程中的互补性：吸收能力就像一个漏斗，潜在吸收能力确保所需知识的新颖性和多样性，而现实吸收能力支持这些新知识内化融入企业现有流程以推进创新过程的发生。这个创新过程，可能是基于产品和工艺的改进，也可能是一种全新产品和工艺的创造。

2. 相关实证研究

该部分对吸收能力与渐进性创新和根本性创新的相关实证研究进行了汇总。通过归纳分析发现，不同学者基于不同研究对象的实证研究所考察的吸收能力维度和技术创新强度各不相同，即他们考察了吸收能力一个维度或多个维度对渐进性创新和根本性创新的影响。Cockburn 和 Henderson[161]（1998）、Gilsing 等[223]（2008）、王志玮[231]（2010）的实证研究涉及企业吸收能力对根本性创新或渐进性创新的影响；Rothaermel 和 Deed[250]（2004）专门强调了基于吸收能力的探索式学习和利用式学习对于根本性创新不同阶段的影响；在潘松挺[286]（2009）的实证研究中，基于吸收能力的探索式学习和利用式学习对渐进性创新和根本性创新的影响得到了讨论。以下分别对不同学者的研究进行归纳阐述，以对本部分的研究假设提供支持。

Cockburn 和 Henderson[161]（1998）实证考察了全球十大制药企业公共研发、自身研发与其吸收能力之间的关系。结果发现：公共研发机构与私人研发机构之间是一种互惠作用关系，这种关系使科学技术知识可以跨越组织边界自由流通；然而，个体企业只有通过加大内部研发投资的形式增强自身吸收能力，才能更好地了解或获取公共实验室的基础科学研究成果，特别是那些基础的、非市场导向的科学知识。因为它们往往正是个体企业所缺乏的，并且与其根本技术变革、研究型生产力（research productivity）密切相关。Gilsing 等[223]（2008）对化工、汽车和医药产业 85 家企业联盟数据的实证研究中，尽管网络嵌入性对于吸收能力和新颖性创造存在反向影响，但是吸收能力（研发投入作为代理变量）作为控制变量，始终与企业探索性创新（当年成功提交与最近五年企业专利类不太相关的发明专利的数量）存在正向相关关系。王志玮[231]（2010）对不同省份 251 家企业的实证研究表明，吸收能力对破坏性创新与维持性创新都具有促进作用。

Rothaermel 和 Deed[250]（2004）对美国 325 家生物技术企业进入的 2565 个联盟的实证研究显示，新产品开发过程的不同阶段激发企业开展不同类型的知识诀窍搜索，进而进入不同类型的合作联盟类型。这里的新产品开发过程，是指从新概念的产生到新产品的推出，被视为新知识在产品中不断体现的过程，在该过程中，知识的创造和应用始终是新产品开发流程的核心主题。他们认为，探索式联盟（主要开展基础研究、药物发现和开发等探索式学习活动）对新产品开发（成功进入临床试验但未市场化的阶段）具有正面影响；利用式联盟（主要开展临床试验、FDA 监管、营销和销售等利用式学习活动）对新产品商业化（完成所有阶段，已进入医药市场）具有正面影响。产品开发路径开始于探索式联盟，并通过利用式联盟得到延续，有利于提高科技企业发现、开发和商业化新产品的能力。只有在新产品开发背景下充分利用完整的探索式—利用式联盟系统，才能实现和获取新产品的开发效益。

潘松挺[286]（2009）的实证研究显示，组织学习与技术创新模式存在耦合关系，探索式学习与突破性创新正相关，利用式学习与渐进性创新正相关；并且，探索式学习与利用式学习正相关，探索式学习对利用式学习具有积极的促进作用。

3. 研究假设的提出

由上述相关理论研究的归纳分析可知，高水平的吸收能力通过促进企业对外部网络知识的管理与利用，增强企业知识结构的探索性和利用性适应，以及探索式、转换式和利用式学习三者之间的互补性而有利于企业渐进性创新与根本性创新水平的提高；而通过上述相关实证研究的归纳分析也可发现，企业的吸收能力及其不同结构维度对企业的渐进性创新和根本性创新提供了重要的支持作用。

综上所述，在以自我为中心的外部创新网络中，焦点企业的吸收能力越高，不仅越有利于发挥探索式学习、转换式学习和利用式学习对于渐进性创新和根本性创新的促进作用；更为重要的是，越有利于增强三者之间的协同作用进而提升它们对渐进性创新和根本性创新的促进作用。此外，考虑到网络规模、关系强度以及网络中心性会直接影响到企业的吸收能力，而企业的吸收能力作为外部资源和知识与组织经济行为的媒介，又直接影响企业不同强度的技术创新类型。因此，企业的吸收能力对网络规模、关系强度和网络中心性与渐进性创新和根本性创新之间关系还会起到一种中介作用，即网络规模、关系强度和网络中心性会影响企业的吸收能力，进而影响到企业的渐进性创新和根本性创新。基于此，提出以下研究假设。

假设4a 焦点企业的吸收能力对于其渐进性创新具有直接的正向影响，即焦点企业的吸收能力越高，其渐进性创新水平就越高。

假设4b 焦点企业的吸收能力对于其根本性创新具有直接的正向影响，即焦点企业的吸收能力越高，其根本性创新水平就越高。

假设5a 焦点企业的吸收能力在网络规模对其渐进性创新的影响上具有明显的中介效应，创新网络规模通过影响焦点企业的吸收能力进而影响其渐进性创新。

假设5b 焦点企业的吸收能力在网络规模对其根本性创新的影响上具有明显的中介效应，创新网络规模通过影响焦点企业的吸收能力进而影响其根本性创新。

假设6a 焦点企业的吸收能力在关系强度对其渐进性创新的影响上具有明显的中介效应，关系强度通过影响焦点企业的吸收能力进而影响其渐进性创新。

假设6b 焦点企业的吸收能力在关系强度对其根本性创新的影响上具有明显的中介效应，关系强度通过影响焦点企业的吸收能力进而影响其根本性创新。

假设7a 焦点企业的吸收能力在网络中心性对其渐进性创新的影响上具有明显的中介效应，网络中心性通过影响焦点企业的吸收能力进而影响其渐进性创新。

假设7b 焦点企业的吸收能力在网络中心性对其根本性创新的影响上具有明显的中介效应，网络中心性通过影响焦点企业的吸收能力进而影响其根本性创新。

3.2.5 研究假设与实证模型

对于上述研究所提出的假设，本书进行归纳汇总（见表3-1）。基于这些假设，本书将 3.1.2 节所提出的概念模型转化为实证模型（见图 3-3）。

表 3-1　　　　　　　　　　　研究假设汇总

序号	研究假设
H1a	创新网络规模对于焦点企业的吸收能力具有直接的正向影响，即焦点企业的创新伙伴越多，焦点企业的吸收能力就越强
H1b	创新网络规模对于焦点企业的渐进性创新具有直接的正向影响，即焦点企业的创新伙伴越多，焦点企业的渐进性创新水平就越高
H1c	创新网络规模对于焦点企业的根本性创新具有直接的正向影响，即焦点企业的创新伙伴越多，焦点企业的根本性创新水平就越高
H1d	与渐进性创新相比，创新网络规模对于焦点企业根本性创新的影响会更强，即焦点企业的创新伙伴越多，焦点企业就越有利于推动根本性创新的发生
H2a	创新网络的关系强度对于焦点企业的吸收能力具有直接的正向影响，即焦点企业与其创新伙伴的关系强度越高，焦点企业的吸收能力就越强
H2b	创新网络的关系强度对于焦点企业的渐进性创新具有直接的正向影响，即焦点企业与其创新伙伴的关系强度越高，焦点企业的渐进性创新水平就越高
H2c	创新网络的关系强度对于焦点企业的根本性创新具有直接的正向影响，即焦点企业与其创新伙伴的关系强度越高，焦点企业的根本性创新水平就越高
H2d	与根本性创新相比，创新网络的关系强度对于焦点企业渐进性创新的影响会更强，即焦点企业与其创新伙伴的关系强度越高，焦点企业就更容易推动渐进性创新的发生
H3a	网络中心性对于焦点企业的吸收能力具有直接的正向影响，即焦点企业在外部创新网络的中心地位越高，焦点企业的吸收能力就越强
H3b	网络中心性对于焦点企业的渐进性创新具有直接的正向影响，即焦点企业在外部创新网络的中心地位越高，焦点企业的渐进性创新水平就越高
H3c	网络中心性对于焦点企业根本性创新具有直接的正向影响，即焦点企业在外部创新网络的中心地位越高，焦点企业的根本性创新水平就越高
H3d	与根本性创新相比，网络中心性对于焦点企业渐进性创新的影响会更强，即焦点企业在外部创新网络的中心地位越高，焦点企业就更容易推动渐进性创新的发生
H4a	焦点企业的吸收能力对于其渐进性创新具有直接的正向影响，即焦点企业的吸收能力越高，其渐进性创新水平就越高
H4b	焦点企业的吸收能力对于其根本性创新具有直接的正向影响，即焦点企业的吸收能力越高，其根本性创新水平就越高
H5a	焦点企业的吸收能力在网络规模对其渐进性创新的影响上具有明显的中介效应，创新网络规模通过影响焦点企业的吸收能力进而影响其渐进性创新
H5b	焦点企业的吸收能力在网络规模对其根本性创新的影响上具有明显的中介效应，创新网络规模通过影响焦点企业的吸收能力进而影响其根本性创新
H6a	焦点企业的吸收能力在关系强度对其渐进性创新的影响上具有明显的中介效应，关系强度通过影响焦点企业的吸收能力进而影响其渐进性创新
H6b	焦点企业的吸收能力在关系强度对其根本性创新的影响上具有明显的中介效应，关系强度通过影响焦点企业的吸收能力进而影响其根本性创新
H7a	焦点企业的吸收能力在网络中心性对其渐进性创新的影响上具有明显的中介效应，网络中心性通过影响焦点企业的吸收能力进而影响其渐进性创新
H7b	焦点企业的吸收能力在网络中心性对其根本性创新的影响上具有明显的中介效应，网络中心性通过影响焦点企业的吸收能力进而影响其根本性创新

第3章 概念模型与研究假设

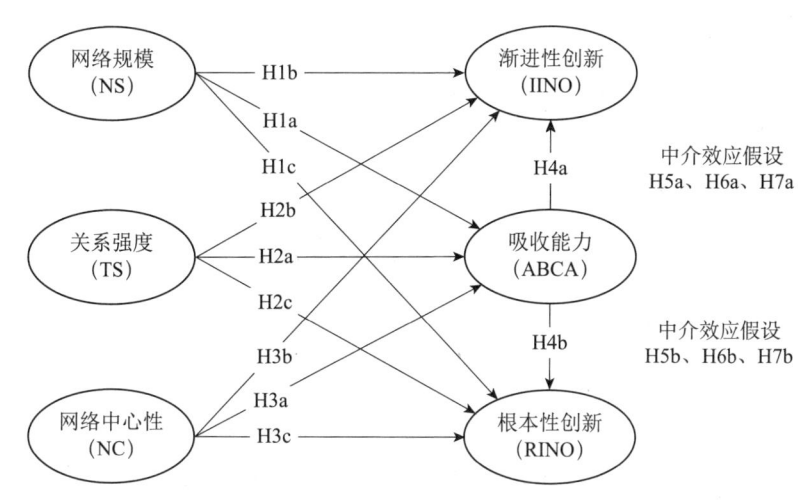

图3-3 吸收能力视角下网络特征与渐进性创新和根本性创新关系的实证模型

本章小结

本章基于企业组织（竞争）优势，分析了嵌入性理论、社会资本理论，以及以资源和能力为基础的理论观点之间的内在联系，提出了网络特征、吸收能力及渐进性创新和根本性创新之间关系的概念模型，将焦点企业的网络规模、关系强度和网络中心性作为自变量，将企业的渐进性创新和根本性创新作为因变量，而焦点企业的吸收能力则作为中介变量。同时，基于相关的理论研究和实证研究归纳分析和探讨了企业三大层面的网络特征与企业的吸收能力及渐进性创新和根本性创新的关系，并在此基础上提出了相关研究假设。

第4章

研究方法与设计

为了深入、有效探索开放式知识经济环境下的企业渐进性创新与根本性技术创新的作用机制，本书基于相关文献和规范性的理论推理提出概念模型和研究假设后，还需通过定量的实证研究来验证理论推理和研究假设的准确性。由于本书属于企业层面的微观研究，其中涉及的焦点企业外部创新网络特征、基于组织学习的吸收能力，以及不同强度的技术创新类型等数据无法从现有公开资料中获取，因而采用调查问卷的形式收集相关数据并进行定量实证研究。本章从研究对象、分析方法、问卷设计、数据收集、变量测量等方面介绍本书的研究方法与设计。

4.1 研究对象

4.1.1 样本企业的选择

在网络特征的现有实证研究中，对于样本企业的选择各有不同，并没有形成很明确的标准。有些学者以特定区域和产业的企业为样本，如 Shan 等[256]（1994）对于美国生物技术创业企业的研究、Baum 等[257]（2000）对于加拿大142家生物技术创业企业的研究、Sampson[308]（2007）对于美国电信设备行业企业的研究，等等；也有一些学者以跨区域或跨产业部门的工业企业为样本，如 Gemünden 等[73]（1996）对于德国生物技术、医疗设备、微电子技术行业中321家高新技术企业的研究，Hagedoorn 等[122]（2006）对于欧洲、美国和日本三地电子信息技术、机械工程和加工制造产业346家企业的研究，Ahuja[45]（2000）对于西欧、日本和美国化工产业107家领先企业的研究，许冠南[25]（2008）对于山东、广东、四川、江苏和重庆高新技术区的122家创业企业的研究等。综上所述，在网络特征研究中，样本企业的选择并没有一个统一的标准，大多数学者根据自身的研究背景、目的及数据可得性等方面的因素灵活确定。

尽管如此，通过这些研究的样本企业的背景分析我们仍可以看出，研究学者对于样本企业的选择具有两个倾向：一是这些产业或企业大多数都具有技术或研发背景，或者说，它们所处的行业都非常重视技术创新。如 Shan 等[256]（1994）所选的生物技术创业企业是能够独立商业化生物技术产品的专业化公司，而 Ahuja[45]（2000）所选的化工产业对于专有知识则具有很强的专利保护等。二是这些产业或企业倾向采用合作方式进行新技术或新产品开发。例如，在 Shan 等[256]（1994）、Baum 等[257]（2000）、Gemünden 等[73]（1996）所选的生物技术行业中，企业的成功很大程度上取决于其所有合作伙伴的能力，大量的资源投入、专利竞赛及商业化的快速要求促使生物技术企业积极对外建立合作伙伴关系[14]。这些特点为本书研究企业的选择提供了重要启示。

就研究背景而言，笔者作为主要成员参与了广东省创新型企业实施技术创新工程试点项目《广东创新型企业创新路线图制定的方法论和应用研究》的调研和撰写工作，对于广东创新型企业的创新实践活动具有较为深入的了解和认识。因此，以广东创新型企业为研究对象便于本书的数据收集工作。就研究内容而言，本书是试点项目的细化和深化研究，以创新型企业为研究对象，实证检验网络化环境下的渐进性创新和根本性创新机制，对于政府如何推进创新型企业建设，以及创新型企业如何实施创新路线图都具有重要的参考价值。就研究目的而言，本书主要探讨在开放的知识经济环境下，企业如何构建和利用有效的外部创新网络，获取各类信息和知识，推动企业的渐进性创新和根本性创新。那些依靠创新驱动发展的企业更有可能具备实力和动机去推进和探索企业的渐进性创新和根本性创新，同时也更有可能同时具备三种不同的组织学习过程。因此，选择具有较强创新性和开放性的创新型企业作为研究对象，能够更好地反映企业外部创新网络对其根本性和渐进性技术创新的支持情况和作用机制。综上所述，本书选择广东创新型（试点）企业作为实证研究的样本企业。

4.1.2 广东创新型企业的建设概况

作为第一批国家技术创新试点地区，广东积极开展创新型企业的建设工作。截至 2010 年年底，广东进行了 4 个批次的省级创新型企业试点工作和 3 个批次的省级创新型企业认定工作，累计确定开展试点的企业共 245 家，认定的省级创新型企业共 123 家（表 4-1）。

表4-1　　　　　2007—2010年广东认定的创新型（试点）企业

年份	批次	创新型试点企业数目/家	年份	批次	创新型企业数目/家
2007	第一批	50	2008	第一批	29
2007—2008	第二批	52	2009	第二批	49
2009	第三批	86	2010	第三批	45
2010	第四批	57	—	第四批	—
合计	—	245	合计	—	123

1. 经济总量快速增长，战略地位日益凸显

主营业务收入、增加值、税后利润和上缴税费等一系列经营指标反映了经济总量的发展水平。2009年，广东省188家创新型（试点）企业完成主营业务收入7 768.67亿元，比2008年增长51.42%，占全省国有及规模以上非国有工业企业主营业务收入的11.75%，比重比2008年提升了3.65个百分点；完成工业增加值2 036.13亿元，是2008年的2倍多，占全省国有及规模以上非国有工业企业增加值的11.17%，比重比2008年提升了5.59个百分点；实现税后利润670.77亿元，是2008年的3倍多，占全省工业利润总额的15.95%，比重比2008年提升了10.07个百分点。同时，2009年这188家创新型（试点）企业资产总额约占全省国有及规模以上非国有工业企业资产总额的18.9%；上缴税费568亿元，占全省工业纳税总额的21.96%，同年全国创新型（试点）企业上缴税费占全国税收收入的比重为19.9%[①]。此外，这188家省级创新型（试点）企业既有国家大型骨干企业，也有民营科技企业和实施企业化转制的科研院所；既有工业和高新技术企业，也有农业产业化龙头企业和环保企业；而且它们所属的产业领域覆盖电子信息、生物制药、新材料、新能源等广东重点发展的战略新兴产业。由此可见，经过短暂几年的建设发展，广东创新型企业的经济总量发展水平不断提高，它们在全省国民经济中的战略重要性也在不断增强。

2. 研发投入稳步增加，创新活动形式多样

研发经费支出、研发人员数量、研发投入强度反映出企业的创新投入水平。2009年，广东188家创新型（试点）企业共投入研发经费416.75亿元，比2008

---

① 资料来源：《广东创新型企业年度报告（2009—2010）》《中国创新型企业报告（2009—2010）》。

年增长39.4%，占全省研发经费支出的66.81%，同年全国创新型（试点）企业研发经费支出占全国研发经费支出总额的比重为42%，比重比2008年提高了5.65个百分点；共有研发人员215 467人，比2008年增长76.05%；研发投入强度与2008年相比略有下降，但其平均值保持在7%左右，同年全国创新型（试点）企业研发强度平均值为1.86%，全国大中型工业企业的研发强度平均值为0.96%[①]。显然，不断增加的研发经费支出和研发人员，为广东创新型企业保持较高水平的研发强度提供了重要保证。

此外，创新型（试点）企业积极开展形式多样的创新活动。2009年，在这188家创新型（试点）企业中，有164家企业设立研发机构（包括国家级55个、省级276个、海外研发机构16个），有37家企业已获准建立国家重点实验室，有29家牵头组建了产业技术创新战略联盟，有63家参与组建了产业技术创新战略联盟，有8成以上的统计企业参与了产学研合作活动，有7成以上的统计企业承担了政府科技计划项目[②]。由此可见，创新型（试点）企业已成为广东研发投入和研发活动的中坚力量，通过设立研发机构、产学研合作、承担科技计划项目及组建或参与产业技术创新战略等方式实现内外结合的创新模式已成为企业开展创新活动的重要趋势。

3. 技术创新硕果累累，创新能力显著提高

专利（特别是发明专利）、标准制定、新产品销售收入等指标反映出企业的技术创新成果。在专利方面，2009年全省创新型（试点）企业共有专利申请数量21 936件，比2008年增长了17.71%，其中发明专利申请达14 886件，略高于2008年，占全省申请专利总数的67.9%；共有授权专利11 951件，比2008年增长了18.34%，其中授权发明专利达6 127件，比2008年增长了53.52%，占全省全部授权专利的51.3%[③]。在标准制定方面，2009年全省创新型（试点）企业主持或参与制定的技术标准项目数为2 857件，比2008年增长了67.37%，其中，共主持制定国家技术标准491件、行业技术标准685件，参与制定国家技术标准542件、行业技术标准1 139件。在新产品销售收入方面，2009年全省创新型（试点）企业新产品销售收入总量达3 695.94亿元，比2008年增长了36.63%，占全省新产品销售收入的46.2%，比重与2008年相比略有下降[④]。尽管如此，2008—2009年，全省创新型（试点）企业新产品销售收入仍基本占据了全省新产品销售收入的半壁江山。由此可见，全省188家创新型（试点）企业

---

① 资料来源：《广东创新型企业年度报告（2009—2010）》《中国创新型企业报告（2009—2010）》。
②③④ 资料来源：《广东创新型企业年度报告（2009—2010）》。

的技术创新成果增幅明显，创新能力显著提高，已经成为全省产业发展和产业技术创新的重要载体。

4.2 分析方法

本书将对以问卷调查方式所收集到的数据，进行描述性统计、效度与信度检验、验证性因子分析、高阶因子分析及结构方程模型检验等分析工作。本书所使用的分析软件为 SPSS 15.0 和 AMOS 7.0。

1. 描述性统计分析

描述性统计主要对样本基本资料，包括企业的规模、所属行业、成立时间等情况进行统计分析，说明各变量的均值、百分比、次数分配表等，以描述样本的类别、特性以及比例分配状况。

2. 效度和信度检验

效度是指测量工具能正确测量出想要衡量的性质的程度，即测量的正确性或可靠性。效度可分为内容效度（content validity）、校标相关效度（criteria-related validity）和建构效度（construct validity）三类。其中，建构效度由于有理论的逻辑分析为基础，同时又根据实际所得的资料来检验理论的正确性，因而是一种最严谨的效度检验方法[310]。本书将对量表的建构效度进行检验。统计学上，检验建构效度最常用的方法是因素分析法。如果通过因素分析法有效抽取的共同因素与理论架构的心理特质极为接近，则可以说测量工具或量表具有建构效度[311]。信度是指衡量效果的一致性和稳定性，具体可用 Cronbach's alpha 值来衡量。量表的信度越大，表示用于解释一个潜变量的观测变量具有共方差的程度越高，可观测变量的方差对于潜变量的解释程度越高。本书将针对每个变量所对应的问卷题项，计算修正后单项对总项的相关系数（corrected item-total correlation）和 Cronbach's alpha 值评价信度。本书进行效度和信度分析所采用的统计软件为 SPSS 15.0。

3. 结构方程模型分析

本书运用结构方程模型[312]（structural equation modeling，SEM）来检验概念模型和研究假设，将针对所获数据进行以下分析：①用高阶因子分析（high-order factor analysis）检验关系强度和吸收能力的测量模型，分析各自测量模型的效度、信度和拟合优度；②用验证性因子分析（confirmatory factor analysis，CFA）检验整体测量模型，分析测量模型的效度、信度和拟合优度；③用结构方程（SEM）检验模型，进行路径分析并检验研究假设。结构方程模型分析采用的统计软件为 AMOS 7.0。

4.3 问卷设计

问卷是以书面问答为主要形式的问题表格，用来收集人们的行为、态度和社会特征等方面的资料[313]，是管理学科调查收集数据最为重要的工具[314]。研究人员可以通过严格设计的心理测量项目或问题研究对象收集资料和数据。如何通过问卷调查活动获取准确、全面而又有价值且符合要求的资料和数据，关键在于能否设计出一份高质量的调查问卷[313]。因此，问卷的合理设计是保证获取数据信度和效度的基础。接下来，基于相关学者的观点，阐述本书问卷设计的基本内容及形成过程。

4.3.1 基本内容

根据王重鸣[315]（1990）和马庆国[314]（2002）的观点，不同的研究目的和理论依据决定问卷题项的总体安排、内容和量表构成。研究人员需要根据研究目标确定其所需收集的数据和设置的相关问题。本书主要探讨企业外部创新网络特征对其渐进性创新和根本性创新的影响机制，因而要求问卷能够为研究内容提供所需的有效数据，使这些数据能够用于描述性统计、效度与信度检验、验证性因子分析、高阶因子分析及结构方程模型检验等分析，进而能够分析企业外部创新网络特征、基于过程的企业吸收能力与渐进性创新和根本性创新之间的关系，以及环境动态性对上述关系的影响。鉴于此，围绕这些研究目标和内容，本书所设计的调查问卷主要包括以下五个方面的内容：①填写者及其所在企业的基本情况；②企业外部环境的变化程度；③企业外部创新网络的特征属性；④企业基于吸收能力的探索式学习、转化式学习和利用式学习；⑤企业的渐进性创新和根本性创新。

4.3.2 主要流程

问卷设计是由一系列相关工作过程所构成的，是一项烦琐、复杂的系统工程[313]。为了获取比较准确、可靠、有效的研究数据，需要根据一定的程序设计调查问卷，使之更具有科学性和可行性。参考 Churchill[316]（1979）、Gerbing 和 Anderson[317]（1988）、Dunn，Seaker 和 Waller[318]（1994）、Hinkin[319]（1995）、许冠南[25]（2008）以及陈学光[27]（2007）等的建议与研究，本书按照以下流程设计调查问卷。

（1）通过对现有相关文献的回顾，以及对广东企业科技实践的调研认识形成问卷题项。在对创新网络、吸收能力和技术创新等文献详细阅读分析的基础上，借鉴国内外权威期刊和学者的理论构思和已有量表，设计主要研究变量的测度题项，进而形成本书的调查问卷初稿。

（2）通过与广东科技专家和学术团队成员交流讨论，修改初稿中的相关问卷题项。在参与广东省创新型企业实施技术创新工程试点项目的实践活动中，通过访谈交流的形式就本书研究变量的逻辑关系和测度题项的具体设计向同行科技专家请教；同时，笔者征求了所属学术团队成员的修改意见，对问卷层次、题项内容和表达措辞进行了讨论和调整。最后，吸收科技专家和学术研究团队的建议与意见，形成本书的调查问卷二稿。

（3）通过与企业界管理人员讨论，再次修改问卷相关题项。首先，与广东创新型企业技术领域的 6 位中高层管理人员进行访谈，主要考察三个方面的问题：本书研究变量之间的逻辑关系是否符合企业创新实践活动的具体情况，问卷量表中的变量测度题项能否反映企业的相关情况，以及这些题项的表达措辞是否便于一般企业人士所理解和阅读。在此基础上进一步修改问卷，形成调查问卷三稿。

（4）通过预测试对问卷进行纯化，验证变量设置和问卷表述的合理性，并最终形成调查问卷的终稿。预测试的具体分析见 4.6 节。

4.3.3 注意事项

在问卷设计过程中，根据相关学者的建议和观点，通过以下方式完善问卷内容，从而提高问卷的响应率、信度和效度。

（1）问卷表达尽量避免复杂语句或引导性问题，问卷用词力求明确、具体，尽量避免多重含义或隐含某种假设，增强问卷题项的通俗性和易于理解性。

（2）对于一些敏感性问题，问卷尽量不去涉及或将其设置成具有区间范围的答案选项，便于填写者作答，以提高答卷者的答题意愿。

（3）在问卷卷首即向答卷者说明，本问卷纯属学术研究目的，不涉及企业商业秘密，所获信息也不会用于任何商业目的，并承诺对答卷者提供的信息予以保密。

(4) 为了更好地保证问卷填写内容的信度和效度,在问卷中设置反向题项,以考察答卷者的填写态度,为避免信息失真和识别无效问卷提供依据。

(5) 在预测试前,请两位具有硕士学位的从事科技方面管理和研究的政府工作人员、3 位博士生和 3 位硕士生对问卷层面、题项的表达和措辞等进行了审查,并根据其建议和意见对问卷内容进行了修改和增删。

4.4 数据收集

对于企业外部网络特征相关数据的获取和收集,不同学者可以基于研究实际采用不同的方式。Ahuja[45](2000)通过电子数据库、常见商业印刷媒介、化工产业的政府出版物或咨询报告识别和获取样本企业之间的合作网络;Baum 等[257]直接通过加拿大生物技术企业活动目录(1991—1996 年)识别样本企业之间的合作关系网络;Shan 等[256](1994)通过私人企业数据库、北卡罗来纳州生物技术中心已公布的合作性协议,以及与创业企业的邮件咨询和电话访谈三种方式直接识别出创业企业的各类合作关系;Gemünden[73](1997)直接通过问卷调查和少量电话访谈识别这些高新技术企业的合作关系类型和强度;我国大多数学者也采用调查问卷的方式了解样本企业外部网络的各种特征,如许冠南[25](2008)、彭新敏[258](2009)、张洪石和付玉秀[320](2005)等。

由于本书实证研究所需数据无法从公开资料库中获取,因而采用向企业发放调查问卷的方式收集数据。问卷的发放对象是广东省创新型(试点)企业技术主管以上的中高层管理人员,中高层管理人员对于企业内外部技术创新活动有足够的了解,能够回答本调查中有关技术创新的各种问题。本书中调查问卷的发放与回收主要采取三种方式进行:第一种方式是作者在参与广东创新型企业技术创新试点工程项目的实践调研中将纸质问卷带到企业,请企业相关人员现场填写,并当场回收或会后寄回;第二种方式是作者联系了广东某创新型企业服务机构,请该服务机构在其服务的创新型企业中发放问卷并回收;第三种方式是作者通过自己的关系网络进行问卷发放并回收。

4.5 变量测量

根据 Churchill[316](1979)的观点,在变量的测量题项具有一致性的情况下,多个问题项比单一题项更能提高信度,因而本书通过设置多个题项测量主要研究变量。在本书提出的概念模型中，基于现有文献研究，提出各个潜变量的操作化定义和量表设计，具体参考资料来源见表4-2。

表4-2　　　　　　　　　变量测量项目的参考资料来源

变量	参考资料来源
渐进性创新（IINO）	Sands 和 Warwick[321]（1977）、Henderson 和 Clark[201]（1990）、Song 和 Montoya-Weiss[216]（1998）、Van de Ven 等[211]（1999）、Christine 等[217]（2003）、Herbig[322]（1994）、Meyer 等[254]（1990）、Tushman 和 Anderson[200]（1986）、张洪石和付玉秀[320]（2005）、潘松挺[286]（2009）等
根本性创新（RINO）	
网络规模（NS）	Powell 等[14]（1996）、Kraatz[269]（1998）、Batjargal 和 Liu[255]（2003）、Capaldo[241]（2007）、邬爱其[273]（2007）、王晓娟[285]（2007）、陈学光[27]（2007）、彭新敏[258]（2009）等
关系强度（TS）	Granovetter[37]（1973）、Krackhardt[40]（1992）、McEvily 和 Zaheer[323]（1999）、Rowley 等[34]（2000）、Uzzi[30]（1997）、Rindfleisch 和 Moorman[282]（2001）、Gilsing 和 Nooteboom[244]（2005）、Capaldo[241]（2007）、李文博，郑文哲和刘爽[324]（2008）、潘松挺[286]（2009）等
网络中心性（NC）	Powell 等[14]（1996）、Tsai[82]（2001）、李志刚 等[325]（2007）、稽登科[268]（2006）、邬爱其[273]（2007）、王晓娟[285]（2007）、刘寿先[290]（2008）、李文博，郑文哲和刘爽[324]（2008）等
企业吸收能力（ABCA） 知识识别（KREC） 知识消化（KASS） 知识保养（KMAI） 知识激活（KREA） 知识转化（KTRA） 知识应用（KAPP）	Szulanski[135]（1996）、Lane 和 Lubatkin[136]（1998）、Jantunen[303]（2005）、Lane 等[130]（2006）、Arbussa 和 Coenders[151]（2007）、Lichtenthaler[127]（2009）、Lane 等[171]（2001）、Jaworski 和 Kohli[173]（1993）、Zahra 和 George[126]（2002）、Jansen 等[172]（2005）、Liao 等[139]（2003）等

4.5.1　因变量

本书的因变量是企业的渐进性创新与根本性创新。渐进性创新主要基于现有功能和做法的简单修改[201]，而根本性创新则改变事物的全部排序，从而使原有方式变得过时[211]。由于渐进性创新与根本性创新之间的区分并不总是十分清晰，许多学者从不同视角提出渐进性与根本性创新的测量方法。Sands 和 Warwick[321]（1977）通过"本企业在整个行业技术中的领先程度"来判断企业创新程度是根本性创新还是渐进性创新（采用 5 点李科特量表："5" 为绝对领先，"1" 为与同行差距很大）。Song 和 Montoya-Weiss[216]（1998）通过产品改进的新颖性程度来测量创新的渐进性和根本性。全新的产品与根本性创新相对应，是一种完全新式的产品类别或生产与交付系统，具有三个特征：①所依赖的技术以前从未在产业中使用过；②能够给产业带来重大影响或造成重大变化；③对于市场来说，它是一种全新的类别，相反，改进的新产品是指现有产品或生产与交付系统的调整、修改和完善，与渐进性创新相对应。Christine 等[217]（2003）分别列出渐进性创新与根本性创新的具体类型，并通过统计每一类创新发生的频率进行测量［采用 5 点李科特量表：1 = 从未有过，2 = 很少（1～2 次），3 = 有时（3～5 次），4 = 频繁（6～10 次），以及 5 = 非常频繁（超过 10 次）］。他们将渐进性创新分为四类：①程序上的（在规章制度、工作程序、工作进度等方面的创新）；②人员上的（人才资源管理方面的创新，以及在员工选拔、培训政策上的创造性变化）；③工艺上的（生产或制造流程的新方法，以及在组织运营中用于生产产品或提供服务的重大技术改进等）；④结构上的（设备或设施的创造性修改，以及部门、分支机构或项目计划进行重新设计等）。而根本性创新只有一类：战略（提供或服务市场的基础产品或服务项目的创新，以及扩展现有市场的大量新的产品和服务项目的创造）。国内学者张洪石和付玉秀[320]（2005）在 Christine 等[217]（2003）研究的基础上补充和完善测量项目，在渐进性创新方面，增加"产品改良"（在现有产品/服务上的改进创新）一类，将根本性创新拓展为三类：①产品创新（带来全新产品/服务的技术创新）；②业务创新（开创全新业务的技术创新）；③市场创新（开辟全新市场的技术创新）。潘松挺[286]（2009）采用李科特 7 点量表，分别通过 4 个题项测量根本性和渐进性创新，根本性创新主要体现在创新伙伴对企业新产品引入、新技术开发、产品种类和新市场拓展四个方面的帮助上；渐进性创新主要体现在对企业现有产品质量和通用性提升、现有市场巩固，以及现有产品成本降低四个方面的帮助上。

  参考上述学者的研究，结合 2.3.2 节对技术创新基本类型的分析讨论，以及第 3.1.2 节的变量解释，提出本书渐进性创新和根本性创新的操作性定义和量表题项。渐进性创新是指焦点企业通过创新网络获取或使用各种技术和知识，创造出完善现有市场、产品/服务以及技术范式的增强性变化[322]；包括延续性（continuous）和修改性（modified）变化，以及工序（process）的完善，如产品线的延伸、计算机软件的更新以及 TQM 和 CAD 生产方式的引进，并通过 5 个题项测量：①公司不断向市场引入性能微小变化的产品/服务；②公司一直在改进现有的生产方式；③公司经常在现有工艺和技术上作出修改和改进；④公司致力于降低现有产品的成本和能耗；⑤公司努力提高现有产品/服务的通用性。相反，根本性创新是指焦点企业通过创新网络获取或使用各种技术和知识，创造出给现有市场、产品/服务及技术范式带来革命性影响的战略性变化，包括全新产品/服务、市场和工艺的创造[200,254,322]，并通过5个题项测量：①公司经常向市场引入开发出来的全新产品/服务；②公司在产品研制上经常引入全新的概念和创意；③公司在行业中率先开发和引入全新的技术和工艺；④公司致力于拓展全新的产品范围和技术领域；⑤公司总是凭借新产品/服务开辟新的市场。以上所有题项均采用李科特7点量表法进行测量。

4.5.2 自变量

1. 网络规模

网络规模（network size）是衡量焦点企业网络层面特征的重要指标，在一定程度上能够体现网络的异质性，对企业的资源获取、组织学习和技术创新具有重要影响。目前，很多研究通过合作伙伴的多样性测量企业的网络规模。Powell等[14]（1996）采用企业研发关系数量测量焦点企业在生物技术研发中网络的网络规模。Kraatz[269]（1998）在探讨网络对私人大学适应环境变化影响的研究中，采用与焦点大学联结的合作大学数量表征网络规模。Batjargal和Liu[255]（2003）用企业家外部联系数量表征创业企业的网络规模。Capaldo[241]（2007）用企业与其他企业的二元关系数量测量大型领先企业在不同阶段的网络规模。国内学者也主要采用这种方法测量企业的网络规模。例如，邬爱其[273]（2007）通过企业与本地其他企业建立的关系种类总数测量网络规模；王晓娟[285]（2007）、陈学光[27]（2007）、彭新敏[258]（2009）等采用"区间赋值法"，设置多题项，计算焦点企业合作伙伴总数，并通过因素提取法测量网络规模。

参考上述学者的研究，结合第3.1.2节对网络规模的分析解释，本书提出焦点企业网络规模的操作性定义：网络规模是指焦点企业创新伙伴的总体数量，并具体通过7个题项：①参与公司技术创新过程的客户数量；②参与公司技术创新过程的供应商数量；③参与公司技术创新过程的同行企业；④参与公司技术创新过程的大学数量；⑤参与公司技术创新过程的科研院所数量；⑥为公司技术创新提供支持的政府部门和机构数量；⑦为公司技术创新提供支持的科技服务企业和机构数量。以上所有题项均采用李科特7点量表法进行测量。

2. 关系强度

关系强度是网络研究中问卷调查的核心概念[241]。对于关系强度的测量，许多学者从不同的研究角度给出了不同的测度方法。Granovetter[37]（1973）用"合作伙伴之间一周至少互动两次"表征个人层面的强关系。随后，Krackhardt[40]（1992）、McEvily 和 Zaheer[323]（1999）等在后续研究中将互动频率作为个人和组织间关系强度的代理变量，并根据关系的内容和类型调整强弱关系的临界值。我国学者邬爱其[273]（2007）、王晓娟[285]（2007）、陈学光[27]（2007）和彭新敏[258]（2009）等也采用这种方法。也有一些学者基于 Granovetter[37]（1973）提出的定义，从区别互动频率的其他维度测量个人和组织层面的关系强度。例如，Kraatz[269]（1998）采用私人大学财政联盟成立的时间、项目合作与采用情况表征美国私人大学间的关系强度；Rowley 等[34]（2000）用合作伙伴间的资源承诺水平（resource commitment）表征关系强度；Rindfleisch 和 Moorman[282]（2001）用个人和组织层面的社会内容发展程度表征关系强度，李文博等[324]（2008）用企业间的密切程度表征企业间的关系强度等。

然而，单一变量并不能充分捕捉合作伙伴行为的相关维度，并且通过临界值设置界定关系强弱的做法被认为具有很强的随意性[241]，许多学者开始尝试从多个维度测量关系强度。Jarillo[57]（1988）在 Granovetter[37]（1973）研究的基础上，进一步提出关系强度是行为主体之间交互作用、情感强度和双方互惠对等程度的函数。Uzzi[30]（1997）从信任（trust）、信息共享（information sharing）、共同解决问题（joint problem solving）三个维度生成含有9个题项的李科特7点量表，测量企业在网络或联盟中的嵌入性关系。Rindfleisch 和 Moorman[282]（2001）从互惠服务和相互亲近维度，采用李科特7点量表、设置4个题项来测度企业在新产品开发联盟中的关系嵌入性：①我们感激合作伙伴为我们所做的一切；②我们的工程师与合作组织工程师共享着亲密的社会关系；③我们与合作者形成"双赢"关系；④我们期待将来能够与合作组织继续深入合作。Kale 等[71]（2000）、Tiwana[326]（2008）采用李科特5点量表、设置5个题项，从互动性、互惠性、相互信任、相互尊重、个体友谊直接测量项目团队多层面的关系强度。Capaldo[241]（2007）认为关系强度是一个三维概念，并从关系的持续时间、合作频率与合作强度分别测量关系的时间、资源和社交维度。我国学者潘松挺[286]（2009）通过对8家企业技术创新网络的深度访谈和问卷佐证研究，从接触时间、投入资源、合作交流范围与互惠性4个维度提出13个题项，作为我国技术创新网络关系强度的测度量表。基于上述分析，结合 Granovetter[37]（1973）、Nooteboom 和 Gilsing[94]（2004）、Capaldo[241]（2007）等对关系强度的内涵探讨，我们认为，组织间的关系强度具有丰富的内涵，包含了对组织间合作次数、周期、内容、投入、形式、利益分享等方面的评价，采用多维测量比较合适。

参考上述学者的研究，在潘松挺[286]（2009）四维度测量体系的基础上，结合 3.1.2 节对关系强度的分析解释，考虑到合作的频繁程度和持续周期可能对渐进性创新和根本性创新产生不同影响，将"接触时间"划分成两个维度，进而提出本书关系强度的操作化定义：关系强度包括焦点企业与其创新伙伴在技术创新过程中的互动频度、合作久度、资源投入程度、合作交流范围以及合作互惠性5个维度。基于相关学者对关系强度的测量体系，本书提出关系强度各维度的操作性定义及其测度题项。互动频度是指焦点企业与创新伙伴合作交流的频繁程度，并通过7个题项测量：焦点企业分别与其客户、供应商、同行企业、大学、科研院所、政府相关部门、科技服务机构的交往频率。合作久度是指焦点企业与创新伙伴合作交流的持续周期，并通过7个题项测量：焦点企业分别与其客户、供应商、同行企业、大学、科研院所、政府相关部门、科技服务机构的合作时间长短。资源投入程度是指焦点企业在与创新伙伴合作过程中投入的人、财、物等资源的数量大小，并通过4个题项测量：①焦点企业在与创新伙伴合作过程中投入了大量的人力资源；②焦点企业在与创新伙伴合作过程中投入了大量的资金；③焦点企业在与创新伙伴合作过程中投入了大量的物质资源（如厂房、设备等）；④焦点企业在与创新伙伴合作过程中投入了大量的社会资源。合作交流范围包括焦点企业与创新伙伴合作内容、层次和形式的广度和深度，通过4个题项测量：①焦点企业与创新伙伴从高层到员工都进行了全面信息共享；②焦点企业与创新伙伴进行多项目合作；③焦点企业与创新伙伴共享着紧密的社会关系；④焦点企业与创新伙伴在生产、技术和市场等领域深入合作。互惠性是焦点企业与创新伙伴技术创新过程中享受利益和服务的对等性，通过4个题项测量：①焦点企业感激创新伙伴在技术创新过程中所做的一切；②焦点企业与创新伙伴的合作是一种"双赢互利"关系；③在合作交流中，即使存在机会，焦点企业与创新伙伴都不会利用对方；④在合作交流中，焦点企业与创新伙伴避免提出损害对方利益的要求。以上所有题项均采用李科特7点量表法进行测量。

3. 网络中心性

网络中心性主要描述企业在各种网络中的位置情况，主要用来衡量企业在网络中凭借参与许多重要活动而占据战略位置的程度[245]，是企业在整体网络中联结程度或积极性的一个测量指标。当该指标用于衡量企业在本地网络中的核心地位，而不是全球网络时，主要指其他企业通过焦点企业形成联结的数量，而忽略这些企业之间的联结方式和质量[14]。对于企业网络中心性的测量，目前主要有两种测量方法。

第一种方法是通过提名生成法（name-generator）、滚雪球法等方法获取一定范围内的客观（包括某一区域或产业范围的所有组织）或半客观（只对某一区域或产业范围的典型代表进行抽样）的网络数据，并采用 Ucinet 软件计算衡量网络中心性的各种指标。例如，Powell 等[14]（1996）采用程度中心度（degree centrality）和接近中心度（closeness centrality）测量焦点企业在生物技术研发网络的中心性。Tsai[82]（2001）采用入度（in-degree）衡量不同业务单元在大型石油化工企业和食品加工制造企业中的网络中心性。Bell[242]（2005）采用入度（in-degree）衡量加拿大共同基金公司在管理者人员网络和制度网络中的中心性。Gilsing 等[223]（2008）采用中介中心性测量焦点企业在医药、化工和汽车行业技术联盟中的网络中心性。国内研究学者钱锡红[48]（2010）也采用这种方法，通过程度中心性、中介中心性和特征向量中心性三个指标衡量深圳 IC 产业中典型企业的网络中心性。由此可见，这种测量方法可以灵活选取测量指标表征网络中心性，这主要取决于网络成员间的连接情况。如果调查对象之间没有存在联系或很少有联系，这些测量指标也就丧失了计算基础和存在价值。因此，这种测量方法在选择调查对象时，往往期望或要求相关调查对象具有一定的背景相似性，以提高彼此之间存在联系的可能性，如调查对象隶属于同一产业或组织边界范围内。

另一种方法是借鉴社会网络分析方法中衡量网络中心性的指标含义及相关调查问卷，形成相关题项，并采用李科特量表直接测量。大多数学者采用社会网络分析方法测量网络中心性时，往往说明选择某一中心性测量指标的目的，并与问卷调查法相结合。Powell 等[14]（1996）认为，程度中心度，主要考察焦点企业在网络中的权利集中程度，用焦点企业伙伴联结的数量来表征；接近中心度，主要考察焦点企业在网络中的独立程度，用焦点企业互惠性数量来表征。高的接近中心性表示企业能够与许多企业取得联系，不依赖特定的合作伙伴获取信息。Tsai[82]（2001）采用入度测量中心性时也认为，入度越高，业务单元拥有的知识源就越多，是测量个体行动者捕获信息或知识机会最为合适的中心性指标。另外，为了识别业务单元在组织中的网络位置，Tsai[82]（2001）开发出两个问卷题项进行调查：①当你所在的单元在组织内部搜寻技术建议时，哪个业务单元给你们提供新的知识或技能；②在组织内部，哪个业务单元向你们索取新知识或技能。基于这些表述，许多学者形成相关题项直接测量焦点企业的网络中心性。例如，李志刚等[325]（2007）采用单题项"贵公司往来对象在建立联系时，很多要通过贵公司从中牵线"，直接测量集群企业的居间性；稽登科[268]（2006）、邬爱其[273]（2007）、王晓娟[285]（2007）、刘寿先[290]（2008）、李文博，郑文哲和刘爽[324]（2008）等通过设置多题项，并采用李科特量表打分法，测量焦点企业在不同网络的中心性。这种基于量表的测量方法，对企业合作伙伴间是否有联结并无要求，因而应用范围比上一种方法广泛，但由于其对企业网络中心性的判断来源于对企业自身认知水平的判断，因此更多地用于以自我为中心的主观性网络。

参考上述学者的研究，结合 3.1.2 节对网络中心性的分析解释，本书提出焦点企业网络中心性的操作性定义：网络中心性包括焦点企业在创新网络中的权利集中程度、相对独立情况及对合作伙伴的控制和影响力度等方面。由于本书的研究对象是焦点企业认知范围内的创新网络，是一种主观性网络，因此，本书采用基于量表的测量方法，通过 5 个题项测量焦点企业的网络中心性：①网络内发生创新联系时必须经过我们公司；②我们使用网络中的创新资源解决面临的新问题；③公司在创新网络中的联系更加稳固；④公司在创新网络中流动的知识更加丰富；⑤总体而言，公司在创新网络中占有重要地位。以上所有项目均采用李科特 7 点量表法进行测量。

4.5.3 中介变量

中介变量为基于过程视角的企业吸收能力。根据 2.2.2 节和 3.1.2 节对吸收能力概念内涵的分析探讨，提出企业吸收能力的操作性定义：基于过程视角的吸收能力包括焦点企业对外部知识的探索式学习、转换式学习和利用式学习三个过程。基于 2.2.4 节对吸收能力操作测量的归纳探讨，本书采用多维度测量方法研究化基于过程视角的吸收能力。

1. 基于吸收能力的探索式学习

基于吸收能力的探索式学习，是指焦点企业对外部知识的获取过程（包括识别和消化/吸收）。Jantunen[303]（2005）在对芬兰 217 家企业知识处理能力和创新绩效关系的实证研究中认为，企业的知识获取能力可以通过 4 个方面衡量（7 点量表）：积极观察和采纳行业的最佳实践；持续搜集企业运营和行业环境的相关信息；在调研市场需求的基础上开展研发活动；经常评估企业的知识资本。Jansen 等[172]（2005）在企业组织管理因素对潜在吸收能力与现实吸收能力的影响研究中认为，欧洲金融服务集团公司下属分支机构的知识获取能力主要包括 6 个方面：公司通过与母公司频繁接触获取新知识；公司员工经常参观其他企业；公司通过非正式渠道（如吃饭、闲谈）获取产业信息；公司很少有参观其他分支机构的机会（反向指标）；公司通过与用户或中介机构定期组织特殊会议获取新知识；公司员工经常与中介机构（如会计所、咨询机构或税务咨询机构）接触。Lichtenthaler[127]（2009）在对德国大中型企业的研究中认为吸收能力中的探索式学习过程包括企业对外部知识的识别和消化，具体可通过 9 个方面衡量（李

第 4 章 研究方法与设计

科特 7 点量表）：环境中的新技术搜寻、技术发展趋势跟踪、新技术具体外部源的了解、产业信息的收集、外部技术最新信息的掌握、从外部获取技术的程度、技术获取相关会议的组织、与外部技术源的接触、外部获取技术的内化。

参考上述学者的研究，结合 2.2.4 节对吸收能力多维测量的归纳探讨，基于吸收能力的探索式学习可通过关于外部知识识别和消化/吸收过程的 9 个题项测量：①公司频繁搜寻环境中的新技术；②公司完全注意到技术发展趋势；③公司观察到新技术的具体外部来源；④公司认真仔细地收集产业信息；⑤公司拥有外部技术的最新发展水平的相关信息；⑥公司频繁地从外部来源获取技术；⑦为获取外部技术，公司定期组织与创新伙伴的特别会议；⑧为获取技术知识，公司员工经常与创新伙伴联系；⑨我们经常利用网络内的技术获取机会，将相关技术知识转移到公司内部。以上所有项目均采用李科特 7 点量表法进行测量。

2. 基于吸收能力的转换式学习

基于吸收能力的转换式学习是指焦点企业对外部获取知识的定期维系过程（包括保养和激活）。Lichtenthaler[127]（2009）对吸收能力的转换式学习过程测量进行了研究，其量表包括了 8 个方面：相关知识的定期维系；将来使用知识的存储；企业跨部门知识共享；企业内部的知识管理状况；商业机会与现有知识联系；存储知识的重新使用；技术的市场需求分析；技术运用的外部机会理解。其实，一些学者将对知识的保养和激活蕴藏于其他知识处理维度的测量之中。例如，Jantunen[303]（2005）关于企业知识传播能力的 4 个测量题项——"记录并存档许多关于产品开发和市场营销成败的信息""员工不习惯将干中学的经验记录下来（反向指标）""投入大量时间分析项目失败的原因""经常更新企业（运营或操作方面的）说明性规范"，以及 Jansen 等[172]（2005）关于企业知识整合能力的两个测量题项——"公司员工习惯记录和存储新知识以备将来使用""公司员工之间基本不分享实践经验（反向指标）"，很好地反映了企业对知识的保留、存储、共享和更新活动。而 Jansen 等[172]（2005）关于企业知识消化能力的两个测量题项——"公司能够很快发现服务用户的新机会""公司能够快速分析和解释市场需求的变化"，以及关于企业知识整合能力的 3 个题项——"公司能够很快识别外部新知识的用处""公司很难利用外部新知识开发新机会（反向指标）"以及"公司定期召开市场趋势及新产品发展的研讨会"，也很好地反映了企业对知识在特定背景下的整合和调用活动。

参考上述学者的研究，结合 2.2.4 节对吸收能力多维测量的归纳探讨，基于吸收能力的转换式学习可通过关于外部获取知识的保养和激活过程的 9 个题项测量：①我们定期全面彻底地维系相关知识；②公司员工记录和存储技术知识以备将来使用；③我们公司经常进行跨部门的相关知识交流；④我们公司能够进行高效的知识共享；⑤我们经常更新企业（运营或操作方面）说明性规范；⑥识别一个商业机会时，我们能够快速联想起现有知识；⑦我们善于激活现有知识，以投入新的使用；⑧我们能够为技术快速分析和解释变化的市场需求；⑨我们能够很快意识到运用现有技术服务公司顾客的新机会。以上所有项目均采用李科特7点量表法进行测量。

3. 基于吸收能力的利用式学习

基于吸收能力的利用式学习是指焦点企业对外部获取知识的利用过程（包括转化和应用）。Jantunen[303]（2005）通过7个方面衡量企业对知识的利用能力：能够抓住偶然发现的机会、能够快速对竞争对手行动作出反应、企业的工作方法与实践更新很慢（反向指标）、经常尽量拖延修正错误的时间（反向指标）、通常立即对雇员指出的错误作出反应、根据用户反馈信息改进做法、当企业中某个人需要市场信息时，知道应该向谁求助。Jansen 等[172]（2005）认为，欧洲金融服务集团公司中下属分支机构对知识的利用主要体现在6个方面：具有较好的活动开展规划；及时处理用户投诉；有明确的责任或义务分工；经常考虑知识的优化使用；利用知识开发出新产品或服务；形成关于新产品和服务的共同语言。Lichtenthaler[127]（2009）在对德国大中型企业的研究中认为吸收能力中的利用式学习过程包括企业对外部知识的转化和利用，具体可通过8个方面衡量（7点量表）：技术知识在新产品中的转化、新技术与创意的匹配、新知识的有用性识别、新产品开发中的知识共享、新产品中的技术应用、技术利用的思考、新产品中的新技术应用、新技术使用能手的了解。

参考上述学者的研究，结合2.2.4节对吸收能力多维测量的归纳探讨，基于吸收能力的转换式学习可通过关于外部获取知识的转化和应用过程的8个题项测量：①我们善于将技术知识转变成新产品；②我们经常将新技术和新产品创意匹配起来；③我们很快识别出新技术知识对现有知识的有用性；④公司员工能够分享彼此的专有知识以开发新产品；⑤我们经常在新产品中应用技术；⑥我们不断思考如何更好地利用技术；⑦我们很容易在新产品中实施新技术；⑧在公司内部，大家都知道谁能最好地利用新技术。以上所有题项均采用李科特7点量表法进行测量。

4.6 预测试分析

在大规模发放问卷之前实施预测试，有助于保证正式测试问卷能有较好的效度和信度。2011年4月至5月，笔者通过合作项目在实践调研当中向广东部分创新型企业发放问卷进行预测试，调研现场发放问卷23份，当场回收23份，有效问卷20份；同时通过自己的关系网络向广东企业问卷120份，回收问卷63份，其中有效问卷42份。通过上述两种方式共回收有效问卷62份。

应用SPSS 15对预测试问卷进行统计分析，主要包括问卷题项效度和信度的检验（表4-3）。问卷效度采用因子载荷值来检验，问卷信度采用内部一致性系数（cronbach alpha值）来检验。根据吴明隆[311,312]（2010）对不同学者观点的归纳研究，在信度系数的衡量上，一份好的量表或者问卷，其总量表的信度系数最好为0.80以上，如果为0.70~0.80，还算是可以接受的范围；如果是分量表，其信度系数最好为0.70以上，如果为0.60~0.70，还可以接受使用；如果分量表的内部一致性系数为0.60以下或者总量表的信度系数为0.80以下，则应考虑修订量表或者增删题项；而在效度系数的衡量上，如果问卷题项因素载荷大于0.45，表示题项与共同因素的关系密切，其同质性高；反之则应考虑删除该题项。

表4-3　　　　预测试问卷的因子载荷和内部一致性系数

构面名称	题项	因子载荷	总/分量量表的 Cronbach Alpha 值
技术环境动荡性（TET）	TET1	0.830	0.732
	TET2	0.863	
	TET3	0.780	
	TET4	0.235	
	TET5	0.843	
市场环境动荡性（MET）	MET1	0.667	0.715
	MET2	0.869	
	MET3	0.807	
	MET4	0.570	
网络规模（NS）	NS1	0.591	0.783
	NS2	0.738	
	NS3	0.680	
	NS4	0.669	
	NS5	0.611	
	NS6	0.718	
	NS7	0.626	

续表

构面名称	题项	因子载荷	总/分量量表的 Cronbach Alpha 值
互动频度（IF）	IF1	0.682	0.784
	IF2	0.736	
	IF3	0.704	
	IF4	0.590	
	IF5	0.613	
	IF6	0.744	
	IF7	0.568	
合作久度（LC）	LC1	0.725	0.833
	LC2	0.725	
	LC3	0.561	
	LC4	0.746	
	LC5	0.726	
	LC6	0.794	
	LC7	0.710	
资源投入（RI）	RI1	0.834	0.829
	RI2	0.809	
	RI3	0.758	
	RI4	0.874	
合作范围（CS）	CS1	0.800	0.826
	CS2	0.831	
	CS3	0.865	
	CS4	0.750	
合作互惠性（CR）	CR1	0.921	0.880
	CR2	0.776	
	CR3	0.946	
	CR4	0.893	
网络中心性（NC）	NC1	0.815	0.876
	NC2	0.854	
	NC3	0.835	
	NC4	0.798	
	NC5	0.790	

续表

构面名称	题项	因子载荷	总/分量量表的 Cronbach Alpha 值
知识获取 （KREC）	KREC1	0.744	0.848
	KREC2	0.826	
	KREC3	0.910	
	KREC4	0.728	
	KREC5	0.873	
知识消化 （KASS）	KASS1	0.668	0.840
	KASS2	0.921	
	KASS3	0.882	
	KASS4	0.811	
知识保养 （KMAI）	KMAI1	0.869	0.788
	KMAI2	0.782	
	KMAI3	0.483	
	KMAI4	0.883	
	KMAI5	0.771	
知识激活 （KREA）	KREA1	0.805	0.815
	KREA2	0.888	
	KREA3	0.763	
	KREA4	0.797	
知识转化 （KTRA）	KTRA1	0.832	0.836
	KTRA2	0.893	
	KTRA3	0.793	
	KTRA4	0.784	
知识应用 （KAPP）	KAPP1	0.872	0.861
	KAPP2	0.892	
	KAPP3	0.832	
	KAPP4	0.817	
根本性创新 （RINO）	RINO1	0.738	0.892
	RINO2	0.899	
	RINO3	0.893	
	RINO4	0.890	
	RINO5	0.838	

续表

构面名称	题项	因子载荷	总/分量量表的 Cronbach Alpha 值
渐进性创新 （IINO）	IINO1	0.442	0.710
	IINO2	0.874	
	IINO3	0.978	
	IINO4	0.723	
	IINO5	0.926	
总量表的 Cronbach Alpha 值			0.966

预测试分析结果显示：分量表的 Cronbach Alpha 系数都在 0.715 以上，而总量表的 Cronbach Alpha 系数则达 0.966，并且每个题项与总项的相关系数大于 0.6，所以量表具有较好的信度。同时，预测试分析结果也显示：除了题项 TET4 的因子载荷小于 0.4，其余题项的因子载荷都大于 0.4，所以量表具有一定的建构效度。由于调查问卷的题项设置都是基于现有学者使用的已有量表发展起来的，因此为了谨慎起见，暂不考虑删除题项。总体而言，本书的调查问卷具有较好的信度和效度，可以将其用于开展更大范围的正式调研。

本章小结

本章探讨了本书的研究对象、研究方法和问卷的设计。首先界定了本书实证研究的样本对象，并介绍了广东创新型企业的基本建设情况；其次确定了本研究所要应用的分析方法，对信度与效度分析、结构方程模型等方法进行了说明；在此基础之上，基于本书的概念模型，阐述本书调查问卷的基本内容和形成，并结合国内外学者的相关研究，对模型中的变量进行了操作化定义；最后本章对调查问卷进行了预测试，对于测试结果的分析表明量表具有较好的效度和信度，可以用该问卷开展正式调研。

第5章

数据分析与结果讨论

5.1 正式调研样本概况

5.1.1 问卷发放与回收

为了降低不同经济发展区域对统计分析的影响差异,本书调查问卷只针对广东省的创新型企业进行发放。对于回收问卷的有效判断,本书通过以下两种方式判断:一是在调查问卷的"企业是否有技术创新合作"一栏中填写"无";二是在调查问卷反向题项中勾选的数值与其他题项完全一样,并且可以明显看出填写者的"勾选"规律。调查问卷中只要出现上述的其中一种情况,均视为无效问卷。本书的调查问卷主要通过三种方式进行,一种是笔者将纸质问卷带到实践调研的创新型企业中发放,请被调查者现场填写,问卷现场回收或以后寄回。这种方式共发放问卷25份,回收问卷23份,回收率为92%,其中有效问卷20份,有效率为80%。

第二种方式是笔者联系了广东创新型企业的某科技服务机构,该科技服务机构长期从事广东创新型企业的认定和评审等相关业务,与广东绝大多数创新型企业有着良好的互动交流。该科技服务机构以纸质和电子邮件的形式发放问卷250份,共回收147份,回收率为57%,其中有效问卷125份,有效率为50%。

第三种方式是笔者通过自己的关系网络进行问卷发放。将近两个月共发放问卷30份,回收19份,回收率为63%,其中有效问卷16份,有效率为53%。

从2011年4月至10月底,本书共发放问卷305份,回收189份,问卷回收率为62%,其中有效问卷161份,有效率为52.8%。

表 5 - 1　　　　　　　　问卷发放与回收问卷情况汇总

问卷发放与回收方式	发放数量（份）	回收数量（份）	回收率（%）	有效数量（份）	有效率（%）
笔者调研走访发放	25	23	92	20	80
委托科技服务机构	250	147	57	125	50
通过关系网络发放	30	19	63	16	53
总计	305	189	62	161	52.8

注：问卷回收率＝问卷回收数量/问卷发放数量；问卷有效率＝有效问卷数量/问卷发放数量。

5.1.2 描述性统计分析

运用 SPSS 15.0 对样本数据进行描述性分析，见表 5 - 2 ~ 表 5 - 4。

1. 答题者基本情况

从表 5 - 2 可以看出，答题者中企业的中层管理人员和技术人员占了绝大多数，这些人对于企业的技术创新情况较为熟悉，他们填答的问卷能够反映出其所在企业的真实情况。

表 5 - 2　　　　　　　　填答者的基本信息

类别		频数	百分比（%）	有效百分比（%）	累计百分比（%）
性别	男	87	54.0	54.0	54.0
	女	74	46.0	46.0	100.0
	合计	161	100.0	100.0	
职位	高层管理人员	11	6.8	6.8	6.8
	中层管理人员	81	50.3	50.3	57.1
	基层管理人员	19	11.8	11.8	68.9
	技术人员	47	29.2	29.2	98.1
	其他	3	1.9	1.9	100.0
	合计	161	100.0	100.0	

2. 样本企业基本情况

从表 5 - 3 可以看出，样本企业中成立时间 10 年以上的企业占了绝大多数。从企业规模来看，员工人数为 100 人以下的企业数量最少，而为 100 ~ 500 人的、500 ~ 1 000 人的，以及 1 000 人以上的企业数量相差不大。从企业性质来看，民营企业占了一半以上。从行业分布类型来看，属于信息技术、生物、医药、新材料、新能源等技术密集行业的企业有 97 家，而属于化工、纺织、传统制造业的企业有 49 家，此外，有 15 家企业填写者未能放入上述分类，但是从其中填写的主营业务所属领域来看，这些企业主要分布在农业、模具、五金以及高端设备制造行业。而在所调查的创新型企业中，有 88.2% 的企业最近两年的年均销售收入都为 1 亿元以上，所占的比重比较大。综合上述主要指标情况可以看出，本书研究的样本企业以中型和大型企业为主。

表 5-3　　　　　　　　　　样本企业的基本情况

	类别	频数	百分比（%）	有效百分比（%）	累计百分比（%）
企业年龄	1~5 年	3	1.9	1.9	1.9
	5~10 年	26	16.1	16.1	18.0
	10~15 年	52	32.3	32.3	50.3
	15 年以上	80	49.7	49.7	100.0
	合计	161	100.0	100.0	
员工人数	100 人以下	4	2.5	2.5	2.5
	100~500 人	59	36.6	36.6	39.1
	500~1 000 人	43	26.7	26.7	65.8
	1 000 人以上	55	34.2	34.2	100.0
	合计	161	100.0	100.0	
企业性质	国有企业	21	13.0	13.0	13.0
	民营企业	111	68.9	68.9	82.0
	三资—外资控股	6	3.7	3.7	85.7
	三资—内资控股	12	7.5	7.5	93.2
	集体	1	0.6	0.6	93.8
	其他	10	6.2	6.2	100.0
	合计	161	100.0	100.0	
行业分布	电子、信息技术类	39	24.2	24.2	24.2
	生物、医药、新材料、新能源类	58	36.0	36.0	60.2
	化工、纺织、传统制造业	49	30.4	30.4	90.7
	其他	15	9.3	9.3	100.0
	合计	161	100.0	100.0	

续表

类别		频数	百分比（%）	有效百分比（%）	累计百分比（%）
近两年平均销售额	1亿元以下	19	11.8	11.8	11.8
	1亿~5亿元	86	53.4	53.4	65.2
	5亿~10亿元	29	18.0	18.0	83.2
	10亿~30亿元	17	10.6	10.6	93.8
	30亿元以上	10	6.2	6.2	100.0
	合计	161	100.0	100.0	

3. 变量的描述性统计

表5-4   变量的描述性统计

代码	变量	平均值	标准差
NS	网络规模	5.1224	1.1185
IF	互动频度	5.1650	1.0180
LC	合作久度	5.3700	1.0941
RI	资源投入	5.6195	1.1525
CS	合作范围	5.4627	1.0210
CR	合作互惠性	6.1211	0.9594
NC	网络中心性	5.4199	1.0337
KREC	知识识别	6.0311	0.9150
KASS	知识消化	5.3618	1.0066
KMAI	知识保养	5.5528	1.0377
KREA	知识激活	5.6025	1.0430
KTRA	知识转化	5.7733	0.9151
KAPP	知识应用	5.9022	0.8330
RINO	根本性创新	6.1329	0.8270
IINO	渐进性创新	6.1863	0.7145

5.2 效度和信度分析

5.2.1 探索性因子分析

本书采用SPSS 15.0统计软件，通过探索性因子分析（exploratory factor analysis，EFA）方法来对问卷量表的建构效度进行分析。首先，通过计算取样适切性量数值（Kaiser-Meyer-Olkin measure of sampling adequacy，KMO）的大小来检验题项之间的相关性，判断量表题项间是否适合进行因子分析。根据 Kaiser（1974）的观点，若 KMO 指标值小于或等于 0.5 时，表示不适合进行因子分析；若 KMO 指标值大于 0.6，表示勉强可以；若 KMO 指标值大于 0.7，表示可以进行因子分析；若 KMO 指标值大于 0.8，表示适合进行因子分析。其次，进行探索性因子分析，按照特征根大于 1 的方式抽取因子个数，采用主成分法和最大方差旋转法提取因子，进而判断各题项的因子载荷情况。根据吴明隆[311]（2010）对于不同学者观点的归纳研究，在探索性因子分析中，因子载荷值的挑选准则最好为 0.4 以上。

1. 网络特征变量

（1）网络规模。通过 KMO 与 Barlett 检验，KMO 值为 0.861，Barlett 球形检验 Chi-Square 值为 538.077（自由度 21）达到显著，表明相关矩阵间有共同因素存在，适合进行因子分析。

因子分析结果得到一个因子结构，各项的因子载荷均为 0.6 以上（表 5-5），该因子解释了总方差的 58.622%，该部分量表的检验可以通过。

表 5-5　　　　　　　　网络规模测量题项的因子载荷

代码	题项	因子载荷
	与同行平均水平相比，本公司下述创新伙伴的数量	
NS2	供应商	0.795
NS4	大学	0.791
NS6	政府相关部门	0.789
NS5	科研院所	0.767
NS7	科技服务机构	0.766
NS3	同行企业	0.753
NS1	客户	0.693
解释方差/（%）		58.622

（2）关系强度。通过 KMO 与 Barlett 检验，KMO 值为 0.896，Barlett 球形检验 Chi-Square 值为 3289.660（自由度 325）达到显著，表明相关矩阵间有共同因素存在，适合进行因子分析。

因子分析结果得到 5 个因子结构（表 5-6），分别为企业与创新伙伴的互动频度、企业与创新伙伴的合作久度、企业与创新伙伴合作的资源投入、企业与创新伙伴合作的互惠性以及企业与创新伙伴的合作交流范围，五个因子的累计解释方差为 71.230%，并且，各项的因子载荷均为 0.6 以上，因此，该部分量表的检验可以通过。

表 5-6　　　　　　　　关系强度测量题项的因子载荷

代码	题项（简写）	因子1	因子2	因子3	因子4	因子5
IF5	与科研院所的交往频率	0.787	0.184	0.184	-0.022	0.074
IF2	与供应商的交往频率	0.736	0.157	0.214	0.281	0.145
IF1	与客户的交往频率	0.735	0.206	0.134	0.235	0.041
IF6	与政府相关部门的交往频率	0.697	0.208	0.128	0.040	0.208
IF7	与科技服务机构的交往频率	0.677	0.319	-0.015	-0.058	0.225
IF4	与大学的交往频率	0.668	0.259	0.289	0.123	0.112
IF3	与同行企业的交往频率	0.640	0.296	-0.006	0.066	0.223
LC1	与客户合作交流的持续周期	0.144	0.737	0.198	0.312	-0.031
LC7	与科技服务机构合作交流的持续周期	0.305	0.723	0.158	-0.090	0.241
LC5	科研院所合作交流的持续周期	0.366	0.700	0.258	0.037	0.136
LC3	与同行企业合作交流的持续周期	0.262	0.683	0.039	0.090	0.157
LC2	与供应商合作交流的持续周期	0.231	0.674	0.197	0.346	0.121
LC4	与大学合作交流的持续周期	0.292	0.664	0.327	0.209	0.080
LC6	与政府相关部门合作交流的持续周期	0.296	0.624	0.174	0.121	0.338
RI3	合作中我们投入了大量的设备	0.170	0.232	0.823	0.214	0.202
RI2	合作中我们投入了大量的资金	0.128	0.211	0.813	0.246	0.267
RI1	合作中我们投入了大量的人力	0.164	0.253	0.797	0.280	0.177
RI4	合作中我们投入了大量的社会资源	0.250	0.183	0.791	0.131	0.215
CR3	双方都未提出损害对方利益的要求	0.128	0.085	0.272	0.803	0.233
CR2	即使有机会，双方也不会利用对方	0.103	0.061	0.030	0.769	0.213
CR4	双方合作是一种"双赢互利"关系	0.047	0.213	0.306	0.738	0.228
CR1	我们感激创新伙伴为公司所做的贡献	0.103	0.297	0.318	0.724	0.239
CS2	在多个项目进行全面合作	0.160	0.203	0.152	0.302	0.765
CS1	从高层到基层进行全面信息共享	0.185	0.144	0.333	0.258	0.764
CS4	在研发、生产或市场方面深入合作	0.244	0.226	0.241	0.287	0.740
CS3	共同享用紧密的社会关系	0.327	0.135	0.250	0.242	0.688
	解释方差比例/（%）	17.093	16.073	13.958	12.529	11.576
	累计解释方差/（%）			71.230		

(3) 网络中心性。通过 KMO 与 Barlett 检验，KMO 值为 0.877，Barlett 球形检验 Chi-Square 值为 492.201（自由度 10）达到显著，表明相关矩阵间有共同因素存在，适合进行因子分析。

因子分析结果得到一个因子结构，各题项的因子载荷均为 0.7 以上（表 5-7），该因子解释了总方差的 71.419%，该部分量表的检验可以通过。

表 5-7　　　　　　　　网络中心性测量题项的因子载荷

代码	题项	因子载荷
NC4	公司在网络中流动的知识更加丰富	0.904
NC3	公司在网络中的创新联系更加稳固	0.881
NC2	我们使用网络中的创新资源解决面临的新问题	0.859
NC5	公司对创新合作伙伴具有高度影响力	0.846
NC1	网络内发生创新联系时必须经过我们公司	0.724
解释方差/（%）		71.419

2. 企业吸收能力

通过 KMO 与 Barlett 检验，KMO 值为 0.898，Barlett 球形检验 Chi-Square 值为 3051.050（自由度 325）达到显著，表明相关矩阵间有共同因素存在，适合进行因子分析。

因子分析结果得到 6 个因子结构（表 5-8），分别为企业对外部知识的识别、保养、激活、转化、应用和消化，六个因子的累计解释方差为 75.121%，并且，各项的因子载荷均为 0.6 以上，因此，该部分量表的检验可以通过。

表 5-8　　　　　　　　企业吸收能力测量题项的因子载荷

代码	题项（简写）	因子 1	因子 2	因子 3	因子 4	因子 5	因子 6
KREC1	扫描环境以识别新技术	0.869	0.183	-0.007	0.107	0.075	0.116
KREC3	分析新技术的外部来源	0.846	0.225	0.130	0.157	0.151	0.170
KREC4	收集行业相关信息	0.836	0.240	0.103	0.122	0.081	0.149
KREC2	预测技术的发展趋势	0.818	0.099	0.168	0.218	0.191	0.142
KREC5	拥有外部技术的最新资料	0.634	0.083	0.112	0.130	0.347	0.344
KMAI3	进行跨部门的知识交流	0.225	0.847	0.132	0.118	0.119	0.181
KMAI4	进行高效的知识共享	0.205	0.825	0.135	0.178	0.109	0.194

续表

代码	题项（简写）	因子1	因子2	因子3	因子4	因子5	因子6
KMAI5	经常更新公司运营流程	0.064	0.743	0.289	0.090	0.092	0.200
KMAI2	记录和存储技术知识	0.141	0.739	0.336	0.177	0.156	0.094
KMAI1	定期将相关知识联系起来	0.264	0.701	0.214	0.182	0.186	0.047
KREA4	意识到现有技术的新机会	0.130	0.164	0.838	0.147	0.040	0.137
KREA3	为技术分析市场需求变化	0.122	0.174	0.815	0.163	0.156	0.149
KREA2	善于重复使用现有知识	0.064	0.265	0.814	-0.040	0.192	0.091
KREA1	能快速联想起现有知识	0.071	0.265	0.799	0.096	0.187	0.034
KTRA2	新技术和新产品创意匹配	0.135	0.111	0.044	0.861	0.188	0.174
KTRA3	识别出新技术知识的价值	0.212	0.187	0.022	0.819	0.109	0.101
KTRA1	将技术知识转变成新产品	0.153	0.142	0.182	0.767	0.217	0.109
KTRA4	分享专有知识以开发新品	0.130	0.210	0.182	0.631	0.379	0.155
KAPP4	知道谁能最好利用新技术	0.161	0.124	0.107	0.147	0.804	0.241
KAPP1	将技术应用到新产品当中	0.128	0.147	0.124	0.464	0.725	0.130
KAPP3	容易在新产品中应用技术	0.185	0.149	0.249	0.186	0.722	0.136
KAPP2	思考如何更好地利用技术	0.282	0.261	0.243	0.305	0.618	0.102
KASS3	经常与创新伙伴员工联系	0.178	0.214	0.080	0.180	0.045	0.760
KASS1	经常从外部获取技术	-0.010	0.091	0.142	0.070	0.213	0.748
KASS2	为获取技术定期组织会议	0.291	0.162	0.079	0.086	0.205	0.728
KASS4	吸收获取技术的相关知识	0.329	0.136	0.101	0.172	0.063	0.694
	解释方差比例/（%）	15.204	14.156	12.595	12.035	10.733	10.399
	累计解释方差/（%）			75.121			

3. 渐进性创新与根本性创新

通过 KMO 与 Barlett 检验，KMO 值为 0.834，Barlett 球形检验 Chi-Square 值为 898.889（自由度 45）达到显著，表明相关矩阵间有共同因素存在，适合进行因子分析。

因子分析结果得到两个因子结构（表 5-9），分别为企业渐进性创新与根本性创新，两个因子的累计解释方差为67.496%。除题项IINO1以外，各项的因子载荷均为0.8以上，因此，本量表删除项目IINO1后，该量表的检验可以通过。

表5-9　　　　　　　渐进性创新与根本性创新测量题项的因子载荷

代码	题项	因子1	因子2
RINO3	公司在行业中率先开发和引入全新的技术和工艺	0.856	0.078
RINO2	公司在产品研制上经常引入全新的概念和创意	0.846	0.108
RINO1	公司经常向市场引入开发出来的全新产品/服务	0.845	0.073
RINO4	公司凭借新产品/服务开辟了全新的市场	0.843	0.111
RINO5	公司的新产品/服务/技术给产业带来了重大影响	0.811	0.207
IINO1	公司不断向市场引入性能微小变化的产品/服务	0.323	0.317
IINO2	公司一直努力提升现有产品/服务的质量	0.110	0.868
IINO3	公司经常在现有工艺和技术上作出修改和改进	0.147	0.857
IINO5	公司努力巩固和提高现有产品/服务的市场范围	0.169	0.848
IINO4	公司致力于降低现有产品/服务的成本	0.021	0.817
解释方差比例/（%）		36.954	30.542
累计解释方差/（%）		67.496	

5.2.2　信度分析

在因素分析完后，为进一步了解问卷的可靠性与有效性，要做信度检验[311]。本书研究具体通过计算修正后单项对总项的相关系数（corrected item-total correlation）和内部一致性系数（cronbach alpha值）来评价问卷信度。根据吴明隆[311]（2010）的归纳性研究，单项对总项的相关系数应大于或等于0.4，如果小于0.4表示该题项与其余题项的相关为低度关系，意味着该题项与其他题项所要测量的潜在特性的同质性不高，应考虑删除该题项。

由表5-10可以看出，除了题项IINO1的CITC小于0.4，其余题项的CITC都为0.589以上，并且所有分量表的Cronbach Alpha值都为0.752以上。删除题项IINO1后，其所属分量表题项的CITC都大于0.674，且Cronbach Alpha值由0.752变为0.852，总量表的Cronbach Alpha值更是达到0.967。由此可见，调整之后，各分量表及总量表具有较好的信度。

表 5-10　　　　　　　　　　　　量表的信度检验

构面名称	题项	CITC	题项删除后的 Cronbach Alpha 值	总/分量量表的 Cronbach Alpha 值
网络规模（NS）	NS1	0.589	0.874	0.881
	NS2	0.710	0.859	
	NS3	0.655	0.866	
	NS4	0.697	0.860	
	NS5	0.667	0.864	
	NS6	0.696	0.861	
	NS7	0.663	0.865	
互动频度（IF）	IF1	0.694	0.871	0.888
	IF2	0.731	0.866	
	IF3	0.634	0.878	
	IF4	0.685	0.872	
	IF5	0.725	0.867	
	IF6	0.672	0.874	
	IF7	0.650	0.878	
关系久度（LC）	LC1	0.699	0.888	0.901
	LC2	0.729	0.884	
	LC3	0.614	0.897	
	LC4	0.737	0.883	
	LC5	0.763	0.880	
	LC6	0.709	0.887	
	LC7	0.711	0.886	
资源投入（RI）	RI1	0.854	0.910	0.932
	RI2	0.867	0.903	
	RI3	0.852	0.911	
	RI4	0.809	0.922	
资源投入（CS）	CS1	0.818	0.866	0.905
	CS2	0.770	0.883	
	CS3	0.736	0.894	
	CS4	0.829	0.863	
合作互惠性（CR）	CR1	0.784	0.801	0.864
	CR2	0.639	0.894	
	CR3	0.815	0.790	
	CR4	0.735	0.832	

续表

构面名称	题项	CITC	题项删除后的 Cronbach Alpha 值	总/分量量表的 Cronbach Alpha 值
网络中心性（NC）	NC1	0.603	0.905	0.891
	NC2	0.764	0.860	
	NC3	0.785	0.856	
	NC4	0.826	0.850	
	NC5	0.747	0.866	
知识获取（KREC）	KREC1	0.798	0.907	0.924
	KREC2	0.826	0.903	
	KREC3	0.874	0.893	
	KREC4	0.831	0.903	
	KREC5	0.697	0.926	
知识消化（KASS）	KASS1	0.548	0.814	0.815
	KASS2	0.678	0.748	
	KASS3	0.674	0.749	
	KASS4	0.658	0.760	
知识保养（KMAI）	KMAI1	0.713	0.900	0.909
	KMAI2	0.767	0.891	
	KMAI3	0.844	0.872	
	KMAI4	0.835	0.874	
	KMAI5	0.716	0.904	
知识激活（KREA）	KREA1	0.773	0.869	0.898
	KREA2	0.775	0.870	
	KREA3	0.784	0.864	
	KREA4	0.766	0.871	
知识转化（KTRA）	KTRA1	0.715	0.854	0.879
	KTRA2	0.813	0.814	
	KTRA3	0.746	0.841	
	KTRA4	0.684	0.865	
知识利用（KAPP）	KAPP1	0.788	0.806	0.868
	KAPP2	0.714	0.839	
	KAPP3	0.698	0.845	
	KAPP4	0.711	0.837	

续表

构面名称	题项	CITC	题项删除后的 Cronbach Alpha 值	总/分量量表的 Cronbach Alpha 值
根本性创新（RINO）	RINO1	0.744	0.886	0.903
	RINO2	0.765	0.881	
	RINO3	0.774	0.879	
	RINO4	0.765	0.881	
	RINO5	0.750	0.884	
渐进性创新（IINO）	IINO1	0.290	0.852	0.752
	IINO2	0.644	0.692	
	IINO3	0.727	0.647	
	IINO4	0.614	0.669	
	IINO5	0.667	0.684	
总量表的 Cronbach Alpha 值（不包括 IINO1）				0.967

5.3 模型拟合与检验

结构方程模型（Structural equation modling，SEM）是一种整合因素分析（factor analysis）和路径分析（path analysis）两种方法的数据统计分析工具，通常被归类于高等统计学范畴中，属于多变量统计（multivariate statistics）。它能够同时检验模型中包含的一个或多个自变量与一个或多个因变量之间的关系，进而获得自变量对于因变量影响的直接效果、间接效果和总效果。结构方程模型中包含两种基本的模型：测量模型（measurement model）与结构模型（structural model）。测量模型描述潜在变量与观察变量之间的关系，而结构模型则是用于说明潜在变量之间的因果关系。测量模型在 SEM 模型中就是一种验证性因子分析（confirmatory factor analysis，CFA），这种验证性因子分析技术主要用于评价数个潜在变量可以构成潜在变量的程度。在 SEM 分析模型中，只有测量模型而无结构模型的回归关系，即为验证性因子分析；相反，只有结构模型而无测量模型的回归关系，则是对于潜在变量间因果关系的探讨，相当于传统的路径分析[312]。本书以 AMOS 7.0 软件作为分析工具，采用 SEM 模型方法进行测量模型分析和结构模型分析并检验研究假设。

SEM 模型的应用一般可以粗略地分为模型的建构、拟合、评价和修正四个步骤[327]。其分析的核心是模型的拟合性（适配性），即研究者假设的理论模型（变量间的关系模式）与实际数据的一致性程度。关于模型适配度的评价，学者

第 5 章 数据分析与结果讨论

提出了许多不同的主张和观点,而以 Bagozzi 和 Yi[328]（1988）两人的论点最为周全。他们认为假设模型与实际数据是否契合,须同时考虑以下三个方面:基本适配指标、整体模型适配指标和模型内在结构适配指标。基本适配指标主要包括以下 5 个准则:估计参数不能有负的误差方差、所有误差变异必须达到显著性水平,估计参数统计量相关系数的绝对值不能太接近 1；潜在变量与其观察变量间的因子载荷最好为 0.5~0.95；不能有很大的标准误差。整体模型适配指标又可细分为绝对适配指标、相对适配指标和简约适配指标,具体包括卡方值（CMIN）、卡方自由度之比（CMIN/DF）、残差均方根（RMR）、近似残差均方根（RMSEA）、拟合优度指数（GFI）、调整后拟合优度指数（AGFI）、比较拟合指数（CFI）、规范拟合指数（NFI）、非范拟合指数（TLI）、简约拟合优度指数（PGFI）、简约规范拟合指数（PNFI）等。而对于内在结构适配度的评价又可以分为两个方面:测量模型的评价和结构模型的评价。前者主要关注测量是否足以反映其相对应潜在变量,其目标在于了解建构的效度与信度,具体可通过测量单个项目的效度、信度、潜变量的成分信度、聚合效度来进行衡量与分析；后者更侧重评价理论建构阶段所界定的因果关系是否成立,具体可通过所有参数统计量估计值的显著性水平、标准化残差绝对值和修正指标来进行分析与判断。而在 SEM 的适配度评估中,模型测量部分评估应该先于模型结构部分的评估[312]。

验证性因子分析是进行整合性 SEM 分析的一个重要的前期步骤。在探索性因子分析的基础上,本书使用 AMOS 7.0 软件进行验证性因子分析,通过数据与测量模型的拟合分析,来检验各观测变量与潜在变量间的关系是否与先前的构想相符合。对于测量模型内在结构适配度的评估,本书通过测量单个题项的效度、信度、潜变量的成分信度、聚合效度来进行衡量与分析。单个题项的效度通过因子载荷来测量；信度通过方差比率（R^2）来测量,R^2 表示各变量可以被模型解释的方差比例；成分信度（composite reliability,CR）主要评估一组潜在建构指标的一致性程度；聚合效度使用平均方差抽取量（average variance extracted,AVE）来测量,主要评估通过测量指标,到底能测出多少百分比的潜变量。对于这些指标的衡量标准,本书采纳 Bagozzi 和 Yi[328]（1988）的观点,即个别项目的效度为 0.5~0.95,信度（R^2）为 0.5 以上,潜变量的成分信度（CR）为 0.6 以上,而聚合效度（AVE）为 0.5 以上。而对于结构模型内在结构适配度的评估,本书则根据参数统计量估计值的显著性水平、标准化残差绝对值以及修正指标的具体情况来分析。对于模型整体适配度的评估,本书借鉴侯杰泰、温忠麟与成子娟[327]（2004）、温忠麟与侯杰泰及马什赫伯特[329]（2004b）、吴明隆[312]（2010）等的研究,主要通过 CMIN/DF、RMSEA、GFI、CFI、NFI、TLI、PGFI 和 PNFI 八类指标进行衡量和分析,具体的判别标准见表 5-11。此外,在验证性因子分析和结构方程模型中,由于潜在变量计量项目（测量题项）的数量会影响模型参数估计值的稳定性以及模型的整体拟合程度[300]，本书将部分变量的测量题项分组打包（parcle），再将小组得分的平均分作为新的测量指标值，以使样本数目与变量间呈现出较好的比例，从而减少模型中待估计的参数数量，降低对样本量的要求，减少各个计量项目的随机误差对模型分析结果的影响，增强参数估计结果的稳定性[330]。Chang 等[331,332]（2003）的研究表明，这一方法具有满意的统计学特性。

表 5-11　　　　　　　本书中采用的模型整体适配度评价指标

拟合指标	判别标准
卡方与自由度之比（CMIN/DF）	小于 3（吴明隆[312]，2010）
近似残差均方根（RMSEA）	小于 0.1（Browne & Cudeck[367]，1993）
拟合优度指数（GFI）	大于 0.9（Hu & Bentler[368]，1999）
比较拟合指数（CFI）	大于 0.9（Bagozzi & Yi[328]，1988；Bentler，1995）
规范拟合指数（NFI）	大于 0.9（黄芳铭[366]，2005；吴明隆[312]，2010）
非范拟合指数（TLI）	大于 0.9（黄芳铭[366]，2005；吴明隆[312]，2010）
简约拟合优度指数（PGFI）	大于 0.5（黄芳铭[366]，2005；吴明隆[312]，2010）
简约规范拟合指数（PNFI）	大于 0.5（黄芳铭[366]，2005；吴明隆[312]，2010）

5.3.1　验证性因子分析

应用 AMOS7.0 软件，对关系强度、企业吸收能力测量模型和整体测量模型分别进行高阶因子分析（higher-order CFA）和验证性因子分析（CFA），路径图如图 5-1～图 5-3 所示。在本书中，为使样本数目与变量间呈现出较好的比例以增强模型参数估计结构的稳定性，对 NS、IF、LC 等潜变量的测量指标进行了分组，再利用各组的平均数作为新的观测指标值代入 SEM 进行运算。同时，根据 Marsh[333]（1987）的观点，一般而言，高阶因子模型应与其相应的低阶模型进行比较，并且，一个复杂的层次模型（hierarchical model）应与仅含有单个因子的高阶模型进行比较。而通过目标系数（target coefficient）的计算，可对低阶模型和设定的高阶模型进行比较[334]。目标系数是低阶因子模型卡方值（CMIN）与高阶因子模型卡方值之间的比率，为 0～1。目标系数越靠近 1，表示高阶因子越能够解释低阶因子之间的相互关系，且使模型表达更为简洁。

1. 关系强度

如前所述，本书用焦点企业与其创新伙伴之间的互动频度、合作久度、资源投入、合作交流范围以及合作互惠性 5 个维度来测度焦点企业与其创新伙伴之间的关系强度。也就是说，在测量模型中，关系强度作为二阶因子，而互动频度、合作久度、资源投入、合作交流范围以及合作互惠性作为一阶因子（图 5-1）。

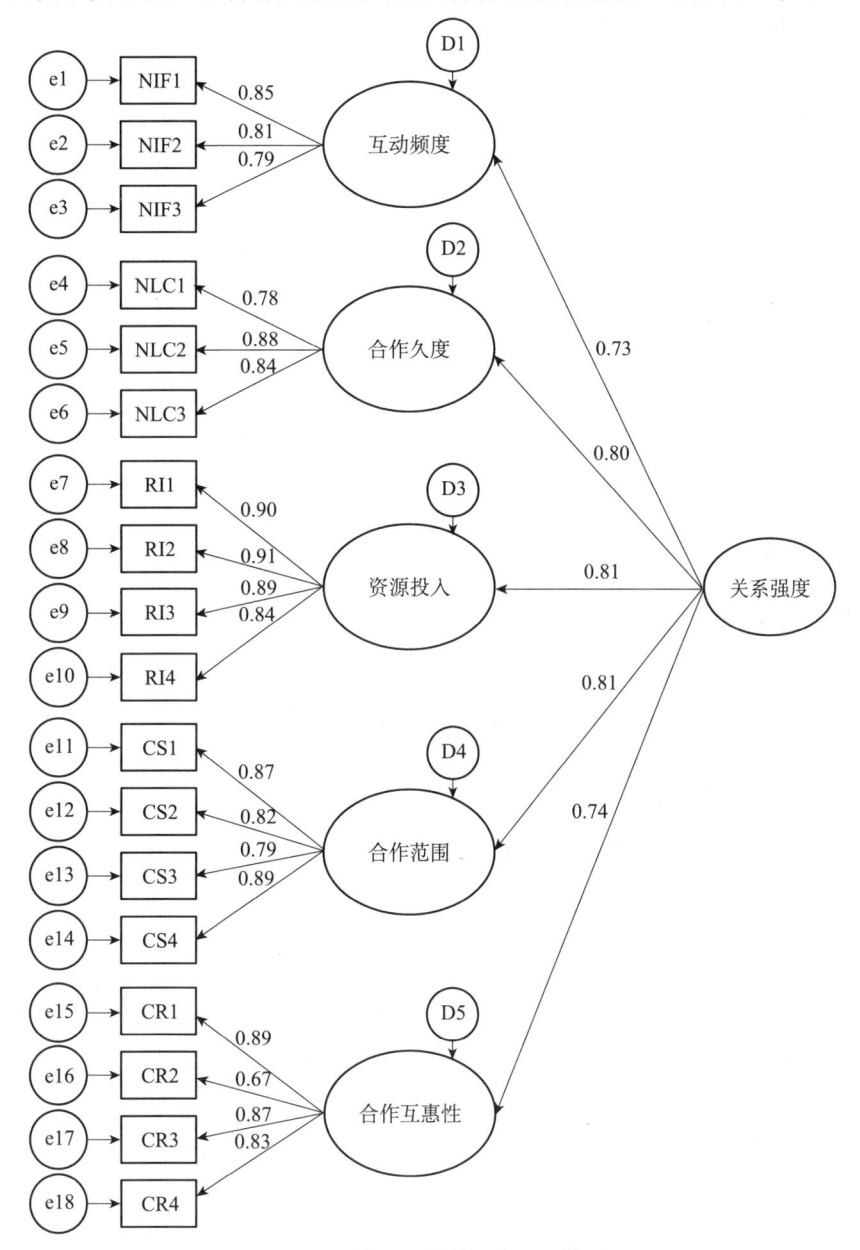

图 5-1 关系强度的二阶因子模型

应用 AMOS 7.0 软件对这一测量模型进行二阶验证性因子分析（second-order CFA）（表5-12）。分析完成后，在输出的"模型提示"部分没有出现错误或警告信息，意味着没有发生违反估计的现象，可以安全进入下面的评估程序。在二阶因子模型中，二阶因子与一阶因子之间的因子载荷分别为 0.733、0.802、0.808、0.806 和 0.736（表5-13），这表明二阶因子与一阶因子之间的关系很强，支持了二阶因子的存在[327]。同时，一阶因子模型与二阶因子模型之间的目标系数为 0.847，说明一阶因子关系可由二阶因子的线性关系描述[335]。因此，二阶因子模型能更为简约地描述数据中变量之间的关系，是个可以接受的模型，适合进一步研究。

图5-1给出了关系强度二阶验证性因子分析的运行结果。模型输出结果显示，各个潜在变量与其测量指标间的因子载荷均达到显著水平，且为 0.5~0.95，而且测量误差的方差也没有出现负值，这表明设定模型满足拟合标准，基本适配度较好。

表5-12　　　　　　　　　二阶因子模型的拟合指数

拟合指数	二阶因子测量模型	判别标准
卡方与自由度之比（CMIN/DF）	2.236	小于3
近似残差均方根（RMSEA）	0.088	小于0.1
拟合优度指数（GFI）	0.835	大于0.9
比较拟合指数（CFI）	0.929	大于0.9
规范拟合指数（NFI）	0.879	大于0.9
非范拟合指数（TLI）	0.916	大于0.9
增量拟合指数（IFI）	0.930	大于0.9
简约拟合优度指数（PGFI）	0.635	大于0.5
简约规范拟合指数（PNFI）	0.747	大于0.5

表5-13　　　　二阶因子模型观测变量的标准化因子载荷和 R^2

	因子和观测变量		标准化因子载荷	R^2	成分信度	聚合效度
关系强度测量模型	二阶因子：关系强度（TS）	IF	0.733	0.537	0.884	0.604
		LC	0.802	0.643		
		RI	0.808	0.653		
		CS	0.806	0.650		
		CR	0.736	0.542		

续表

因子和观测变量			标准化因子载荷	R^2	成分信度	聚合效度
关系强度测量模型	互动频度（IF）	NIF1	0.850	0.723	0.857	0.667
		NIF2	0.812	0.659		
		NIF3	0.787	0.619		
	合作久度（LC）	NLC1	0.777	0.604	0.871	0.693
		NLC2	0.881	0.776		
		NLC3	0.836	0.699		
	资源投入（RI）	RI1	0.889	0.790	0.934	0.779
		RI2	0.915	0.837		
		RI3	0.887	0.787		
		RI4	0.837	0.701		
	合作范围（CS）	CS1	0.866	0.750	0.911	0.719
		CS2	0.823	0.677		
		CS3	0.793	0.629		
		CS4	0.885	0.783		
	合作互惠性（CR）	CR1	0.887	0.787	0.890	0.672
		CR2	0.667	0.445		
		CR3	0.872	0.760		
		CR4	0.833	0.694		

表5-12给出了测量模型的整体拟合情况，CMIN/DF、RMSEA、CFI、TLI、PGFI和PNFI完全符合判别标准，而GFI和NFI分别为0.835和0.879，低于判别标准，但仍处于可以接受的边缘[336]。Bagozzi和Yi[328]（1988）也指出，当SEM模型比较复杂时，在其他指数已经达到判别标准的情况下，个别拟合指标与标准略有差距是可以接受的，这样的情况在实际中并不少见。因此，该测量模型的整体拟合效果总体上符合标准。

表5-13给出了测量模型的内在结构适配情况，关系强度二阶因子模型的各个观测指标中除了CR2的R^2值为0.445低于0.5之外，其他观测指标的R^2值均

在 0.5 以上，潜变量的成分信度（CR）都大于 0.8，表明模型的信度符合要求。而测量指标与一阶因子、一阶因子与二阶因子之间的因子载荷均显著大于 0.6，所有潜变量的聚合效度（AVE）也都大于 0.5，表明测量模型的效度较好。这说明该测量模型的内在结构适配度较好。

2. 吸收能力

在本书中，吸收能力是一个含有多阶维度的复杂概念。从高阶维度来看，吸收能力可分为基于探索式、转化式和利用式学习过程利用外部知识的能力；从低阶维度来看，吸收能力主要包括企业对外部知识的识别、消化/吸收、保养、激活、转化和应用能力。也就是说，在测量模型中，企业对于外部知识的识别、消化/吸收、保养、激活、转化和应用能力作为一阶因子，探索式学习、转换式学习和利用式学习作为二阶因子，而吸收能力被提出作为一个更为高阶的因子（三阶因子）用来解释三种组织学习过程之间的相互关系[127]。应用 AMOS 7.0 软件对这一测量模型进行三阶验证性因子分析（third-order CFA）（表 5 - 14）。分析完成后，在输出的"模型提示"部分没有出现错误或警告信息，意味着没有发生违反估计的现象，可以安全进入下面的评估程序。在三阶因子模型中，三阶因子与二阶因子之间的因子载荷分别为 0.931、0.851、0.841，二阶因子与一阶因子之间的因子载荷分别为 0.760、0.768、0.852、0.668、0.790、0.902（表 5 - 15），这表明三阶因子与二阶因子之间，以及二阶因子与一阶因子之间的关系都很强，支持了三阶因子和二阶因子的存在。同时，一阶因子模型与二阶因子模型之间的目标系数为 0.989，且二阶因子模型与三阶因子模型之间的目标系数为 1，这说明吸收能力能够有效解释三种组织学习过程之间的关系，探索式学习、转换式学习以及利用式学习也能够分别有效解释知识识别与知识消化之间、知识保养与知识激活之间以及知识转化与知识应用之间的关系[334]。因此，以吸收能力作为高阶因子的模型能更为简约而准确地描述数据中变量之间的关系，是个比较理想的模型，适合进一步研究。

图 5 - 2 给出了企业吸收能力三阶验证性因子分析的运行结果。模型输出结果显示，各个潜在变量与其测量指标间的因子载荷均达到显著水平，且为 0.5 ~ 0.95，而且测量误差的方差也没有出现负值，这表明设定模型满足拟合标准，基本适配度较好。

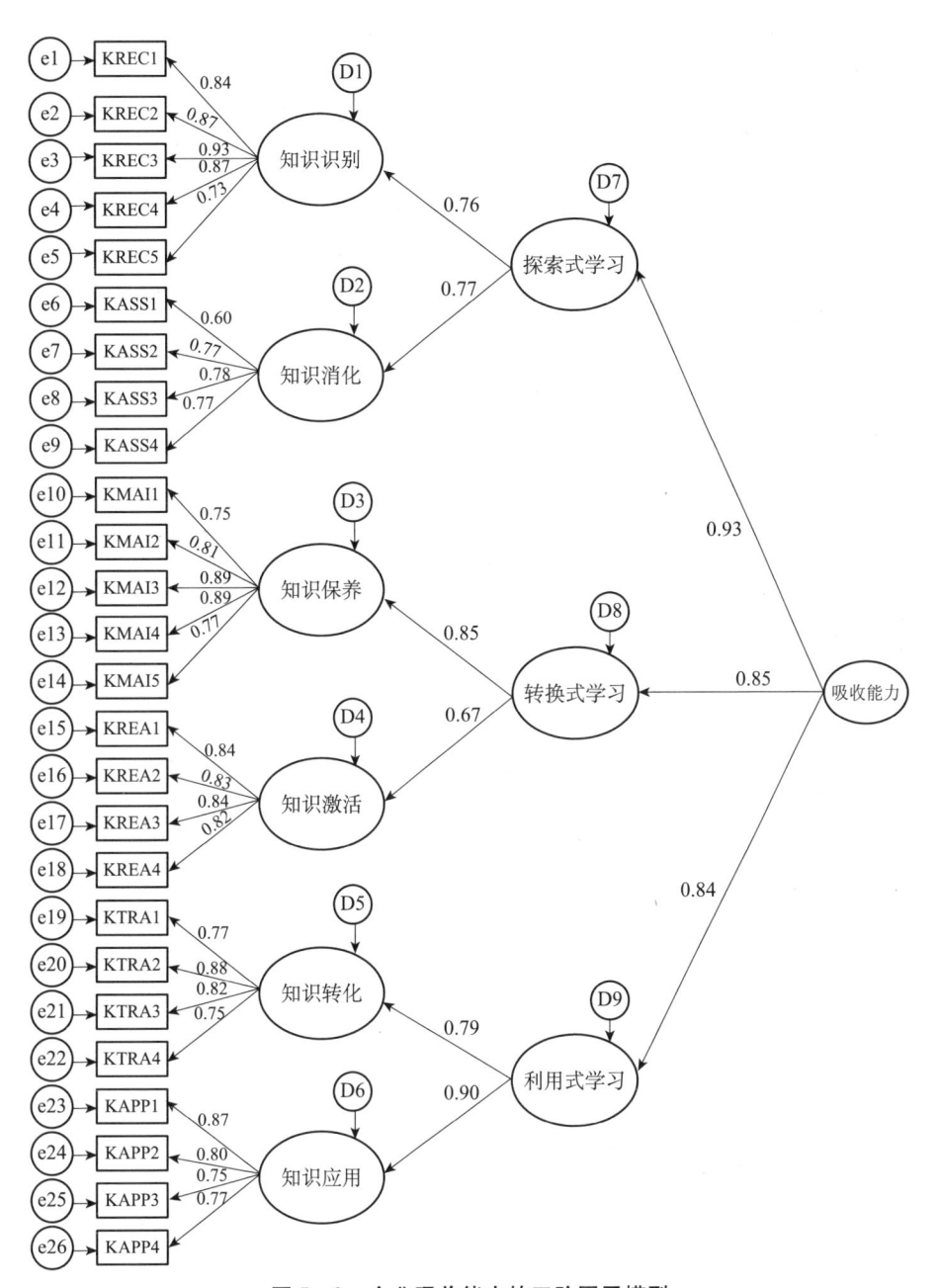

图 5-2 企业吸收能力的三阶因子模型

表 5-14　　　　　　　　　　三阶因子模型的拟合指数

拟合指数	数值 三阶因子测量模型	判别标准
卡方与自由度之比（CMIN/DF）	1.711	小于3
近似残差均方根（RMSEA）	0.067	小于0.1
拟合优度指数（GFI）	0.805	大于0.9
比较拟合指数（CFI）	0.929	大于0.9
规范拟合指数（NFI）	0.847	大于0.9
非范拟合指数（TLI）	0.921	大于0.9
增量拟合指数（IFI）	0.930	大于0.9
简约拟合优度指数（PGFI）	0.665	大于0.5
简约规范拟合指数（PNFI）	0.756	大于0.5

表 5-15　　　　三阶因子模型观测变量的标准化因子载荷和 R^2

	因子和观测变量		标准化因子载荷	R^2	成分信度	聚合效度
企业吸收能力测量	三阶因子：吸收能力（ABCA）	Explore-Learning	0.931	0.867	0.907	0.766
		Transform-Learning	0.851	0.724		
		Exploit-Learning	0.841	0.707		
	二阶因子：探索式学习（Explore-Learning）	KREC	0.760	0.578	0.737	0.584
		KASS	0.768	0.590		
	二阶因子：转换式学习（Transform-Learning）	KMAI	0.852	0.726	0.736	0.586
		KREA	0.668	0.446		
	二阶因子：利用式学习（Exploit-Learning）	KTRA	0.790	0.624	0.836	0.719
		KAPP	0.902	0.814		
	知识识别（KREC）	KREC1	0.836	0.699	0.927	0.719
		KREC2	0.866	0.750		
		KREC3	0.926	0.857		
		KREC4	0.866	0.750		
		KREC5	0.733	0.537		

续表

因子和观测变量			标准化因子载荷	R^2	成分信度	聚合效度
企业吸收能力测量	知识消化（KASS）	KASS1	0.596	0.355	0.822	0.538
		KASS2	0.773	0.598		
		KASS3	0.779	0.607		
		KASS4	0.769	0.591		
	知识保养（KMAI）	KMAI1	0.752	0.566	0.914	0.680
		KMAI2	0.808	0.653		
		KMAI3	0.893	0.797		
		KMAI4	0.889	0.790		
		KMAI5	0.770	0.593		
	知识激活（KREA）	KREA1	0.836	0.699	0.899	0.689
		KREA2	0.828	0.686		
		KREA3	0.839	0.704		
		KREA4	0.818	0.669		
	知识转化（KTRA）	KTRA1	0.774	0.599	0.882	0.652
		KTRA2	0.883	0.780		
		KTRA3	0.820	0.672		
		KTRA4	0.747	0.558		
	知识利用（KAPP）	KAPP1	0.875	0.766	0.875	0.636
		KAPP2	0.796	0.634		
		KAPP3	0.748	0.560		
		KAPP4	0.766	0.587		

表5-14给出了测量模型的整体拟合情况。CMIN/DF、RMSEA、CFI、TLI、PGFI和PNFI完全符合判别标准，而GFI和NFI分别为0.805和0.847，低于判别标准。根据Bagozzi和Yi[328]（1988）、朱朝晖[336]（2007）等的观点可以认为，该测量模型的整体拟合效果总体上符合标准，模型可以接受。

表5-15给出了测量模型的内在结构适配情况。企业吸收能力三阶因子模型的各个观测指标中除了KASS1的R^2值为0.355低于0.5之外，其他观测指标的R^2值均在0.5以上，潜变量的成分信度（CR）都大于0.7，表明模型的信度符合要求。除了观测指标KASS1与其一阶因子的因子载荷略小于0.6外，其他观测指标与一阶因子、一阶因子与二阶因子、以及二阶因子与三阶因子之间的因子载荷均显著大于0.6，所有潜变量的聚合效度（AVE）也都大于0.5，表明测量模型的效度也符合要求。这部分说明该测量模型的内在结构适配度较好。

3. 整体测量模型

在 SEM 分析中，由于涉及数个测量模型及一个结构模型，变量间的关系较为复杂，变量间关系的建立要有坚强的理论为依据，模型界定时必须依循简约原则（principle of parsimony）[312]。当两个模型进行拟合情况比较时，更为简约的模型往往拥有更少的参数和更大的自由度，而高阶因子模型往往由于内在的嵌套结构，导致其虽为更简约的模型但对于数据的拟合却不如不简约的模型[333]。在关系强度和吸收能力测量模型的评估过程中，它们的高阶模型都有更大自由度，并且模型拟合效果总体上符合要求，因此，根据简约原则，选择两者的高阶因子构建整体的结构方程模型。同时，为增强模型参数估计结构的稳定性，在整体结模型的构建过程中同样对 NS、NC、RINO 等潜变量的测量指标进行了分组，再利用各组的平均数作为新的观测指标值代入 SEM 模型进行运算。应用 AMOS 7.0 软件对整体测量模型进行验证性因子分析。分析完成后，在输出的"模型提示"部分没有出现错误或警告信息，意味着没有发生违反估计的现象，可以安全进入下面的评估程序。

图 5-3 给出了本书的整体测量模型。模型输出结果显示，各个潜在变量与其测量指标间的因子载荷均达到显著水平，且为 0.64~0.95，而且测量误差的方差也没有出现负值，这表明设定模型满足拟合标准，基本适配度良好。

表 5-16 给出了整体测量模型的整体拟合情况。除了 GFI 外，CMIN/DF、RMSEA、CFI、NFI、TLI、PGFI 和 PNFI 均符合判别标准。GFI 为 0.883，尽管小于 0.9，但也非常接近 0.9。因此，整体测量模型的拟合指标效果总体上符合判别标准，是个可以接受的模型。

表 5-17 给出了整体测量模型的内在结构适配情况。除了观测变量（CR 和 transform-learning）的多重相关系数的平方（R^2）的数值为 0.4~0.5，其余观测变量的 R^2 均在 0.5 以上；而潜在变量的成分信度都大于 0.7，表明整体测量模型的信度总体符合要求。另外，整体测量模型关于 NIINO2 观察变量的假设路径的标准化因子载荷略高于 0.95 外，其余假设路径的标准化因子载荷都为 0.6~0.95；而所有潜在变量的聚合效度（AVE）也都大于 0.5，表明整体测量模型的效度也符合要求。这部分分析说明整体测量模型的内在结构适配度符合要求。

表 5-18 给出了整体测量模型变量间的相关系数及其显著性检验。因变量与自变量之间的显著相关是考虑中介变量的前提[327]。从表 5-18 可以看出，网络规模、关系强度、网络中心性与渐进性创新、根本性创新存在极其显著的相关性，这就满足了本书对企业吸收能力的中介效应进行检验的前提条件。

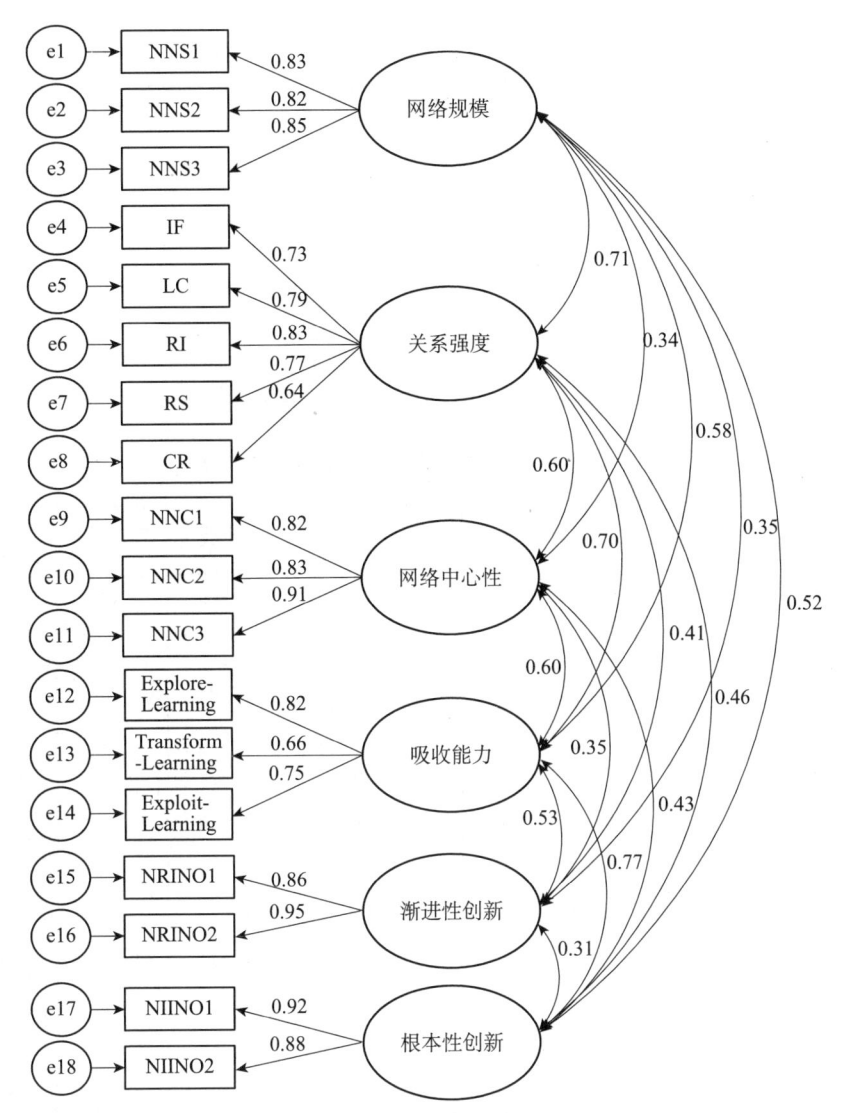

图 5-3 整体测量模型

表 5-16　整体测量模型的拟合指数

拟合指数	数值	
	三阶因子测量模型	判别标准
卡方与自由度之比（CMIN/DF）	1.501	小于 3
近似残差均方根（RMSEA）	0.056	小于 0.1
拟合优度指数（GFI）	0.883	大于 0.9

续表

拟合指数	数值	
	三阶因子测量模型	判别标准
比较拟合指数（CFI）	0.965	大于0.9
规范拟合指数（NFI）	0.903	大于0.9
非范拟合指数（TLI）	0.955	大于0.9
增量拟合指数（IFI）	0.965	大于0.9
简约拟合优度指数（PGFI）	0.620	大于0.5
简约规范拟合指数（PNFI）	0.757	大于0.5

表5-17 整体测量模型观测变量的标准化因子载荷和 R^2

因子和观测变量		标准化因子载荷	R^2	成分信度	聚合效度
网络规模（NS）	NNS1	0.832	0.692	0.869	0.689
	NNS2	0.818	0.669		
	NNS3	0.840	0.706		
关系强度（TS）	IF	0.733	0.537	0.853	0.539
	LC	0.795	0.632		
	RI	0.726	0.527		
	CS	0.768	0.590		
	CR	0.640	0.410		
网络中心性（NC）	NNC1	0.824	0.679	0.892	0.734
	NNC2	0.833	0.694		
	NNC3	0.911	0.830		
吸收能力（ABCA）	Explore-Learning	0.818	0.669	0.789	0.557
	Transform-Learning	0.660	0.436		
	Exploit-Learning	0.752	0.566		
根本性创新（RINO）	NRINO1	0.920	0.846	0.893	0.821
	NRINO2	0.876	0.767		
渐进性创新（IINO）	NIINO1	0.856	0.733	0.901	0.681
	NIINO2	0.953	0.908		

表 5-18　　　　　　　　　变量间的相关系数

相关关系	相关系数	P
网络规模（NS）⟷关系强度（TS）	0.707	***
网络规模（NS）⟷网络中心性（NC）	0.342	***
网络规模（NS）⟶吸收能力（ABCA）	0.577	***
网络规模（NS）⟶根本性创新（RINO）	0.516	***
网络规模（NS）⟶渐进性创新（IINO）	0.351	***
关系强度（TS）⟷网络中心性（NC）	0.600	***
关系强度（TS）⟶吸收能力（ABCA）	0.693	***
关系强度（TS）⟶根本性创新（RINO）	0.458	***
关系强度（TS）⟶渐进性创新（IINO）	0.406	***
网络中心性（NC）⟶吸收能力（ABCA）	0.604	***
网络中心性（NC）⟶根本性创新（RINO）	0.434	***
网络中心性（NC）⟶渐进性创新（IINO）	0.354	***
吸收能力（ABCA）⟶根本性创新（RINO）	0.768	***
吸收能力（ABCA）⟶渐进性创新（IINO）	0.532	***
根本性创新（RINO）⟶渐进性创新（IINO）	0.314	0.002

注:"＊＊＊"表示 $P<0.001$。

5.3.2　模型拟合与假设检验

1. 拟合分析

在上述测量模型拟合良好的基础上,应用 AMOS 7.0 软件对整体概念模型进行检验。分析完成后,在输出的"模型提示"部分没有出现错误或警告信息,意味着没有发生违反估计的现象,可以安全进入下面的评估程序。

图 5-4 给出了本书 SEM 模型的运行结果图,表 5-19 给出了结构方程模型的整体拟合情况。卡方与自由度之比小于 2,近似残差均方根小于 0.08,GFI 为 0.882,CFI、NFI 和 TLI 均大于 0.9,PGFI 和 PNFI 都大于 0.5。除了 GFI 略低判别标准外,CMIN/DF、RMSEA、CFI、NFI、TLI、PGFI 和 PNFI 均在理想范围之内。这些指标结果表明 SEM 模型的拟合效果总体符合要求,设定模型能够反映样本数据的客观情况,设定模型与样本数据的拟合程度良好。此外,AMOS 7.0 软件的模型检验结果中同时也给出了用于完善模型拟合度的修改指标(modification idices，MI）。研究者根据修正指标释放任何参数时均要有说服他人的理由或理论根据，否则会造成经验导向重于理论导向；若是理论模型与实际数据可以适配，研究者更没有必要进行模型修正[312]。修正适配良好的初始模型以获取更好（完美）的适配度，是一种相当不明智的做法[337]。据此，在拟合程度良好的情况下，本书对初始模型不作修正。

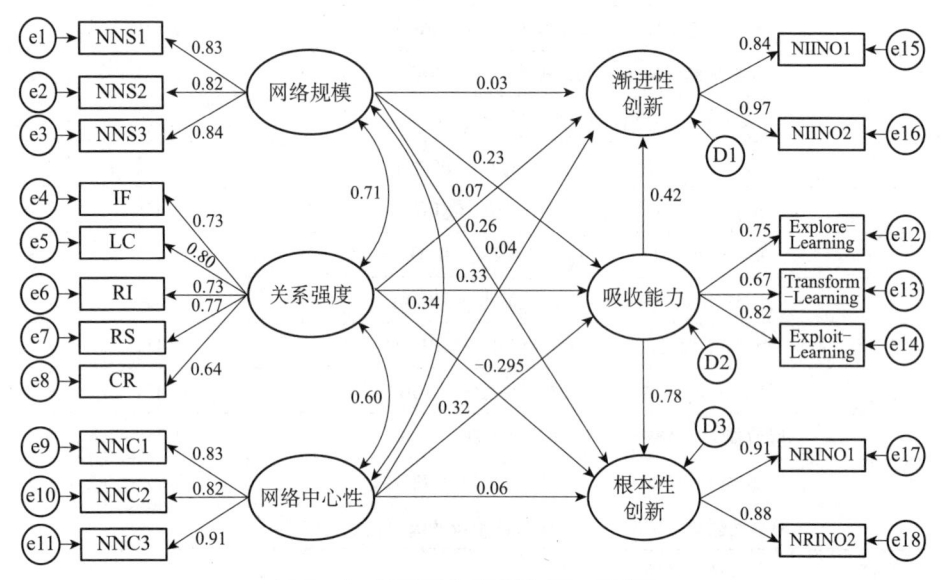

图 5-4 基于概念模型的 SEM 路径图

表 5-20 给出了 SEM 模型的标准化和非标准化路径系数。在 SEM 模型中（图 5-4），变量之间共有 11 条路径，其中有 7 条路径在不同水平上达到显著。具体说来，网络规模（NS）与吸收能力（ABCA）之间的标准化路径系数为 0.23，在 $P<0.1$ 水平上达到显著；关系强度（TS）与吸收能力（ABCA）之间的标准化路径系数为 0.33，在 $P<0.05$ 水平上达到显著；网络中心性（NC）与吸收能力（ABCA）之间的标准化路径系数为 0.32，在 $P<0.01$ 上水平达到显著；网络规模（NS）与根本性创新（RINO）之间的标准化路径系数为 0.26，在 $P<0.05$ 水平上达到显著；关系强度（TS）与根本性创新（RINO）之间的标准化路径系数为 -0.295，在 $P<0.1$ 水平上达到显著；吸收能力（ABCA）与根本性创新（RINO）之间的标准化路径系数为 0.78，在 $P<0.01$ 水平上达到显著；吸收能力（ABCA）与渐进性创新（IINO）之间的标准化路径系数为 0.42，在 $P<0.01$ 水平上达到显著；而网络中心性（NC）与根本性创新（RINO）、网络规模（NS）与渐进性创新（IINO）之间、关系强度（TS）与渐进性创新（II-

NO）之间以及网络中心性（NC）与渐进性创新（IINO）之间的标准化路径系数分别为 0.06、0.03、0.07、0.04，均未达到显著。这些统计分析结果为研究假设的检验与讨论提供了依据。

表 5-21 给出了 SEM 模型自变量对中介变量、因变量的标准化的总效应（total effect）、直接效应（direct effect）和间接效应（Indirect Effect）。自变量与中介变量、自变量与因变量以及中介变量与因变量之间存在作用路径，自变量与因变量之间的作用效果不仅包含了两个变量直接路径的作用，也包含了自变量通过中介变量再影响因变量这条间接路径的作用。从表 5-21 可以看出网络规模、关系强度和网络中心性对吸收能力影响的总效应分别为 0.231、0.332 和 0.324，均来自它们对吸收能力影响的直接效应；网络规模、关系强度和网络中心性对根本性创新影响的总效应分别为 0.441、-0.037 和 0.307，主要来自它们对根本性创新影响的直接效应或（及）它们通过吸收能力而产生的间接效应；网络规模、关系强度和网络中心性对渐进性创新影响的总效应分别为 0.127、0.205 和 0.176，也主要来自它们对渐进性创新影响的直接效应或（及）它们通过吸收能力而产生的间接效应；吸收能力对根本性创新和渐进性创新影响的总效应分别为 0.775 和 0.420，均来自它们对渐进性创新和根本性创新影响的直接效应。通过效应分解及其作用路径分析，本书将进一步解释焦点企业外部创新网络对渐进性创新和根本性创新的影响过程和差异。

表 5-19　　　　　　　　结构方程模型的拟合指数

拟合指数	数值	
	结构方程模型	判别标准
卡方与自由度之比（CMIN/DF）	1.508	小于 3
近似残差均方根（RMSEA）	0.056	小于 0.1
拟合优度指数（GFI）	0.882	大于 0.9
比较拟合指数（CFI）	0.964	大于 0.9
规范拟合指数（NFI）	0.902	大于 0.9
非范拟合指数（TLI）	0.954	大于 0.9
增量拟合指数（IFI）	0.965	大于 0.9
简约拟合优度指数（PGFI）	0.624	大于 0.5
简约规范拟合指数（PNFI）	0.713	大于 0.5

表 5-20　　　　　　　　　SEM 的路径系数估计值

路径	标准化路径系数	非标准化路径系数	C. R.	P
吸收能力（ABCA）←网络规模（NS）	0.231 +	0.127	1.915	0.055
吸收能力（ABCA）←关系强度（TS）	0.332 *	0.320	2.162	0.031
吸收能力（ABCA）←网络中心性（NC）	0.324 **	0.197	3.220	0.001
渐进性创新（INNO）←网络规模（NS）	0.030	0.019	0.202	0.840
渐进性创新（INNO）←关系强度（TS）	0.065	0.073	0.398	0.690
渐进性创新（INNO）←网络中心性（NC）	0.040	0.028	0.313	0.754
渐进性创新（INNO）←吸收能力（ABCA）	0.420 **	0.489	2.858	0.004
根本性创新（RINO）←网络规模（NS）	0.262 *	0.192	2.153	0.031
根本性创新（RINO）←关系强度（TS）	-0.295 +	-0.379	-1.881	0.060
根本性创新（RINO）←网络中心性（NC）	0.056	0.046	0.541	0.588
根本性创新（RINO）←吸收能力（ABCA）	0.775 ***	1.035	5.268	0.000

注："+" 表示 $P<0.1$；"*" 表示 $P<0.05$；"**" 表示 $P<0.01$；"***" 表示 $P<0.001$。

表 5-21　　　　　　　　SEM 的标准化的效应分析表

效应类型	模型变量	网络规模	关系强度	网络中心性	吸收能力
总效应	吸收能力	0.231	0.332	0.324	0.000
	渐进性创新	0.127	0.205	0.176	0.420
	根本性创新	0.441	-0.037	0.307	0.775
直接效应	吸收能力	0.231	0.332	0.324	0.000
	渐进性创新	0.030	0.065	0.040	0.420
	根本性创新	0.262	-0.295	0.056	0.775
间接效应	吸收能力	0.000	0.000	0.000	0.000
	渐进性创新	0.097	0.140	0.136	0.000
	根本性创新	0.179	0.257	0.251	0.000

2. 假设检验

（1）网络规模对于吸收能力与渐进性创新和根本性创新的影响：假设 H1a-H1d。

网络规模（NS）与吸收能力（ABCA）之间的标准化路径系数为 0.231，在 $P<0.1$ 水平上达到显著（表 5-20），这表明广东创新型企业在以自我为中心的

外部创新网络中，其外部创新伙伴的数量对于它自身吸收能力有直接的正向影响，并且这种影响是显著的。因此假设H1a得到了实证支持。

网络规模（NS）与渐进性创新（IINO）之间的标准化路径系数为0.03，但未通过显著性检验（表5-20）。因此，广东创新型企业在以自我为中心的外部创新网络中，其外部创新伙伴的数量对于企业渐进性创新的直接正向影响并不显著，假设H1b未能获得实证支持。

网络规模（NS）与根本性创新（RINO）之间的标准化路径系数为0.262，在$P<0.05$水平上达到显著（表5-20），这表明广东创新型企业在以自我为中心的外部创新网络中，其外部创新伙伴的数量对于企业根本性创新有直接的正向影响，并且这种影响是显著的。因此假设H1c得到了实证支持。

尽管网络规模（NS）与根本性创新（RINO）之间、网络规模（NS）与渐进性创新（IINO）之间的标准化路径系数均为正数，且前者大于后者，但后者未通过显著性检验。因此，实证数据分析结果部分支持了研究假设H1d。

（2）关系强度对于吸收能力与渐进性创新和根本性创新的影响：假设H2a-H2d。

关系强度（TS）与吸收能力（ABCA）之间的标准化路径系数为0.332，在$P<0.05$水平上达到显著（表5-20），这表明广东创新型企业在以自我为中心的外部创新网络中，其与外部创新伙伴的关系强度对于它自身吸收能力有直接的正向影响，并且这种影响是显著的。因此假设H2a得到了实证支持。

关系强度（TS）与渐进性创新（IINO）之间的标准化路径系数为0.065，但未通过显著性检验（表5-20）。因此，广东创新型企业在以自我为中心的外部创新网络中，其与外部创新伙伴的关系强度对于企业渐进性创新的直接正向影响并不显著，假设H2b未能获得实证支持。

关系强度（TS）与根本性创新（RINO）之间的标准化路径系数为-0.295，在$P<0.1$水平上达到显著（表5-20），这表明广东创新型企业在以自我为中心的外部创新网络中，其与外部创新伙伴的关系强度对于企业根本性创新有直接的负向影响，并且这种影响是显著的。因此假设H2c未能获得实证支持。

关系强度（TS）与根本性创新（RINO）之间的标准化路径系数为负值，且通过显著性检验，实证数据分析结果与原先假设相反；同时关系强度（TS）与渐进性创新（IINO）之间的标准化路径系数为很小的正数，且未通过显著性检验。因此实证数据分析结果不支持研究假设H2d。

（3）网络中心性对吸收能力与渐进性创新和根本性创新的影响：假设H3a-H3d。

网络中心性（NC）与吸收能力（ABCA）之间的标准化路径系数为0.324，

在 $P<0.01$ 水平上达到显著（表5-20），这表明广东创新型企业在以自我为中心的外部创新网络中，其在网络中的中心地位程度对于它自身吸收能力有直接的正向影响，并且这种影响是显著的。因此假设 H3a 得到了实证支持。

网络中心性（NC）与渐进性创新（IINO）之间的标准化路径系数为 0.04，但未通过显著性检验（表5-20）。因此，广东创新型企业在以自我为中心的外部创新网络中，其在网络中的中心地位程度对于企业渐进性创新的直接正向影响并不显著，假设 H3b 未能获得实证支持。

网络中心性（NC）与根本性创新（RINO）之间的标准化路径系数为 0.056，但未通过显著性检验（表5-20）。因此，广东创新型企业在以自我为中心的外部创新网络中，其在网络中的中心地位程度对于企业根本性创新的直接正向影响并不显著，假设 H3c 没有获得实证支持。

尽管网络中心性（NC）与根本性创新（RINO）之间、网络中心性（NC）与渐进性创新（IINO）之间的标准化路径系数均为正数，但均未通过显著性检验。因此实证数据分析结果不支持研究假设 H3d。

(4) 吸收能力对于渐进性创新和根本性创新的影响：假设 H4a-H4b。

吸收能力（ABCA）与根本性创新（RINO）之间的标准化路径系数为 0.775，在 $P<0.001$ 水平上达到显著（表5-20），这表明广东创新型企业的吸收能力对于其根本性创新有直接的正向影响，并且这种影响是显著的。因此假设 H4a 得到了实证支持。

吸收能力（ABCA）与渐进性创新（IINO）之间的标准化路径系数为 0.420，在 $P<0.01$ 水平上达到显著（表5-20）。这表明广东创新型企业的吸收能力对于企业其渐进性创新有直接的正向影响，并且这种影响是显著的。因此假设 H4b 得到了实证支持。

(5) 吸收能力的中介效应：假设 H5a-H5b、H6a-H6b、H7a-H7b。

如上所述，SEM 模型中自变量网络规模（NS）、关系强度（TS）、网络中心性（NC）与因变量根本性创新（RINO）和渐进性创新（IINO）之间有相当显著的相关关系（表5-18），因此符合中介效应检验的前提条件。本书采用 SEM 模型的方法来研究吸收能力的中介作用，与传统的基于多元回归分析的中介作用检验程序相比，结构方程模型允许对所有的变量同时进行检验，并能评价整个模型的拟合效果，而且这种方法还可以减少犯 I 类错误的概率[338]。

网络规模（NC）对于吸收能力（ABCA）会产生显著的正向影响（标准化路径系数为 0.231^+），而吸收能力（ABCA）对于企业根本性创新（RINO）和渐进性创新（IINO）都也具有显著的正向影响（标准化路径系数分别为 0.775^{***} 和

0.420**)。因此吸收能力在网络规模对于企业根本性创新与渐进性创新的影响中均具有显著的中介效应（中介效应分别为 0.179 和 0.097，见表 5-21）。与此同时，网络规模对于企业根本性创新的直接影响也是显著的（标准化路径系数为 0.262*），但对于企业渐进性创新的直接影响并不显著（标准化路径系数为 0.030，未通过显著性检验），因此吸收能力对于网络规模与根本性创新之间关系的影响是一种部分的中介效应（partial mediation effect），而对于网络规模与根本性创新之间关系的影响则是一种完全的中介效应（full mediation effect），假设 H5a 和 H5b 都得到了实证支持。

关系强度（TS）对于吸收能力（ABCA）会产生显著的正向影响（标准化路径系数为 0.332*），而吸收能力（ABCA）对于企业根本性创新（RINO）和渐进性创新（IINO）都也具有显著的正向影响（标准化路径系数分别为 0.775*** 和 0.420**）。因此吸收能力在关系强度对于企业根本性创新与渐进性创新的影响中均具有显著的中介效应（中介效应分别为 0.257 和 0.140，见表 5-21）。与此同时，关系强度对于企业根本性创新的直接影响也是显著的（标准化路径系数为 -0.295+），但对于企业渐进性创新的直接影响并不显著（标准化路径系数为 0.065，未通过显著性检验），因此吸收能力对于关系强度与根本性创新之间关系的影响是一种部分的中介效应，而对于网络规模与渐进性创新之间关系的影响则是一种完全的中介效应，假设 H6a 和 H6b 都得到了实证支持。

网络中心性（NC）对于吸收能力（ABCA）会产生显著的正向影响（标准化路径系数为 0.324**），而吸收能力（ABCA）对于企业根本性创新（RINO）和渐进性创新（IINO）都也具有显著的正向影响（标准化路径系数分别为 0.775*** 和 0.420**）。因此吸收能力在网络中心性对于企业根本性创新与渐进性创新的影响中均具有显著的中介效应（中介效应分别为 0.251 和 0.136，见表 5-21）。与此同时，网络中心性对于企业根本性创新和渐进性创新的直接影响均不显著（标准化路径系数分别为 0.056 和 0.040，都未通过显著性检验），因此吸收能力对于网络中心性与根本性创新和渐进性创新之间关系的影响都是一种完全的中介效应，假设 H7a 和 H7b 都得到了实证支持。

综上所述，对于吸收能力中介效应的检验，假设 H5a-H5b、H6a-H6b 以及 H7a-H7b 都得到实证支持，即吸收能力在网络规模、关系强度和网络中心性对于企业渐进性创新的影响中以及在网络中心性对于企业根本性创新的影响中起完全的中介效应，而在网络规模和关系强度对于企业根本性创新的影响中起部分的中介效应。

5.4 研究结果与讨论

5.4.1 实证结果

表 5-22 对本书研究假设的检验结果进行了归纳汇总。基于这些检验结果，对焦点企业外部创新网络、企业吸收能力以及渐进性创新和根本性创新之间关系的概念模型，进行修正，如图 5-5 所示。可以看出，焦点企业创新网络的规模对根本性创新具有直接的正向影响，同时它还会通过吸收能力间接地促进企业的渐进性创新和根本性创新；焦点企业与其创新伙伴的关系强度对企业根本性创新具有直接的负向影响，但是它可以通过吸收能力间接地促进企业的渐进性创新和根本性创新；焦点企业在外部创新网络的网络中心性也会通过吸收能力间接地促进企业的渐进性创新和根本性创新。接下来，将对实证结果作进一步分析与讨论。

表 5-22　　　　　　　　　研究假设检验的汇总

序号	研究假设	检验结果
H1a	创新网络规模对于焦点企业吸收能力具有直接的正向影响，即焦点企业的创新伙伴越多，那么焦点企业的吸收能力就越强	支持
H1b	创新网络规模对于焦点企业渐进性创新具有直接的正向影响，即焦点企业的创新伙伴越多，那么焦点企业的渐进性创新水平就越高	不支持
H1c	创新网络规模对于焦点企业根本性创新具有直接的正向影响，即焦点企业的创新伙伴越多，那么焦点企业的根本性创新水平就越高	支持
H1d	与渐进性创新相比，创新网络规模对于焦点企业根本性创新的影响会更强，即焦点企业的创新伙伴越多，那么焦点企业就越有利于推动根本性创新的发生	部分支持
H2a	创新网络的关系强度对于焦点企业吸收能力具有直接的正向影响，即焦点企业与其创新伙伴的关系强度越高，那么企业吸收能力就越强	支持
H2b	创新网络的关系强度对于焦点企业渐进性创新具有直接的正向影响，即焦点企业与其创新伙伴的关系强度越高，那么焦点企业的渐进性创新水平就越高	不支持
H2c	创新网络的关系强度对于焦点企业根本性创新具有直接的正向影响，即焦点企业与其创新伙伴的关系强度越高，那么焦点企业的根本性创新水平就越高	不支持

续表

序号	研究假设	检验结果
H2d	与根本性创新相比，创新网络的关系强度对于焦点企业渐进性创新的影响会更强，即焦点企业与其创新伙伴越的关系强度越高，那么焦点企业就更容易推动渐进性创新的发生	不支持
H3a	网络中心性对于焦点企业吸收能力具有直接的正向影响，即焦点企业在外部创新网络的中心地位越高，那么焦点企业吸收能力就越强	支持
H3b	网络中心性对于焦点企业渐进性创新具有直接的正向影响，即焦点企业在外部创新网络的中心地位越高，那么焦点企业的渐进性创新水平就越高	不支持
H3c	网络中心性对于焦点企业根本性创新具有直接的正向影响，即焦点企业在外部创新网络的中心地位越高，那么焦点企业的根本性创新水平就越高	不支持
H3d	与根本性创新相比，网络中心性对于焦点企业渐进性创新的影响会更强，即焦点企业在外部创新网络的中心地位越高，那么焦点企业就更容易推动渐进性创新的发生	不支持
H4a	焦点企业吸收能力对于其渐进性创新具有直接的正向影响，即焦点企业的吸收能力越高，那么它的渐进性创新水平就越高	支持
H4b	焦点企业吸收能力对于其根本性创新具有直接的正向影响，即焦点企业的吸收能力越高，那么它的根本性创新水平就越高	支持
H5a	焦点企业吸收能力在网络规模对其渐进性创新的影响中具有明显的中介效应，创新网络规模通过影响焦点企业吸收能力进而影响到其渐进性创新	支持
H5b	焦点企业吸收能力在网络规模对其根本性创新的影响中具有明显的中介效应，创新网络规模通过影响焦点企业吸收能力进而影响到其根本性创新	支持
H6a	焦点企业吸收能力在关系强度对其渐进性创新的影响中具有明显的中介效应，关系强度通过影响焦点企业吸收能力进而影响到其渐进性创新	支持
H6b	焦点企业吸收能力在关系强度对于其根本性创新的影响中具有明显的中介效应，关系强度通过影响焦点企业吸收能力进而影响到其根本性创新	支持
H7a	焦点企业吸收能力在网络中心性对于其渐进性创新的影响中具有明显的中介效应，网络中心性通过影响焦点企业吸收能力进而影响到其渐进性创新	支持
H7b	焦点企业吸收能力在网络中心性对于其根本性创新的影响中具有明显的中介效应，网络中心性通过影响焦点企业吸收能力进而影响到其根本性创新	支持

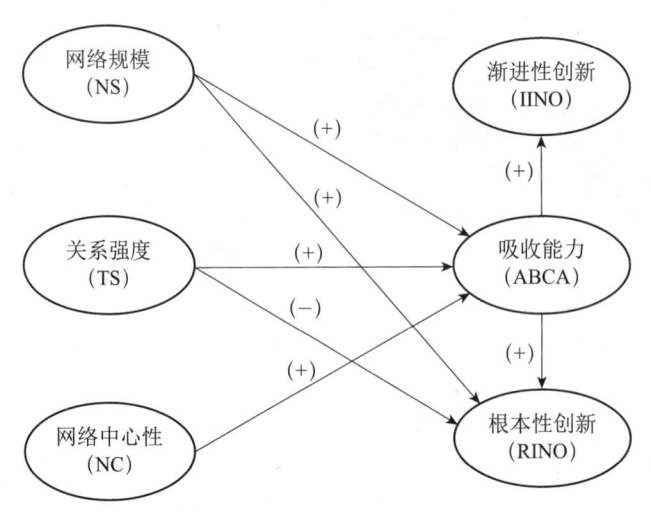

图 5-5 关系修正后的概念模型

5.4.2 分析讨论

1. 网络规模

（1）网络规模与吸收能力。在本书中，焦点企业外部创新网络的规模对于它自身的整体吸收能力水平有显著的正向影响，这意味着在与外部创新伙伴的合作过程中，宽泛的外部创新网络促使焦点企业可以通过更多的资源来源渠道开展探索式学习、转换式学习和利用式学习，进而获取和应用更多的外部知识。截至2009年，在广东188家创新型企业中有29家牵头组建了产业技术创新战略联盟，有63家参与组建产业技术创新战略联盟，有8成以上的统计企业参与了产学研合作活动，有7成以上的统计企业承担了政府科技计划项目。这些企业间战略联盟、产学研合作或官产学研合作以及各种难以统计的非正式组织间合作，交织形成了创新型企业的各种广泛的外部创新网络，流动着来自不同领域/部门的知识和信息，为企业的探索式学习、转换式学习和利用式学习提供了宽阔的活动平台与良好的外部条件，从而大大促进了企业整体吸收能力水平的提升。

本书的结论支持了 Uzzi[259]（1998）、Soh 和 Roberts[260]（1998）等所提出的"企业直接联系的外部实体集中反映了其获取外部知识、信息以及其他资源的程度和数量大小"这一观点，焦点企业可以在不断扩大的外部创新网络中从用户、供应商、大学、科研机构、同行、行业协会等创新合作伙伴处获取各种所需的新知识和信息，进而增加企业知识基础的宽度和广度。而这些新知识可能是新能力的一种形式[64]，也是企业增强吸收能力的重要基础。而 Von Hippel[339]（1988）、Marsden[240]（1990）、Ahuja[45,93]（2000）等提出的"更多的网络联结（直接合作关系）能够作为有效机制促进组织间的知识与信息的流动、转移和共享，从而有助于焦点企业获取和利用更多知识和互补性技术"的观点也得到检验和支持。而且，本书的研究结论在一定程度上也支持了 Garcia-Vega[261]（2006）、Phelps 和 Paris[47]（2010）等的观点，即焦点企业拥有越多的外部创新合作伙伴，就意味着其具有更高的技术多样性和拥有多样化的知识基础，进而能够更好地识别、消化和吸收相关领域的信息和知识。

与此同时，本书的实证结果也支持了大多数学者实证研究的结论，这些实证研究结论的中心思想就是不断扩大的网络规模有利于保证资源来源渠道的多样性，焦点企业外部网络规模越大，其就能够更加有效识别、获取和利用外部信息和知识，整体吸收能力也就更强。如 Vanhaverbeke 等[266]（2007）对化工、汽车和制药行业的研究肯定了直接联结合作伙伴数量对于增加企业信息与知识载荷存量及种类的重要性；刘璐[272]（2009）对于山东制造业企业的研究、彭新敏[258]（2009）对于浙江制造业企业的研究显示外部网络规模对于吸收能力的部分组织学习过程和知识处理维度具有重要的积极影响；郑慕强和徐宗玲[227]（2009）对于广东内衣行业和不锈钢行业两大集群中小企业网络的研究则证明了网络规模对于企业整体吸收能力的积极作用。

（2）网络规模与渐进性创新和根本性创新。在本书中，焦点企业外部创新网络的规模对于渐进性创新的直接正向影响并不显著，而对于根本性创新具有显著的直接正向影响；并且焦点企业外部创新网络规模都会通过吸收能力的中介作用对渐进性创新和根本性创新产生正向影响，只不过吸收能力在网络规模对渐进性创新的影响中要发挥完全的中介作用，而在网络规模对根本性创新的影响中发挥的是部分中介作用。这些结论为本书提出的关系概念模型提供了实证依据，焦点企业在外部创新网络中的结构嵌入性（网络规模），既可以直接影响企业的竞争优势（根本性创新），也可以通过特定的能力（吸收能力）间接作用于企业的竞争优势（渐进性创新与根本性创新）。

Shan 等[256]（1994）、Gemünden 等[73]（1996）、Hargadon 和 Sutton[263]（1997）、Mcevily 和 Zaheer[323]（1999）以及 Ahuja[45,93]（2000）等认为宽泛的创新网络（技术合作关系）能够给企业带来有价值的非冗余信息和知识流，进而推动企业的创新活动，这些论点在本书中得到了支持。广泛创新网络所带来的非冗余信息和知识流的异质性，可以为企业技术创新的实现，提供更多的创新要素组合的机会[340]。而 Oerlemans 等[264]（1998）提出的从广泛外部网络中获取的异质性资源更多地被用于渐进性创新的观点并没有得到支持，在本书的研究样本中网络规模对根本性创新影响所带来的效应要高于其对渐进性创新影响的效应。另外，本书的结论肯定了 Vanhaverbeke 等[266]（2007）的一些观点，即焦点企业从不断扩大的创新网络中获取的复合性知识（包括非冗余知识和相似性知识），既可以推动企业的渐进性创新，也可以推动企业的根本性创新。只是对于不同强度的技术创新类型，网络规模对它们的作用方式和作用程度有所不同而已。就作用方式而言，在本书的研究样本分析中网络规模对于渐进性创新的正向影响，只能通过吸收能力的中介作用产生；而网络规模对于根本性创新的正向影响，是网络规模直接作用和吸收能力中介作用的综合结果。这种作用机制差异的存在，意味着在开放式创新的大背景下，广东创新型企业在渐进性创新过程中能否从不断增加的外部合作伙伴中获取好处，关键在于它是否拥有强大的整体吸收能力；而在根本性创新过程中，企业的吸收能力仍然非常重要，但它对网络规模对于根本性创新的影响效应并不起决定性作用。

本书的实证结果支持了一些学者实证研究的结论，这些实证研究结论的中心思想就是网络规模越大，焦点企业根据创新目标从更多不同类型的创新伙伴获取相应的异质性信息和知识，特别是隐性知识和特殊技能，从而间接或直接推动企业的渐进性创新和根本性创新。如 Powell 等[14]（1996）对于生物技术企业的研究显示研发联盟数量增加所带来的非研发合作对于根本性的核心技术突破具有重要积极影响；Rowley 等[34]（2000）对于钢铁和半导体制造产业战略联盟网络的研究、Landry 等[270]（2002）对于加拿大蒙特利尔西南地区制造企业的研究以及张鸿萍[341]（2006）对于山东、广东、四川、江苏和重庆高新技术区创业企业的研究显示不同类型的合作伙伴（关系）数量对于渐进性创新和根本性创新都具有重要作用；Phelps 和 Paris[47]（2010）对电信设备制造商的研究肯定了网络规模自身及其通过影响网络多样性对根本性创新产生的积极作用。

同时可以发现，本书的实证结果与 Vanhaverbeke 等[266]（2007）对化工、汽车和制药行业的研究存在差异。虽然两者的实证研究结果都肯定了网络规模对于企业渐进性创新和根本性创新的积极影响，但是 Vanhaverbeke 等[266]（2007）的研究证实了这种积极影响的曲线效应，即网络规模达到临界值后，它对于企业渐进性创新和根本性创新的正向影响将会下降，而在本书的研究样本中外部网络规模对于企业渐进性创新和根本性创新的积极影响是一种线性关系。其中原因可能有两点：一是尽管广东创新型企业的创新伙伴不断增多，但是其创新伙伴最大数量还都未达到 Vanhaverbeke 等[266]（2007）所说的临界值；二是广东创新型企业存在较强的网络能力，这种网络能力使企业能够根据一定的标准管理各种网络合作关系以避免外部创新伙伴数量的盲目增长，从而最大化网络规模对于渐进性创新和根本性创新的积极影响。

从我们调研的企业来看，新的创新伙伴已经成为广东创新型企业获取所需知识、攻克技术难关以及进入新产业领域的重要方式。而且，在开放式创新的大环境下，这种趋势还在延续并不断增强，因为这些企业都希望通过更多的合作来弥补自身的技术不足、获取更多的创新资源或加快新产品的开发。以佛山联塑科技为例[1]，它通过与韩国昌盛公司的全方位合作，获取用热收缩带连接和电热熔连接等相关技术，完善了不同规格系列的缠绕管管件；通过与中科院广州化学所的合作研发，开辟了高强、高韧和耐热 PP 塑料管材制备的新途径；通过与日本三菱树脂株式会社的合作研发，开发了具有国内领先水平的衬塑钢塑复合管；通过与华南师范大学的合作研发，正在开发塑料制品的替代品——环保木塑复合制品。目前，佛山联塑科技正在筹划与日本艾博科设计公司共同建立合资公司，以提升自身的产品设计能力；同时还在环保、节能和新能源类产品领域积极寻找新的合作伙伴。这些新增的研发合作对佛山联塑科技吸收能力和技术创新正发挥着积极的促进作用。公司研发中心的扩大和升级（公司博士后工作站的成立、日本研发中心和公司研究开发院的筹建）正是其吸收能力增强的重要表现，而 2007—2010 年公司专利的快速增加（申请量从 12 个增加到 146 个；发明数从 11 个增加到 48 个）也是外部合作创新成果的重要体现[2]。基于实证结果和调研发现，在一定程度上可以推断，对于广东创新型企业而言，网络规模对于吸收能力和技术创新的正向效应还处于上升趋势，网络规模还未达到 Vanhaverbeke 等[266]（2007）所说的临界值。对于不断增多的网络关系，调研企业似乎不太担心它们可能带来的负面效应，因为这些合作大多基于具体的研发项目，它们可以根据研发项目的完成情况和后续研究价值来决定是否继续合作，而且，这些网络关系也未达到企业难以管理的地步；相反，这些调研企业在寻找和选择合适创新伙伴以及争取合适的网络位置方面投入了更多的精力。

2. 关系强度

（1）关系强度与吸收能力。在本书中，焦点企业与外部创新伙伴的关系强度对于它自身的整体吸收能力水平有显著的正向影响，这说明在焦点企业与外部创新伙伴的合作过程中，两者间的关系强度越高，即两者间的互动频率、资源投入程度、互惠性越高、合作周期越长以及合作交流范围越广泛和越深入，越有利于焦点企业从外部创新网络中识别和消化各种稀缺信息与知识，并在企业内部对这些获取知识进行保养和激活，最后能够成功地将其转化并付诸应用，进而提高

---

[1] 资料来自企业汇报材料及实地调研访谈。

[2] 资料来自企业汇报材料。

企业的整体吸收能力。

　　Daft 和 Lenqel[342]（1986）、Asanuma[278]（1989）、Marsden[240]（1990）、Larson[280]（1992）、Krackhardt[40]（1992）、Grant[108]（1996）、Dyer[46,279]（1996，2000）、Uzzi[30]（1997）、Dyer&Singh[33]（1998）、Simsek 等[281]（2003）等认为，组织间的频繁直接（面对面）互动、亲密关系、互惠互利以及共同资源投入等关系强度维度以及由此生成的关系专有资产、知识共享惯例和共同认知模式，能够推动组织间的信息和知识的转移和共享，特别是复杂的隐性知识和专有技能，从而促进网络成员间的知识获取、消化和利用活动，进而提高焦点企业基于特定类型合作伙伴的整体吸收能力，这些论点在本书的样本研究中得到了有力支持。也就是说，Granovetter[29]（1985）提出的"强联系优势理论"在关系强度对企业吸收能力的作用中得到了体现和支持，强联系对于企业吸收能力发展和提升具有重要的积极影响。

　　与此同时，本书的实证结果也支持了一些实证研究的结论。如 Sabel[289]（1993）对宾夕法尼亚（Pennsylvania）制造企业间的研究、Dyer[279]（1996）对于 Toyota 和 GM 公司生产网络的比较研究、Uzzi[30]（1997）对美国纽约市女装企业的实地研究、Hansen[284]（1999）对于大型企业部门业务单元的研究、Dyer 和 Nobeoka[46]（2000）对丰田与其一级供应商网络的研究、Kraatz[269]（1998）对私人大学网络的研究以及 Molina-Morales 和 Martínez-Fernández[288]（2009）对于西班牙工业产业集群中小企业网络的研究都显示了高强度的网络关系对于复杂知识传递、转移、共享、获取、整合具有重要的积极作用；Rowley 等[34]（2000）对钢铁生产和半导体制造产业战略联盟网络的研究、Yli-Renko 等[287]（2001）对英国创业型高科技企业的研究、潘松挺[286]（2009）对于我国长三角洲企业的研究、许冠南[25]（2008）对浙江省制造业企业的研究以及刘璐[272]（2009）对山东制造业企业的研究则证实了关系强度的不同维度对吸收能力的组织学习过程和知识处理维度的积极作用；Hovorka 和 Larsen[222]（2006）对于纽约市若干缓刑部门组成的网络联盟的研究、郑慕强和徐宗玲[227]（2009）对于广东内衣行业与不锈钢行业两大集群中小企业网络的研究、窦红宾和王正斌[229]（2010）对于西安通讯装备制造产业集群企业的研究、王志玮[231]（2010）对于不同省域地区企业的研究肯定了互动频度对于企业整体吸收能力的积极影响。

　　（2）关系强度与渐进性创新和根本性创新。在本书中，焦点企业与其外部创新伙伴的关系强度对于渐进性创新的直接正向影响并不显著，而对于根本性创新具有显著的直接负向影响；但是焦点企业与外部创新伙伴的关系强度能够通过吸收能力的中介作用对渐进性创新和根本性创新产生正向影响，只不过吸收能力在关系强度对渐进性创新的影响中要发挥完全的中介作用，而在关系强度对根本性创新的影响中发挥的是部分中介作用。这些结论为本书提出的关系概念模型提供了实证依据,焦点企业的社会资本,或者说焦点企业在外部创新网络中的关系嵌入性(关系强度),既可以直接影响企业的竞争优势(根本性创新),也可以通过特定的能力(吸收能力)间接作用于企业的竞争优势(渐进性创新与根本性创新)。同时,这些结论也表明关系强度对于渐进性创新与根本性创新的作用机制存在差异,关系强度对于广东创新型企业渐进性创新的积极作用完全取决于企业的吸收能力,而关系强度对于根本性创新的积极作用来源于企业吸收能力的中介效应,并受到关系强度对于根本性创新的直接的负面影响的制约。

关系强度对于企业渐进性创新的直接正向效应并不显著,这与原先假设的预期不符,而潘松挺[286](2009)和刘寿先[290](2008)基于不同样本分析证实了这种直接正向效应的存在。其中的原因可能有两个方面:一是关系强度的测量差异。本书将关系强度作为一个整体概念进行考察,而刘寿先[290](2008)主要考察关系强度中的组织间互动频度和信任水平对于企业渐进性创新的直接影响;二是关系强度对于企业渐进性创新的影响很大程度上可能被企业整体吸收能力所中介,而这种中介作用在本书的样本分析中已经被证实,也在潘松挺[286](2009)的研究中得到部分验证。这样,企业吸收能力充当了关系强度对于渐进性创新产生影响的桥梁,通过吸收能力的中介效应,关系强度对于企业渐进性创新的直接影响作用可能就不显著了。而本书关于关系强度通过吸收能力正向作用于企业渐进性创新的实证结果验证了 Dyer 和 Singh[33](1998)提出的组织间强联系生成的关系专有资产和知识共享惯例通过推动企业对外部信息与知识的获取、消化和利用,进而促进产品质量提升、价值链成本降低以及产品开发周期缩短的观点。与此同时,本书的实证结果也与一些实证研究的结论相一致,如 Uzzi[30](1997)对美国纽约市女装企业的实地研究、Sabel[289](1993)对宾夕法尼亚(Pennsylvania)制造企业间的经验研究、Rindfleisch 和 Moorman[282](2001)对美国参加新产品开发联盟的企业研究都肯定了组织间信任推动信息准确快速传递、共享以及联合问题解决安排的形成对于产品快速创新和工艺流程改进的重要性;潘松挺[286](2009)对于我国长三角洲企业的研究证实了组织间的关系强度推动企业对现有技术和业务领域的知识获取、共享、整合、创造和应用进而积极作用于企业的渐进性创新。

关系强度对于企业根本性创新具有直接负向作用,这与原先的预期假设相反,肯定了 Uzzi[30](1997)、Rowley 等[34](2000)、Rindfleisch 和 Moorman[282](2001)、高展军和李垣[283](2006)等提出的强联系导致的认知近似性阻碍企业对全新技术探索和进行根本性创新的观点。同时,这个结论也间接地支持了 Granovetter[37](1973)提出的"弱联系力量"假设逻辑和 Burt[43](1992)提出的"结构洞"理论,肯定了弱联系提供的低成本知识获取优势、搜索优势和更为开放的创新网络对于企业根本性创新的重要性。然而,这并不意味着企业的根本性创新无法从其与合作伙伴形成的强联系中获取好处,在本书的样本分析中关系强度仍可以通过吸收能力对企业根本性创新产生正向影响,只是这种间接正向效应的绝对值(0.257)小于直接负向效应的绝对值(-0.295),从而导致关系强度对于根本性创新影响的总效应为负值(-0.038),这在一定程度上又为"强联系优势理论"提供实证支持。潘松挺[286](2009)和刘寿先[290](2008)的研究也证实了关系强度或其子维度对于企业根本性创新的直接负向作用,但是潘松挺[286](2009)还得出关系强度通过负向作用于探索式学习(企业对新颖技术和新业务领域的知识获取、共享、整合、创造和应用),进而对根本性创新产生负向影响。显然,本书与潘松挺[286](2009)的研究结论存在差异,其中原因可能主要在于中介变量的定义和测量差异。潘松挺[286](2009)对于探索式学习的定义更加强调对完全不同于现有知识基础的新事物的学习,从定义上看与根本性创新有着显而易见的正向关系;而本书吸收能力的定义则是基于组织学习和知识处理维度的递归关系界定,强调不同组织学习过程的互补性,而且基于吸收能力的探索式学习不仅包含了对完全不同于或相似于企业现有知识基础的外部知识的识别和消化吸收,这可能导致两者研究结论在作用路径和影响方向上的差异。

综合上述分析,将整体吸收能力引入模型后,关系强度对于企业根本性创新的影响并不是大多数先前研究所验证的简单负向关系,在本研究中,焦点企业与外部创新伙伴的关系强度对于根本性创新的促进作用和消极影响是同时存在的。对于这种结果,我们调研了东莞迈科科技、惠州亿纬锂能等一些与外部创新伙伴明显具有高强度合作关系的创新型企业。当这些企业在进入一个全新领域或产业需要合作时,它们总会优先考虑那些以前与它们具有长期合作关系或经验的创新伙伴,而不是基于进军领域全面地搜寻可能的合作对象①。与此同时,由于长期的战略合作,这些企业也总能很快地知悉和获得外部创新伙伴的最新研究进展和研究成果,因为外部创新伙伴希望能够通过这些研究成果展现其自身的实力和进一步合作的诚意②。而这些前沿性研究蕴含着大量的新颖知识,正如调研中一位主管科技的高层所说,"每次碰面,他们总会给我们带来一些意想不到的信息、想法和概念,使我们很受启发"。这样看来,关系强度对于根本性创新的这种复杂影响在企业实践中还是很有可能同时存在的。高强度的网络关系使它们习以为常地认为先前合作伙伴是它们在全新领域合作的"最佳伙伴",增强了它们的搜索惰性,从而不利于根本性创新;而深化合作关系的知识交流在一定程度拓展了

---

①② 根据企业汇报材料及实地调研访谈记录整理。

焦点企业知识基础的广度和宽度，从而使其能够从更为广阔的视角识别和获取更多的新兴技术，进而开辟一个新的产业领域。因此，广东创新型企业在通过强化网络关系提升吸收能力进而促进渐进性创新的同时，还要注意在关系强度对于根本性创新的直接负面影响和间接正向作用中取得一种巧妙的平衡。

3. 网络中心性

（1）网络中心性与吸收能力。在本书中，焦点企业在外部创新网络的网络中心性对于它自身的整体吸收能力有着显著的正向影响，这说明焦点企业借助其高度的网络中心性，能够在其与外部创新伙伴的战略合作中占据主导地位，并利用这种位置优势获取和利用各种信息和知识，扩大自身的先验知识基础，进而增强企业的整体吸收能力。

本书的结论支持了 Galaskiewicz[294]（1979）、Van de Ven[295]（1986）、Burt[43]（1992）、Wasserman 和 Faust[245]（1994）、Rogers[39]（1995）、Powell 等[14]（1996）、Gulati[111]（1999）、Tsai[82]（2001）、Koka 和 Prescott[85]（2008）等的观点，即高度的网络中心性促使企业能够汇集网络中的各种创新资源并最先从中得知和获取网络中的前沿信息和关键知识，进而促进企业吸收能力的提高。与此同时，本书的实证结果也支持了一些实证研究的结论。如 Shan 等[256]（1994）对于美国生物技术企业的研究、Powell 等[14]（1996）对于生物技术企业的研究、刘璐[272]（2009）对于山东制造业企业的研究以及王志玮[231]（2010）对于不同省域地区企业的研究都显示企业占据网络中心位置能够带来更多的研发合作进而获取更多的外部知识并更好地促进组织学习；Eisenhardt[297]（1989）对 8 家高速微型计算机工业企业的经验研究以及 Atuahene-Gima 和 Murray[298]（2007）对于广东工业园区高新技术企业的研究肯定了网络中心的权利中心化对于获取价值建议的重要性；刘寿先[290]（2008）对于我国高新技术企业的研究、彭新敏[258]（2009）对于浙江制造业企业的研究也都证实了网络中心性对于企业获取和利用外部不同于现有知识基础的新颖性知识与部分重叠于现有知识基础的相似性知识具有积极促进作用。

（2）网络中心性与渐进性创新和根本性创新。在本书中，焦点企业的网络中心性对于渐进性创新和根本性创新的直接正向影响并不显著，但是网络中心性能够通过吸收能力的中介作用对渐进性创新和根本性创新产生正向影响，并且吸收能力在网络中心性对于渐进性创新和根本性创新的影响中发挥的是一种完全的中介作用。这些结论为本书提出的关系概念模型提供了一定的实证支持，焦点企业在外部创新网络中的网络嵌入性（网络中心性），通过特定的能力（吸收能力）间接作用于企业的竞争优势（渐进性创新与根本性创新）。同时，这些结论也表明，无论是开展渐进性创新还是根本性创新，广东创新型企业都需要拥有强大的吸收能力才能更好地利用它在外部创新网络中的核心地位获取各种好处。

在本研究的样本分析中网络中心性对于焦点企业渐进性创新和根本性创新的直接正向效应并不显著，但这并不意味着网络中心性无法影响渐进性创新和根本性创新，如上所述，通过吸收能力的中介作用仍可以积极推动企业的渐进性创新和根本性创新。而刘寿先[290]（2008）对于我国高新技术企业的研究同时证实了网络中心性对于渐进性创新和根本性创新正向直接效应的存在，并且还得出网络中心性还分别通过探索式学习（寻求新知识的学习）和利用式学习（基于现有知识的学习）正向影响渐进性创新和根本性创新。两者研究的差异也主要在于本书研究中介变量的定义和测量，本书将吸收能力作为一个整体性概念放入 SEM 模型，考虑了吸收能力不同组织学习过程的互补性，更有可能强化组织学习过程对网络中心性与渐进性创新和根本性创新关系的影响，因此，考虑了吸收能力这个中介变量后，网络中心性对于企业渐进性创新和根本性创新的直接影响作用可能就不显著了。

与此同时，本书的结论支持了 Soh 和 Roberts[260]（1998）、Nooteboom 和 Gilsing[94]（2004）、高展军和李垣[283]（2006）等提出的企业的网络中心地位能够带来更多现用性知识进而推动渐进性创新，但对于他们提出的高度网络中心性促使企业创新视野和创新合作对象选择受限而无法带来全新知识和能力，进而不利于根本性创新的观点并不支持。在企业利用其高度网络中心性获取的新信息和知识当中，既有推动企业渐进性创新的冗余性知识，也有推动根本性创新的完全不同于现有知识基础的全新知识和技能。此外，本书关于网络中心性通过吸收能力对于企业渐进性创新和根本性创新产生间接正向效应的实证结果还支持了其他一些实证研究的结论。如 Eisenhardt[297]（1989）对于高速微型计算机工业企业的研究显示权利集中化对于推动基于企业现有产品和技术基础的知识获取与利用进而提高决策效率及新品开发具有积极影响；Gilsing 和 Nooteboom[244]（2005）对于荷兰多媒体和生物技术产业的研究肯定了高度网络中心性对于利用型创新网络的重要性。

在实践调研中，我们也发现，广东创新型企业也正在努力提高自己在外部技术创新合作中的中心地位，它们并没有陷入"技术落后—技术引进—技术再次落后—技术再次引进"的陷阱，相反，它们始终坚持基于自身吸收能力和市场需求发展相结合的方式进行技术获取或开展技术创新合作以提高自主创新能力。以汕头超声仪器为例①，公司在自身吸收能力较弱的时候（尚未有技术中心，只有开

---

① 资料来自企业汇报材料及实地调研访谈。

发我国第一台 B 型超声诊断仪的相关技术知识和经验），强调以市场需求为导向，通过技术购买和战略并购的方式先后引进和消化吸收了日本日立医疗器械公司的黑白超技术及生产线、美国 ATL 公司彩色超技术及生产线，并经重新设计成功研制出本土化的黑白和彩色 B 超仪器产品。当时，这些新产品的技术已达国际先进水平，在国内处于领先地位，因而获得了良好的市场效果，产销量均列国内同行第一，成为国内 B 超仪器的主导产品。在上述技术战略合作中，尽管汕头超声仪器的原有技术水平相比国外较弱，但是它仍利用巨大的国内市场需求和灵活的谈判技巧，使自己在合作中处于相对有利的地位。经过这两次成功技术引进和消化吸收，汕头超声仪器的技术能力和吸收能力有了很大的提高（公司成立了技术中心，并被国家认定为企业技术中心和广东省重点工程技术研究开发中心），基本跟上世界同行的技术发展步伐，这也为其在后续技术创新合作占据主导地位提供了更为有利的条件。为了进一步探索医疗超声诊断仪器的开发，汕头超声仪器更加强化其在后续技术创新合作中的中心地位，坚持以自我技术和产品开发需求为主，与多家高等院校开展产学研合作。例如，公司为提高超声多普勒血流测量技术和图像处理技术水平，与清华大学生物医学工程系就"数字化 B 超中频谱多普勒部件的信号处理方法"进行合作；为优化超声探伤仪新产品，与哈尔滨工业大学控制科学与工程系合作开发基于 ARM 系列嵌入式计算机平台和 Linux 操作系统的多通道数字化超声探伤仪的关键技术；为进入超声介入诊断和治疗，与重庆医科大学进行超声换能器前沿技术的研发，先后成功开发了单阵元和多阵元的血管内探头及配套的仪器及软件，研发的经血管检查心脏疾病的微型相控阵探头及其配套仪器与软件已取得突破，正在试验中；为更好地利用高校医学超声成像软件设计资源和能力，与汕头大学共建以企业为主导的超声影像与医学信息处理研究室等。这样看来，企业在外部技术创新合作中的中心地位并不是与生俱来的；相反，它随着其企业的吸收能力和自主创新能力而不断提高。并且，这种中心地位能否给企业技术创新带来确实的好处，很大程度上依赖于企业的吸收能力。假如汕头超声仪器没有留住开发我国第一台 B 型超声诊断仪的核心科研人员，如姚锦钟、李德来等，公司可能就无法对国外引进技术进行全面的消化吸收和创造性改进，无法实现国外进口产品的本土化生产和新一轮的技术积累，从而陷入技术引进的怪圈。因此，企业吸收能力不仅像实证结果所阐明的那样，在网络中心性影响企业渐进性创新和根本性创新的过程中承担着完全的中介作用，它还有可能反过来提高企业在对外技术创新合作中的中心地位和影响力。

4. 吸收能力

（1）吸收能力与渐进性创新和根本性创新。在本书中，焦点企业的吸收能力对于其渐进性创新和根本性创新都具有显著的直接正向效应，这说明焦点企业的整体吸收能力越强，就能够更好地发挥自身优势，从网络环境中获取、整合和利用各种外部资源与知识进而推进企业的渐进性创新和根本性创新。研发经费支出、研发人员数量、研发投入强度是反映企业吸收能力的常用代理变量。2009年，广东188家创新型（试点）企业研发经费投入、研发人员数量和研发平台都明显增加，并且这些创新型企业研发经费支出占全省研发经费支出的比例高于全国创新型企业研发经费支出占全国研发经费支出总额的比重，而且广东这些创新型企业研发投入强度平均值远远高于全国创新型企业和大中型工业企业的研发强度平均值。这在一定程度上说明与全国创新型企业平均水平相比，广东创新型企业具有更高水平的吸收能力，这为它们在开放式创新环境下开展和推进渐进性创新和根本性创新提供了重要保证。

Rosenberg等[301]（1994）、Narin等[302]（1997）、Julien等[221]（2004）、Jantunen[303]（2005）、Uotila等[304]（2006）提出"高水平吸收能力能够增强知识获取的有效性，进而更好地促进企业的知识探索和知识利用活动"的观点在本书的样本分析中得到了检验和支持。类似地，本书的结论还支持了Cohen和Levinthal[32]（1990）、Van den Bosch等[137]（1999）、Zahra和George[126]（2002）、Liao等[139]（2003）、Holmqvist[300]（2004）等提出或隐含的观点，即吸收能力能够增强企业知识架构的利用性和探索性适应，进而促进企业的渐进性创新和根本性创新。

与此同时，本书研究的实证结果还支持了一些实证研究的结论。如Cockburn和Henderson[161]（1998）对于全球十大制药企业的研究肯定了吸收能力对于了解和获取推动根本性技术变革的基础科学研究成果的重要性；Gilsing等[223]（2008）对化工、汽车和医药产业企业联盟的研究显示吸收能力能够整合获取新颖知识进而促进企业的探索性创新；Rothaermel和Deed[250]（2004）对美国生物技术企业联盟的研究证实了不同类型的组织学习在根本性创新过程的重要作用；而王志玮[231]（2010）对于不同省域地区企业的研究、潘松挺[286]（2009）对于我国长三角洲企业的研究则证实了吸收能力的组织学习过程或知识处理维度对于渐进性创新和根本性创新的积极影响。

（2）吸收能力的组成及中介作用。本书研究通过高阶因子分析，实证检验了企业吸收能力的基本组成，即基于吸收能力的探索式学习包括企业对外部知识的识别和消化/吸收、基于吸收能力的转换式学习包括企业对外部获取知识的保养和激活、基于吸收能力的利用式学习包括企业对外部获取知识的转化和应用，这与Lichtenthaler[127]（2009）对于德国大中型企业的实证研究相一致，支持了Cohen和Levinthal[32,131,132]（1989，1990，1994）、Jansen等[172]（2005）、Lane

等[130]（2006）学者提出的企业吸收能力具有多维性质的观点。此外，这一结论也说明了企业吸收能力是一个含有三阶维度的复杂概念，即描述知识处理功能的一阶因子与描述组织学习过程的二阶因子存在递归关系，并且三个二阶因子还可以收敛为一个更为高阶的因子即企业吸收能力。

与此同时，企业吸收能力在外部创新网络对于渐进性创新和根本性创新的影响中还发挥着重要的中介效应，刻画以广东创新型企业为中心的外部创新网络特征的网络规模、关系强度以及网络中心性都会通过吸收能力促进企业的渐进性创新和根本性创新。所不同的是，在网络规模和关系强度对于企业渐进性创新以及网络中心性对于渐进性创新和根本性创新的影响中，企业吸收能力发挥的是完全的中介效应，而在网络规模和关系强度对于企业根本性创新的影响中，企业吸收能力起部分中介作用。本书对于吸收能力中介效应的检验也肯定了企业吸收能力在网络化创新中的重要地位和作用，在一定程度上支持了 Tsai[82]（2001）、Zahra 和 George[126]（2002）、Lichtenthaler[127]（2009）等学者提出的"吸收能力是组织间竞争优势的主要来源"的观点，企业吸收能力的水平高低很大程度上决定了企业网络化创新的成功与否和获益程度[23,24]。

从调研的企业来看，大多数研发管理人员都谈到了企业研发人员和研发平台如何获取和利用外部信息和知识，并认为这些过程（吸收能力）对于企业渐进性创新和根本性创新具有重要价值。广州海格通信对于正在筹建的研究开发院给予了很高的定位。他们认为，研发开发院对外作为海格技术体制的顶层，将代表公司积极探索各种新的产学研合作模式；对内作为企业运作的旗舰，将对集团各产品线专业技术储备、能力积累、核心技术突破负责①。这样的功能定位把企业的内部研发能力和外部知识获取行为联系起来，基本上包含了企业吸收能力的三种组织学习过程。而在汕头超声仪器公司的发展历史中，我们发现了初期创业的 200 多名专业技术人员对于公司技术创新的重要性。这些专业技术人员不仅懂得产品开发，又擅长市场开发，是公司早期技术能力和吸收能力的基础。公司早期依靠这些专业技术人员在 1983 年成功研制出了我国第一台 B 型超声诊断仪，并在后来几年结合技术引进任务消化吸收了日本日立的黑白超技术及生产线，并成功研制出了 CTS-200、CTS-240、CTS-305、CTS-310 型系列线阵、凸阵、扇扫黑白超声显像诊断仪新产品②。这样看来，研发人员和研发平台是企业吸收能力在创新实践中的重要载体，企业通过研发人员和研发平台开展各种探索式学习、转换式学习和利用式学习，进而推动企业的渐进性创新和根本性创新。

---

①② 资料来自企业汇报材料及实地调研访谈。

本章小结

本章为概念模型的分析、检验和讨论部分。检验方法包括探索性因子分析、信度分析、验证性因子分析以及 SEM 模型检验。通过应用 SPSS 15.0 和 AMOS 7.0 软件进行数据分析,结果显示,调查问卷的测量项目具有一定的效度和信度,对于关系强度、吸收能力测量模型的高阶因子分析支持了关系强度和吸收能力作为高阶因子存在的合理性,而整体测量模型也具有较好的整体拟合度和内在结构适配度。在此基础上,本章采用 SEM 模型对概念模型进行了拟合与检验。结果显示,模型与数据的拟合程度良好,研究假设中的 20 条假设在样本数据分析后有 12 条通过检验,有 1 条假设得到部分支持,基于过程视角的企业吸收能力对于网络规模、关系强度和网络中心性与企业渐进性创新和根本性创新关系的中介效应也得到了检验。此外,在数据分析与研究的基础上,本章还对研究结果进行了总结与讨论,并与国内外学者的相关研究结论和笔者的实地调研发现进行了比较和讨论。

第6章

拓展研究：吸收能力的影响来源及环境变量的调节

根据第3章的理论分析和第5章的实证检验，本书逐渐打开了以焦点企业为中心的外部创新网络的不同特征属性对渐进性创新和根本性创新影响机制的黑箱，验证了企业整体吸收能力在其中的重要地位和作用。随着组织学习理论的发展，学者开始注意到不同组织学习类型在推动企业技术创新过程中的平衡和互补性，以及重要情景因素对于不同组织学习类型发挥作用的影响。因此本章在验证企业整体吸收能力对于渐进性创新和根本性创新重要促进作用的基础上，进一步探究这种作用的具体来源，以及环境变量在其中的调节作用。

6.1 理论分析与研究假设

基于过程视角的吸收能力观点认为，企业先前的相关知识存量构成了三种不同组织学习的知识基础[130]。Song等[147]（2005）、Lane等[130]（2006）指出，互补的技术知识和市场知识在组织学习过程中相互协同，可能促进企业创新和绩效的提高。关于内部创新的研究也发现，由于资源在组织内部的有限性，企业需要注意探索式学习和利用式学习的平衡关系[343,344]。随着组织网络化的理论发展和研究视角的拓宽，组织学习的边界也开始从内部延伸到外部，并且，越来越多的网络和组织学习研究学者如Zollo和Winter[345]（2002）、Katila和Ahuja[144]（2002）、Gupta等[347]（2006）以及我国学者朱朝晖[336]（2007）、彭新敏[258]（2009）等也意识到，组织学习中的探索和利用并不是一种对立的或竞争性的关系，而可能是一种正交关系，甚至是互补关系。但是现有研究关于组织学习过程的观点和洞见具有局限性，它们只关注了组织学习过程中的探索和利用方面，而很少实证研究基于吸收能力的组织学习过程以及它们之间的互补性对于企业创新的影响。

一个企业的创新过程总是嵌入在特定的环境情景当中[142,348]。外部环境的动荡变化对于企业创新的关键影响在于它改变了企业原先获取竞争优势的技术和能力基础，即外部技术和市场环境的动荡变化可能促使企业原先富有竞争力的产品变得过时，可能促使企业先前赖以生存和发展的知识基础完全失效，从而对于企业的技术创新活动提出新的挑战和要求。由第5章实证研究的分析结果可知，吸收能力对于企业渐进性创新和根本性创新具有显著的直接正向影响，而Eisenhardt和Martin[124]（2000）指出，环境变量对于分析企业吸收能力的影响效应相当重要。Song等[147]（2005）、Helfat等[349]（2007）的研究发现，环境动荡性增加了因果模糊性，降低了竞争对手模仿企业能力的可能性，从而有助于企业利用动态能力维持更多的创新产出和保持持续的卓越绩效；然而，Leonard-Barton[120]（1992）却认为，在动荡的环境中企业核心能力由于组织惯性的牵引作用将大大增加创新失败的概率，并对组织绩效产生负向的影响。因此，在不同动荡程度的环境条件下，作为一种动态能力，企业吸收能力可能具有不同的价值，它产生的影响效应可能显著不同，但是在先前吸收能力的研究中却较少关注这种环境条件的影响。基于上述分析，本章将进一步详细分析基于吸收能力的探索式学习、转换式学习和利用式学习及其互补效应对于渐进性创新与根本性创新的影响，以及技术动荡性和市场动荡性在其中的调节作用。

6.1.1　基于吸收能力的探索式学习

根据March[350]（1991）、Garud和Nayyar[249]（1994）等的研究可知，探索式学习对于企业重构原有知识基础是必不可少的。由于组织资源的有限性，企业不可能只通过内部力量开发所有的技术和市场，它总是需要积极从外部获取相关知识[128]。高水平的探索式学习，一方面有助于企业利用先发优势，基于主流用户对于产品性能或服务质量的改进需求识别出有价值的外部技术知识，并将其分解成企业内部员工可以消化吸收的知识成分以用于生产流程的完善和现有产品的改良；另一方面高水平的探索式学习能够将外部知识获取和内部研发有机结合起来，促使企业可以从外部得到自己需要但自己又不能提供的稀缺资源，从而限制单一内部研发的负面作用和保持战略的灵活性，避免企业遭受锁定挤出效应（lock-out effects）和落入能力陷阱（competency traps）[120,126,127]，进而有利于开展不同于现有技术和知识基础的创新。因此，在第3章研究假设分析和第5章实证研究成果的基础上，本章进一步提出以下研究假设。

H8a　基于吸收能力的探索式学习对企业渐进性创新具有直接的正向影响。

H8b 基于吸收能力的探索式学习对企业根本性创新具有直接的正向影响。

动态能力的理论逻辑暗示了探索式学习在动荡环境中的重要地位和作用[103,124]。通过探索式学习，企业能够推进不同于现有技术和市场的创新，并利用不断变化的环境条件创造出更多的新颖产品和服务，去满足现有和潜在的市场需求[142,348,351]。在新技术层出不穷、市场需求快速变化的行业中，基于吸收能力的探索式学习具有更为重要的意义[25,352]。因为此时企业更倾向广泛、深入地寻求外部合作以获取关键知识来源，而不仅仅依靠企业内部的资源，这强化了企业对于探索式学习的需求力度，即从外部合作网络中获取更多促进渐进性创新和根本性创新的信息和知识，以弥补内部研发能力的不足。因此，我们认为，在动荡环境下高水平的探索式学习对于企业的渐进性创新和根本性创新具有强有力的积极促进作用；而在相对稳定的环境下这种正向影响并不那么强烈，因为此时企业完全可以依赖其优势位置从现有技术和市场中获取最大价值。基于此，提出以下研究假设。

H8c 技术动荡性和市场动荡性正向调节基于吸收能力的探索式学习对于企业渐进性创新的影响。

H8d 技术动荡性和市场动荡性正向调节基于吸收能力的探索式学习对于企业根本性创新的影响。

6.1.2 基于吸收能力的转换式学习

基于吸收能力的转换式学习对于企业开展渐进性创新和根本性创新也是必不可少的。Garud 和 Nayyar[249]（1994）认为企业定期维护内部开发技术的能力即转换能力对于企业保持活力非常重要。这种转换能力必须完成三项工作任务，包括技术的选择、这些技术的定期保养（maintain），以及通过持续技术开发活动对这些技术的重新激活（reactive）和综合化（synthesize）。March[350]（1991）、Argote 等[143]（2003）、Rothaermel 和 Deeds[250]（2004）、Lane 等[130]（2006）学者的研究也指出，企业仅仅依靠探索式学习和利用式学习不足以维持持续的创新和卓越的绩效，因为消化吸收后的知识有时需要等到若干年后才有可能最终应用于新产品当中。高水平的转化式学习通过维系一个较为厚实的知识基础（包含技术知识和市场知识），不断将外部多样化知识纳入企业内部知识库，使其可灵活适应环境变化或避免核心能力刚性化[103]；与此同时，高水平的转换式学习还通过经验将积累和更新的知识再次内部化并转换成一种可用的形式[353]，使之能够在随后的利用式学习中被随时调用，从而创造出更多的新知识和新产品。基于此，在第 3 章研究假设分析和第 5 章实证研究成果的基础上，进一步提出以下研究假设。

H9a 基于吸收能力的转换式学习对企业渐进性创新具有直接的正向影响。

H9b 基于吸收能力的转换式学习对企业根本性创新具有直接的正向影响。

先前的一些研究已经强调了转换式学习在动荡环境中的重要性。Cohen 和 Levinthal[32]（1990）的早期研究认为，企业存储的先验知识促进了它对外部新颖知识的获取，这些知识在动荡环境中具有特别重要的意义和价值。因为它们都有可能为企业渐进性创新和根本性创新提供新的思路与深刻洞见。Garud 和 Nayyar[249]（1994）、Marsh 和 Stock[248]（2006）等学者指出，在高度动荡的环境下，仅仅强调外部知识的获取是不足够的，因为这种高度的环境动荡性还提出了相当大的知识存储和维护挑战。尽管新技术的频繁更替和新市场的不断涌现可能会降低企业的知识存储和维护需求，但是技术和市场的新发展总会遵循一定的规律，其中涉及的新知识也总是来源于不断累积的现有知识基础[146,152]。换句话说，技术和市场发展的路径依赖性促使包含知识保养和激活过程的转换式学习在动荡环境中变得越来越为重要，它需要企业维系一个庞大的动态知识基础用于联想技术和市场在高度动荡环境中的可能发展空间和范围。因此，我们认为，吸收能力中的转换式学习在高度动荡的环境下能够发挥强有力的正向影响，而在稳定环境下这种积极效应可能有所下降，因为环境的稳定性制约了企业获取外部知识的需求和知识创造的速度。基于此，提出以下研究假设。

H9c 技术动荡性和市场动荡性正向调节基于吸收能力的转换式学习对企业渐进性创新的影响。

H9d 技术动荡性和市场动荡性正向调节基于吸收能力的转换式学习对企业根本性创新的影响。

6.1.3 基于吸收能力的利用式学习

根据 Lenox 和 King[247]（2004）、Rothaermel 和 Deeds[250]（2004）、Lane 等[130]（2006）等学者的研究，基于吸收能力的利用式学习主要强调技术知识和市场需求的相互匹配以及知识在产品或服务中的应用。显然，这种利用式学习是与企业的渐进性创新和根本性创新直接联系在一起的，它很大程度上决定了哪些消化后的知识将在何时被转化成全新或改进的产品和服务。Zahra 和 George[126]（2002）指出，通过高水平的利用式学习，企业将消化吸收后的知识应用于创新过程进而获取更为优异的绩效。March[350]（1991）、Todorova 和 Durisin[141]（2007）等学者进一步指出，利用式学习通过对外部获取知识的转化和应用，还可以降低过度依赖内部知识利用所带来的潜在负面影响，进而增加创新成功的概率。因此，高水平的利用式学习有利于企业将技术知识和市场需求匹配起来,并通过基于顾客导向的新旧知识的整合推动知识创造和应用,从而提高企业渐进性创新和根本性创新的可能性。基于此,在第3章研究假设分析和第5章实证研究成果的基础上,进一步提出以下研究假设。

H10a 基于吸收能力的利用式学习对企业渐进性创新具有直接的正向影响。

H10b 基于吸收能力的利用式学习对企业根本性创新具有直接的正向影响。

Levinthal和March[142](1993)、Tushman和O'Reilly[344](1996)以及Jansen等[348](2006)学者的研究显示,在快速变化的动荡环境下,高水平的内部利用式学习可能导致企业过度强调现有技术和市场,进而对其绩效产生负面影响。但是这种观点对于基于吸收能力的利用式学习来说并不适用,因为它通过引入外部知识拓展了内部知识基础,开发出新的知觉图式(perceptual schemata),使那些原本显著不相协调的信息和知识能够在新的认知框架下得以理解、整合和应用,从而降低了组织惯性在高度动荡环境中所带来的危险[172,252]。并且,当利用式学习对于企业从消化吸收的知识中获利具有决定性作用的时候,它在动荡环境中的重要性很有可能增加,因为此时企业更需要及时获取和吸收各种外部资源、信息和知识来推进获利进程,以降低环境高度动荡所带来的不确定性影响[128]。因此,在高度动荡的变化环境下,基于吸收能力的利用式学习对于企业渐进性创新和根本性创新的正向影响将会增加。基于此,提出以下研究假设。

H10c 技术动荡性和市场动荡性正向调节基于吸收能力的利用式学习对企业渐进性创新的影响。

H10d 技术动荡性和市场动荡性正向调节基于吸收能力的利用式学习对企业根本性创新的影响。

6.1.4 三种组织学习过程的互补性

第5章的实证分析表明,包含知识识别和消化或吸收过程的探索式学习、包含知识保养和激活过程的转换式学习以及包含知识转化和应用的利用式学习是企业吸收能力的基本成分,并且企业吸收能力作为不同组织学习过程的高阶因子对于企业渐进性创新和根本性创新具有显著的正向影响,这暗含了基于吸收能力的探索式学习、转换式学习和利用式学习以及它们之间的交互作用所带来的影响,但尚未证实。

Lane等[130](2006)、Lichtenthaler[127](2009)等认为,基于吸收能力的三种组织学习过程在利用外部知识方面具有不同的功能和地位。在探索式学习中,先前的技术知识发挥了更为重要的作用,因为企业通常拥有足够的市场知识,并总是基于特定应用需要获取外部技术知识；相反，在利用式学习中，市场知识是必不可少的，因为在这个阶段中企业需要为消化后的技术知识寻找新的市场应用；而在转换式学习中，技术和市场知识同等重要，因为企业知识的定期维系依赖于先前的技术和市场知识。显然，这三种组织学习过程的发展路径都涉及先前的技术知识和市场知识，但它们的侧重点不一样，这为它们之间的互补效应提供了基础条件。

由于依赖知识基础的相似性，这三种组织学习过程能够相互联系和相互支持，增强彼此之间的互补性。由于组织资源的有限性，这种互补性更多地体现为资源分配在这三种组织学习过程中的巧妙平衡，从而能够有效抑制过度发展单一组织学习过程的负面影响，从而保证三种组织学习过程的高水平发挥。互补性理论强调通过资源整合产生额外的价值[354]。同样，基于吸收能力的三种组织学习过程之间的互补性也能够给企业带来额外的收益，它们联合作用所获取的收益要高于三者独立使用所得到的收益之和[147,355]。Lane 等[130]（2006）、Zahra 和 George[126]（2002）、Katila 和 Ahuja[144]（2002）、Nerkar[356]（2003）等学者的研究也发现，这三种组织学习不仅可以同时存在，而且相互联系、相互依赖，并且任何一种组织学习对于企业创新和绩效的影响都要依赖于其他两种组织学习过程。Lichtenthaler[127]（2009）进一步指出，这三种组织学习过程对于企业创新和绩效的影响至少有部分是通过它们在吸收能力中的互补效应实现的。因此，我们认为，吸收能力的三种组织学习过程存在互补性，并且这种互补性能够产生协同效应促进企业创新产出和提高组织绩效。基于此，进一步提出以下研究假设。

H11a 基于吸收能力的探索式学习、转换式学习和利用式学习的互补性对企业渐进性创新具有直接的正向影响。

H11b 基于吸收能力的探索式学习、转换式学习和利用式学习的互补性对企业根本性创新具有直接的正向影响。

基于动态能力的观点，在高度动荡的环境中，企业吸收能力的价值和重要性可能不断增加，因为这种环境条件增加了信息和知识传递的因果模糊性，从而降低了竞争对手模仿企业互补性学习过程的可能性[103,147,349]。并且，由于三种组织学习过程互补效应的存在，企业能够将外部信息和知识及时地传递到组织内部，从而拓展和更新企业的知识基础，进而限制组织惯性在动荡环境中所带来的负面影响[148]。这样，这三种组织学习过程互补性所形成的协同效应在动荡环境下可能给企业带来更多的好处和优势。因此，我们认为，除了独自影响吸收能力的三种组织学习过程外，环境动荡性很有可能增加这些组织学习过程交互作用对于企业渐进性创新和根本性创新的正向影响。基于此，提出以下研究假设。

H11c 技术动荡性和市场动荡性正向调节吸收能力对企业渐进性创新的

影响。

H11d 技术动荡性和市场动荡性正向调节吸收能力对企业根本性创新的影响。

6.2 变量测量与分析方法

在第5章研究成果的基础上开展更为具体、更为深层次的验证分析与讨论，即通过实证研究检验基于吸收能力的组织学习过程及其互补性对渐进性创新和根本性创新的影响，以及技术动荡性和市场动荡性在其中的调节作用。本章研究采用企业问卷调查的方式进行数据收集，研究对象、问卷设计与数据收集方法与4.1节、4.3节和4.4节所述相同，此处不再赘述。

本章将吸收能力及其基本组成（基于吸收能力的探索式学习、转换式学习和利用式学习）分别作为解释变量，深层次探讨它们对被解释变量渐进性创新和根本性创新的作用机理，并通过交互效应分析，检验基于吸收能力的探索式学习、转换式学习和利用式学习的互补效应。上述变量的测度方法、效度与信度分析已在4.5节和5.2节论述，故此处也不再赘述。下面分别将知识识别与知识消化的测量题项、知识保养与知识激活的测量题项以及知识转化与知识利用的测量题项分别进行加总并取平均值，然后用这三组平均值直接作为基于吸收能力的探索式学习、转换式学习和利用式学习三个变量的样本值，而将吸收能力知识处理维度所有测量题项的平均值直接作为吸收能力变量的样本值[127]。

调节变量和控制变量是本章研究模型引入的两个变量。调节变量为技术环境动荡性和市场环境动荡性，控制变量包括企业规模、企业年龄和企业行业属性，以下将对这些变量的测度进行详细说明。

6.2.1 变量测量

1. 调节变量

调节变量为环境动荡性（environmental turbulence），在本书中，它具体是指企业技术创新过程中所面临的产品市场和技术环境变化的动荡程度，包括技术环境动荡性（technological turbulence）和市场环境动荡性（market turbulence）两个方面，简称技术动荡性和市场动荡性[357,358]。

参考 Jaworski 和 Kohli[173]（1993）、Achrol 和 Kotler[359]（1999）、Joshi 和

Campbell[360]（2003）、Sethi 和 Iqbal[361]（2008）、Lichtenthaler[127]（2009）等的研究，本书对技术动荡性和市场动荡性进行操作化定义与测量。技术动荡性是指新产品技术发展的变化程度[173]，可通过 5 个题项进行测量：①公司所处行业的技术正在快速变化；②公司所处行业的技术变化相当微小（反向测题）；③技术变动为公司所处行业发展提供了巨大的机会；④很难预测公司所处行业未来五年的技术进步情况；⑤公司所处行业的大量新产品通过技术突破产生。

市场动荡性是指顾客组成与顾客偏好的变化程度[173]，可通过 4 个题项加以测量：①在公司所处行业，顾客很容易接受新产品（想法）；②在公司业务领域，顾客偏好变化比较快；③公司新顾客具有不同于现有顾客的产品需求倾向；④不管过去还是现在，我们服务的顾客大致一样（反向测题）。以上所有题项均采用李科特 7 点量表法进行测量。

2. 控制变量

控制变量可能会对被解释变量（渐进性创新和根本性创新）产生影响。企业规模可能影响创新强度和创新产出，因为大中型企业通常拥有更好的创新知识基础和更多的创新资源[127,362]；同样，企业年龄也总是与企业的行业经验和知识积累相关联，企业的成立时间越长，它们就有更多的时间和精力用于产品开发，从而产生更多的创新成果。另外，企业所属的行业领域不同，其所需要的知识基础和要求往往存在差异，因为在知识和技术密集的产业领域，企业往往具有不同的知识战略和技术创新战略[363]，这可能影响其组织学习和技术创新。

结合前人的相关研究，在本书中将企业规模、企业年龄和企业行业属性作为控制变量。对于这些控制变量的测量，用企业员工人数的自然对数作为企业规模的代理变量；用企业成立年份到 2011 年为止所经历的年数作为企业年龄；而通过设置虚拟变量测量企业行业属性，将信息技术、电信、生物、制药、新材料、新能源等行业作为技术密集型产业，当企业属于这些产业时，赋值为 1；将农业、化工、纺织等行业归入传统产业，当企业属于这些产业时，赋值为 0。

6.2.2 分析方法

本书将对以问卷调查方式所收集到的数据，进行效度与信度检验、相关分析、多元线性回归等分析工作。本书所使用的分析软件为 SPSS 15.0。

（1）效度和信度检验。应用 SPSS 15.0 对技术动荡性和市场动荡性进行效度和信度检验。效度和信度检验的具体方法和判别标准见 5.2.1 节和 5.2.2 节，此处不再赘述。

(2) 相关分析。相关分析是研究变量之间关系紧密程度的一种统计方法，在统计分析中通过利用相关系数定量地描述两个变量之间线性关系的紧密程度[364]。本书采用 Pearson 相关系数分析变量之间的线性关系情况。

(3) 多元线性回归分析。多元线性回归可用来研究一个被解释变量与多个解释变量之间的线性统计关系[314]。本书应用统计软件 SPSS 15.0 通过多元线性回归分析检验吸收能力、吸收能力中组织学习过程及其互补性与渐进性创新和根本性创新之间的关系，并探析技术动荡性和市场动荡性在其中的调节作用。

6.3 效度与信度检验

6.3.1 探索性因子分析

应用 SPSS 15.0 对环境动荡性测量题项进行探索性因子分析。通过 KMO 与 Barlett 检验，KMO 值为 0.691，Barlett 球形检验 Chi-Square 值为 400.439（自由度 36）达到显著，表明相关矩阵间有共同因素存在，勉强可以进行因子分析。

因子分析结果得到三个因子结构（表 6-1），各项的因子载荷均为 0.6 以上，该因子解释了总方差的 64.387%，该部分量表的检验可以通过。

表 6-1　　技术动荡性和市场动荡性测量题项的因子载荷

代码	题项（简写）	因子 1	因子 2	因子 3
TET2	公司所处行业的技术变化相当微小（反）	0.850	-0.049	0.130
TET1	公司所处行业的技术正在快速变化	0.834	0.090	0.038
TET3	技术变动为公司所处行业发展提供了巨大的机会	0.798	0.137	-0.073
TET5	很难预测公司所处行业未来五年的技术进步情况	0.679	0.181	0.030
MET2	在公司业务领域，顾客偏好变化比较快	0.123	0.810	0.221
MET3	公司新顾客具有不同于现有顾客的产品需求倾向	-0.004	0.805	0.277
MET1	在公司所处行业，顾客很容易接受新产品（想法）	0.216	0.754	-0.248
TET4	公司所处行业的大量新产品通过技术突破产生	-0.070	0.099	0.766
MET4	不管过去还是现在，我们服务的顾客大致一样（反）	0.144	0.071	0.668

6.3.2 信度分析

由表 6-2 可以看出，题项 TET4、MET1 和 MET4 的 CITC 小于 0.4 外，其余

题项的 CITC 都为 0.416 以上，量表的 Cronbach Alpha 值为 0.698，这表明量表的信度一般，应考虑修订量表或增删题项。

从表 6-2 中还可以看出，删除题项 TET4 和 MET4 后，量表的 Cronbach Alpha 值提高，而删除题项 MET1 后量表的 Cronbach Alpha 值降低。因此根据吴明隆[311]（2010）的观点（见 5.2.2 节），删除题项 TET4 和 MET4，重新进行探索性因子分析和信度分析。结果见表 6-3 和表 6-4，KMO 由 0.691 提高到 0.725，Barlett 球形检验 Chi-Square 值为 360.663（自由度 21）达到显著，可以进行因子分析。因子分析结果得到两个因子结构，各项的因子载荷均为 0.686 以上，共解释了总方差的 64.956%；同时，删除题项 TET4 和 MET4 后，量表各题项的 CITC 都大于 0.354，且 Cronbach Alpha 值由 0.698 变为 0.749。由此可见，调整之后，量表具有较好的效度和信度。因此下面可将技术动荡性和市场动荡性的测量题项分别进行简单平均，然后用各平均值作为变量的样本值代入回归模型进行后续分析。

表 6-2　　　　　　　技术动荡性和市场动荡性的信度检验

构面名称	题项	CITC	题项删除后的 Cronbach Alpha 值	量表的 Cronbach Alpha 值
技术动荡性（TET）	TET1	0.487	0.652	0.698
	TET2	0.447	0.658	
	TET3	0.461	0.658	
	TET4	0.122	0.723	
	TET5	0.441	0.660	
市场动荡性（MET）	MET1	0.367	0.673	0.698
	MET2	0.489	0.647	
	MET3	0.416	0.663	
	MET4	0.211	0.709	

表 6-3　量表调整后技术动荡性和市场动荡性测量题项的描述性统计和因子载荷

代码	描述性统计分析		因子 1	因子 2
	均值	标准差	技术动荡性	市场动荡性
TET2	5.751 6	1.360 29	0.850	-0.016
TET1	5.795 0	1.304 41	0.836	0.109
TET3	5.832 3	1.241 15	0.790	0.130

续表

代码	描述性统计分析		因子1	因子2
	均值	标准差	技术动荡性	市场动荡性
TET5	5.565 2	1.345 28	0.686	0.180
MET3	4.304 3	1.524 97	-0.018	0.849
MET2	4.012 4	1.561 20	0.120	0.842
MET1	4.857 1	1.426 78	0.209	0.693

表6-4　量表调整后技术动荡性和市场动荡性的信度检验

构面名称	题项	CITC	题项删除后的Cronbach Alpha值	量表的Cronbach Alpha值
技术动荡性（TET）	TET1	0.557	0.700	0.749
	TET2	0.470	0.717	
	TET3	0.529	0.707	
	TET5	0.475	0.716	
市场动荡性（MET）	MET1	0.434	0.726	
	MET2	0.462	0.720	
	MET3	0.354	0.745	

6.4　模型分析与假设检验

多元线性回归分析（multiple linear regression analysis）是一种用于描述、解释或预测多个解释变量和一个被解释变量之间线性关系的统计工具。多元回归分析中选取预测变量进入回归方程式的方法很多，对于哪种方法最好，学者间的观点未尽一致，选取方法应与研究设计和研究规划密切联系[311]。本章分析主要探究整体吸收能力及其组成成分、环境动荡性以及它们之间的交互效应对于渐进性创新和根本性创新的影响，选入回归模型的解释变量通过相关理论文献和研究需要确定，因此选择阶层多元回归方法（hierarchical multiple regression），将自变量分成不同区组（阶层）投入回归方程。同时，为了保证正确使用多元线性回归模型并得出科学结论，需要检验回归模型是否存在多重共线性、序列自相关和异方差三大问题[314]。本书通过方差膨胀因子（variance inflation factor，VIF）指数判断多重共线性问题；通过Durbin-Watson值（DW值）来判断序列相关问题；

通过回归模型的残差项的散点图判断异方差问题。一般来说，当 0 < VIF < 10，可认为回归模型不存在多重共线性；当 DW 值为 1.5~2.5，一般可认为回归模型不存在序列自相关问题；而当以标准化的预测值（standardized predicted values）为横轴数据和以标准化的残差值（standardized residual）为纵轴数据构成的残差散点图呈现无序状态，则可认为回归模型不存在异方差问题。为了减少回归方程中变量间的多重共线性问题，将基于吸收能力的探索式学习、转换式学习和利用式学习以及技术动荡性和市场动荡性进行中心化处理（mean-centered），并利用中心化处理后的这些变量构造 12 个交互项，已备回归分析之用[127,239]。

6.4.1 相关分析

变量间存在相关关系是进行回归分析的前提[25]。表 6-5 给出了回归模型涉及的所有变量之间的 Pearson 相关系数以及它们的显著性情况。解释变量吸收能力及其基本组成（探索式学习、转换式学习和利用式学习）都分别与被解释变量渐进性创新和根本性创新有显著的正向相关性，调节变量技术动荡性和市场动荡性也与解释变量和/或被解释变量存在显著相关关系，这初步预验证了本章的研究假设，同时也为下面回归分析方法的进一步应用提供依据。

表 6-5　描述性统计分析及各变量间的 Pearson 相关系数

变量	均值	标准差	1	2	3	4	5	6	7	8	9	10
企业规模	6.46	1.24										
企业年龄	17.60	10.247	0.06									
产业类型	0.61	0.488	0.06	-0.10								
探索式学习	5.44	0.748	0.30**	0.03	0.12							
转换式学习	5.57	0.915	0.31**	-0.11	0.20*	0.55**						
利用式学习	5.84	0.789	0.19**	-0.09	-0.00	0.53**	0.55**					
吸收能力	5.72	0.71	0.28**	-0.07	0.11	0.72**	0.84**	0.84**				
技术动荡性	5.74	1.049	0.12	-0.11	0.27**	0.41**	0.31**	0.30**	0.37**			
市场动荡性	4.39	1.212	0.06	-0.13*	-0.08	0.14	0.05	0.08	0.10	0.25**		
渐进性创新	6.42	0.625	0.16*	0.07	-0.03	0.51**	0.31**	0.43**	0.47**	0.22**	-0.06	
根本性创新	5.71	0.803	0.08	-0.05	-0.07	0.47**	0.36**	0.50**	0.54**	0.28**	0.17*	0.29**

注："*"表示 $P < 0.05$；"**"表示 $P < 0.01$。

6.4.2 回归分析

回归模型只有不存在多重共线性、序列自相关和异方差三大问题时，其回归结果才具有稳定性和可靠性[314]。本书中控制变量、解释变量以及调节变量与被解释变量之间关系的回归模型的检验结果显示，各回归模型的方差膨胀因子（VIF）为 1.007~2.528，DW 值为 1.712~1.989，且各模型以标准化预测值为横轴数据和以标准化残差值为纵轴数据构成的残差散点图均呈随机分布状态。因此可认为本书各回归模型不存在多重共线性、序列自相关和异方差的问题，回归结果可作进一步分析。表 6-6~表 6-9 分别汇总了以渐进性创新和根本性创新为被解释变量的回归模型的运行结果。其中，解释变量包括整体吸收能力或基于吸收能力的探索式学习、转换式学习和利用式学习，回归系数为标准化系数。

1. 基于吸收能力的组织学习过程及其互补效应的回归结果分析

接下来，在第 5 章验证整体吸收能力对渐进性创新和根本性创新具有显著正向影响的情况下，通过多元线性回归来进一步分析基于吸收能力的探索式学习、转换式学习和利用式学习以及它们之间交互作用对渐进性创新和根本性创新的影响作用，以分解出整体吸收能力对渐进性创新和根本性创新产生正向影响的具体来源。

（1）基于吸收能力的组织学习过程及其交互项对渐进性创新的影响作用。本书通过 4 个多元回归模型来验证基于吸收能力的探索式学习、转换式学习和利用式学习以及它们之间的交互作用对企业渐进性创新的影响，各模型的回归分析结果见表 6-6。模型 I1 用于检验控制变量对渐进性创新的影响，从表中可以看出仅以企业规模、企业年龄和产业类型作为解释变量的模型对于企业渐进性创新变异的解释力很弱（$R^2=0.019$），且各变量的标准化回归系数分别为 0.131、0.029 和 0.026，均未通过显著性检验。模型 I1 的回归结果为解释变量主效应的检验提供了对比。模型 I2 在控制变量的基础上加入基于吸收能力的探索式学习、转换式学习和利用式学习三个解释变量，在不考虑交互作用的情况下检验基于吸收能力的探索式学习、转换式学习和利用式学习对企业渐进性创新的影响。模型 I3 在模型 I2 的基础上又加入基于吸收能力的探索式学习、转换式学习和利用式学习之间的二重交互变量，模型 I4 在模型 I3 的基础上再加入基于吸收能力的探索式学习、转换式学习和利用式学习之间的三重交互变量，这两个模型用于检验这三种组织学习过程之间交互作用对企业渐进性创新的影响。另外，模型 I8 在模型 I1 的基础上将吸收能力作为探索式学习、转换式学习和利用式学习三者的高阶因子引入回归模型，检验三种组织学习过程作为一个整体对企业渐进性创新的影响。

由表 6-6 可以看出，与模型 I1 相比，模型 I2 的 R^2 值有显著意义的提高（$\Delta R^2 = 0.210$，$\Delta F = 13.950^{***}$），这表明吸收能力的三种组织学习过程对企业渐进性创新具有重要的解释作用。其中，探索式学习和利用式学习的标准化回归系数为 0.315 和 0.288，均在 $P < 0.01$ 水平上达到显著，这意味着基于吸收能力的探索式学习和利用式学习对于企业渐进性创新具有显著的正向影响，并且这种显著性影响在模型 I3～模型 I7 中也得到支持，因而假设 H8a 和 H10a 通过检验；而转换式学习的标准化回归系数为 -0.095，未通过显著性检验，这意味着从本书中无法推断出基于吸收能力的转换式学习对企业渐进性创新的显著影响关系，并且它们两者之间的影响关系检验在模型 I3～模型 I7 中也未达到显著性水平，因而假设 H9a 未能通过验证。

表 6-6 基于吸收能力的组织学习过程及其交互项对渐进性创新影响的回归结果

变量		模型 I1	模型 I2	模型 I3	模型 I4
控制变量					
	企业规模	0.131	0.014	0.012	0.024
	企业年龄	0.029	0.039	0.048	0.053
	产业类型	0.026	0.001	-0.004	0.003
解释变量					
	探索式学习		0.315**	0.311**	0.242*
	转换式学习		-0.095	-0.127	-0.182
	利用式学习		0.288**	0.277**	0.263**
交互变量					
	探索式学习×转换式学习			-0.055	-0.060
	探索式学习×利用式学习			-0.063	-0.002
	转换式学习×利用式学习			0.075	0.108
	探索式学习×转换式学习×利用式学习				0.201+
模型统计量					
	R^2	0.019	0.229	0.235	0.251
	调整后 R^2	0.001	0.199	0.189	0.201
	变动 R^2（ΔR^2）	0.019	0.210	0.006	0.016
	变动的 F（ΔF）	1.032	13.950**	0.391	3.241+
	F 统计值	1.032	7.619***	5.149***	5.027***

注：(1) ΔR^2 和 ΔF 的相对性：模型 I2 相对模型 I1、模型 I3 相对模型 I2；模型 I4 相对模型 I3。
(2) "+" 表示 $P < 0.1$；"*" 表示 $P < 0.05$；"**" 表示 $P < 0.01$；"***" 表示 $P < 0.001$。

与模型 I2 相比，模型 I3 的 R^2 值并没有显著意义的提高（$\Delta R^2 = 0.006$，

$\Delta F=0.391$），这表明排除控制变量和吸收能力三种组织学习过程的独立影响，探索式学习、转换式学习和利用式学习之间二重交互作用（two-way interaction）对企业渐进性创新的解释力并未达到统计上的显著水平。此时，基于吸收能力的探索式学习与转换式学习、探索式学习与利用式学习以及转换式学习与利用式学习3个二重交互项的标准化回归系数分别为 -0.055、-0.063 和 0.075，均未通过显著性检验。与模型 I3 相比，模型 I4 的 R^2 值有显著意义的提高（$\Delta R^2 = 0.016$，$\Delta F=3.241^+$），这表明排除控制变量和吸收能力三种组织学习过程独立影响以及这三种组织学习过程二重交互作用的影响，探索式学习、转换式学习和利用式学习之间的三重交互作用对企业渐进性创新具有重要的解释作用。此时，基于吸收能力的探索式学习、转换式学习和利用式学习之间的三重交互项的标准化回归系数为 0.201，在 $P<0.1$ 水平上达到显著，并且它们之间的二重交互项的标准化回归系数也未达到显著水平。另外，模型 I8 的 R^2 值较模型 I1 有显著意义的提高（$\Delta R^2=0.155$，$\Delta F=29.245$，见表 6-8），这表明整体吸收能力对于企业渐进性创新影响具有重要解释作用。此时，整体吸收能力的标准化回归系数为 0.413，在 $P<0.001$ 水平上达到显著，再次验证了整体吸收能力对于企业渐进性创新的正向影响。综合模型 I3、模型 I4 和模型 I8 的分析结果可知，基于吸收能力的探索式学习、转换式学习和利用式学习之间的二重交互作用对企业渐进性创新不具有显著的影响关系，而它们之间的三重交互作用对企业渐进性创新产生显著的正向影响，而且整体吸收能力作为这三种组织学习过程的高阶因子也正向影响企业的渐进性创新，因而这三种组织学习过程具有互补性，并且这种互补性正向作用于企业的渐进性创新，假设 H11a 得到验证。

（2）基于吸收能力的组织学习过程及其交互项对根本性创新的影响作用。本书也通过4个多元回归模型来验证基于吸收能力的探索式学习、转换式学习和利用式学习以及它们之间的交互作用对企业根本性创新的影响，各模型的回归分析结果见表6-7。模型 R1 用于检验控制变量对根本性创新的影响，从表中可以看出仅以企业规模、企业年龄和产业类型作为解释变量的模型对企业根本性创新变异的解释力同样很弱（$R^2=0.012$），且各变量的标准化回归系数分别为 0.085、-0.062 和 -0.051，均未通过显著性检验。模型 R1 的回归结果为解释变量主效应的检验提供了对比。模型 R2 在控制变量的基础上加入基于吸收能力的探索式学习、转换式学习和利用式学习三个解释变量，在不考虑交互作用的情况下检验基于吸收能力的探索式学习、转换式学习和利用式学习对企业根本性创新的影响。模型 R3 在模型 R2 的基础上又加入基于吸收能力的探索式学习、转换式学习和利用式学习之间的二重交互变量，模型 R4 在模型 R3 的基础上再加入基于吸收能力的探索式学习、转换式学习和利用式学习之间的三重交互变量，这两个模型用于检验这三种组织学习过程之间交互作用对企业根本性创新的影响。另外，模型 R8 在模型 R1 的基础上将吸收能力作为探索式学习、转换式学习和利用式学习三者的高阶因子引入回归模型，检验三种组织学习过程作为一个整体对企业根本性创新的影响。

由表 6-7 可以看出，与模型 R1 相比，模型 R2 的 R^2 值有显著意义的提高（$\Delta R^2 = 0.294$，$\Delta F = 21.762^{***}$），这表明基于吸收能力的三种组织学习过程对企业根本性创新具有重要的解释作用。其中，探索式学习和利用式学习的标准化回归系数为 0.256 和 0.340，均在 $P < 0.01$ 水平上达到显著，这意味着基于吸收能力的探索式学习和利用式学习对于企业根本性创新具有显著的正向影响，并且这种显著性影响在模型 R3~模型 R7 中也得到支持，因而假设 H8b 和 H10b 通过检验；而转换式学习的标准化回归系数为 0.069，未通过显著性检验，这意味着从本书研究中无法推断出基于吸收能力的转换式学习对企业根本性创新的显著影响关系，并且它们两者之间的影响关系检验在模型 R3~模型 R7 中也未达到显著性水平，因而假设 H9b 未能通过验证。

表 6-7　基于吸收能力的组织学习过程及其交互项对根本性创新影响的回归结果

变量		模型 R1	模型 R2	模型 R3	模型 R4
控制变量					
	企业规模	0.085	-0.075	-0.078	-0.067
	企业年龄	-0.062	-0.026	-0.022	-0.018
	产业类型	-0.051	-0.096	-0.114	-0.107
解释变量					
	探索式学习		0.256**	0.244**	0.179*
	转换式学习		0.069	0.040	-0.012
	利用式学习		0.340**	0.299**	0.286**
交互项					
	探索式学习×转换式学习			-0.058	-0.062
	探索式学习×利用式学习			-0.130	-0.072
	转换式学习×利用式学习			0.023	0.054
	探索式学习×转换式学习×利用式学习				0.189+
模型统计量					
	R^2	0.012	0.306	0.326	0.340

续表

变量	模型 R1	模型 R2	模型 R3	模型 R4
调整后 R^2	-0.007	0.279	0.286	0.296
变动 R^2 (ΔR^2)	0.012	0.294	0.020	0.014
变动的 F (ΔF)	0.638	21.762***	1.479	3.256+
F 统计值	0.638	11.327***	8.115***	7.738***

注：(1) ΔR^2 和 ΔF 的相对性：模型 R2 相对模型 R1、模型 R3 相对模型 R2；模型 R4 相对模型 R3。
(2) "+" 表示 $P<0.1$；"*" 表示 $P<0.05$；"**" 表示 $P<0.01$；"***" 表示 $P<0.001$。

与模型 R2 相比，模型 R3 的 R^2 值没有显著意义的提高（$\Delta R^2 = 0.020$，$\Delta F = 1.479$），这表明排除控制变量和吸收能力三种组织学习过程的独立影响，基于吸收能力的探索式学习、转换式学习和利用式学习之间的二重交互作用对企业根本性创新的解释力也未达到统计上的显著水平。此时，基于吸收能力的探索式学习与转换式学习、探索式学习与利用式学习以及转换式学习与利用式学习 3 个二重交互项的标准化回归系数分别为 -0.058、-0.130 和 0.023，均未通过显著性检验。与模型 R3 相比，模型 R4 的 R^2 值有显著意义的提高（$\Delta R^2 = 0.014$，$\Delta F = 3.256^+$），这表明排除控制变量和吸收能力三种组织学习过程的独立影响以及这些组织学习过程二重交互作用的影响，探索式学习、转换式学习和利用式学习之间的三重交互作用对企业根本性创新具有重要的解释作用。此时，基于吸收能力的探索式学习、转换式学习和利用式学习之间的三重交互项的标准化回归系数为 0.189，在 $P<0.1$ 水平上达到显著，且它们之间的二重交互项的标准化回归系数仍未达到显著水平。另外，模型 R8 的 R^2 值较模型 R1 有显著意义的提高（$\Delta R^2 = 0.291$，$\Delta F = 65.203^{***}$，见表 6-9），这表明整体吸收能力对于企业根本性创新影响具有重要解释作用。此时，整体吸收能力的标准化回归系数为 0.567，在 $P<0.001$ 水平上达到显著，再次验证了整体吸收能力对于企业根本性创新的正向影响。综合模型 R3、模型 R4 和模型 R8 的分析结果可知，基于吸收能力的探索式学习、转换式学习和利用式学习之间的二重交互作用对企业根本性创新不具有显著的影响关系，而它们之间的三重交互作用对企业根本性创新产生显著的正向影响，而且整体吸收能力作为这三种组织学习过程的高阶因子也正向影响企业的根本性创新，因而这三种组织学习过程具有互补性，并且这种互补性正向作用于企业的根本性创新，假设 H11b 得到验证。

2. 技术动荡性与市场动荡性调节作用的回归结果分析

（1）对整体吸收能力及其基本组成与渐进性创新关系的调节。表 6-8 给出了技术动荡性和市场动荡性对整体吸收能力及其基本组成与企业渐进性创新关系调节作用的分析结果。其中，各模型的被解释变量均为渐进性创新。模型 I5 在模型 I2 的基础上加入了技术动荡性和市场动荡性两个调节变量；模型 I6 在模型 I5 的基础上加入表征技术动荡性调节作用的 3 个交互项（探索式学习×技术动荡性、转换式学习×技术动荡性、利用式学习×技术动荡性）；模型 I7 在模型 I5 的基础上加入表征市场动荡性调节作用的 3 个交互项（探索式学习×市场动荡性、转换式学习×市场动荡性、利用式学习×市场动荡性）。模型 I9 在模型 I8 的基础上增加了技术动荡性和市场动荡性两个调节变量；模型 I10 在模型 I9 的基础上加入表征技术动荡性调节作用的交互项（整体吸收能力×技术动荡性）；模型 I11 在模型 I9 的基础上加入表征市场动荡性调节作用的交互项（整体吸收能力×市场动荡性）。模型 I6、模型 I7、模型 I10 和模型 I11 用于分析技术动荡性和市场动荡性在整体吸收能力及其基本组成与渐进性创新关系中的调节作用。

模型 I5 较模型 I2 的 R^2 值并没有显著意义的提高（$\Delta R^2 = 0.016$，$\Delta F = 1.647$），这表明排除控制变量和吸收能力三种组织学习过程的独立影响，技术动荡性和市场动荡性对企业渐进性创新变异的解释力很弱，也未达到统计上的显著水平，并且在模型 I6、模型 I7、模型 I9、模型 I0 和模型 I11 中技术动荡性和市场动荡性与企业渐进性创新的标准化回归系数也均不显著异于 0（$P > 0.1$）。这表明从本书研究中无法推断出技术动荡性和市场动荡性对于企业渐进性创新的显著影响关系。

与模型 I5 相比，模型 I6 和模型 I7 的 R^2 值也没有得到显著意义的提高（模型 I6：$\Delta R^2 = 0.005$，$\Delta F = 0.351$。模型 I7：$\Delta R^2 = 0.013$，$\Delta F = 0.891$），这说明技术动荡性和市场动荡性对吸收能力三种组织学习过程与企业渐进性创新之间关系的调节作用没有在本书中得到证实。具体说来，技术动荡性和市场动荡性与吸收能力的三种组织学习过程的 6 个交互项的标准化回归系数均不显著异于 0（$P > 0.1$），技术动荡性和市场动荡性对探索式学习与企业渐进性创新关系的调节作用、技术动荡性和市场动荡性对转换式学习与企业渐进性创新关系的调节作用以及技术动荡性和市场动荡性对利用式学习与企业渐进性创新关系的调节作用都没有在本书中得到证实，因此假设 H8c、H9c、H10c 都未能通过验证。

与模型 I9 相比，模型 I10 和模型 I11 的 R^2 值同样也没有得到显著意义的提高（模型 I10：$\Delta R^2 = 0.001$，$\Delta F = 0.148$；模型 I11：$\Delta R^2 = 0.007$，$\Delta F = 1.387$），这说明技术动荡性和市场动荡性对吸收能力与渐进性创新关系的调节作用没有在本书中得到证实。具体说来，技术动荡性和市场动荡性与吸收能力两个交互项的标准化回归系数均不显著异于 0（$P < 0.1$），技术动荡性和市场动荡性对吸收能力与企业渐进性创新关系的调节作用没有在本书中得到证实，因此假设 H11c 也未能通过验证。

第6章 拓展研究：吸收能力的影响来源及环境变量的调节

表6-8 技术动荡性与市场动荡性对渐进性创新影响的回归结果

变量类型	变量名称	模型 I5	模型 I6	模型 I7	模型 I8	模型 I9	模型 I10	模型 I11
控制变量	企业规模	0.003	-0.001	0.014	0.018	0.004	0.002	0.010
	企业年龄	0.022	0.026	0.002	0.058	0.046	0.046	0.038
	产业类型	-0.019	-0.017	-0.020	-0.016	-0.038	-0.034	-0.044
解释变量	探索式学习	0.322**	0.298**	0.358***				
	转换式学习	-0.090	-0.076	-0.101				
	利用式学习	0.295**	0.310**	0.276**				
	整体吸收能力				0.413***	0.415***	0.408***	0.415***
调节变量	技术动荡性	0.092	0.062	0.114		0.111	0.128	0.120
	市场动荡性	-0.117	-0.123	-0.132		-0.097	-0.097	-0.130
交互项	探索式学习×技术动荡性		-0.084					
	转换式学习×技术动荡性		0.052					
	利用式学习×技术动荡性		0.008					
	探索式学习×市场动荡性			0.082				
	转换式学习×市场动荡性			0.079				
	利用式学习×市场动荡性			-0.021				
	整体吸收能力×技术动荡性						0.033	
	整体吸收能力×市场动荡性							0.091
模型统计量	R^2	0.245	0.251	0.259	0.174	0.190	0.191	0.197
	调整后 R^2	0.206	0.195	0.204	0.153	0.158	0.154	0.161
	变动的 R^2 (ΔR^2)	0.016	0.005	0.013	0.155	0.016	0.001	0.007
	变动的 F (ΔF)	1.647	0.351	0.891	29.245***	1.503	0.148	1.387
	F 统计值	6.174***	4.528***	4.723***	8.225***	6.019***	5.152***	5.371***

注：(1) ΔR^2 和 ΔF 的相对性：模型 I5 相对模型 I2，模型 I6、模型 I7 相对模型 I5，模型 I8 相对模型 I1，模型 I9 相对模型 I8，模型 I10、模型 I11 相对模型 I9。
(2) "+" 表示 $P<0.1$；"*" 表示 $P<0.05$；"**" 表示 $P<0.01$；"***" 表示 $P<0.001$。

(2) 对整体吸收能力及其基本组成与根本性创新关系的调节。表 6-9 给出了技术动荡性和市场动荡性对整体吸收能力及其基本组成与企业根本性创新关系调节作用的分析结果。其中，各模型的被解释变量均为根本性创新。模型 R5 在模型 R2 的基础上加入了技术动荡性和市场动荡性两个调节变量；模型 R6 在模型 R5 的基础上加入表征技术动荡性调节作用的 3 个交互项（探索式学习×技术动荡性、转换式学习×技术动荡性、利用式学习×技术动荡性）；模型 R7 在模型 R5 的基础上加入表征市场动荡性调节作用的 3 个交互项（探索式学习×市场动荡性、转换式学习×市场动荡性、利用式学习×市场动荡性）。模型 R9 在模型 R8 的基础上加入了技术动荡性和市场动荡性两个调节变量；模型 R10 在模型 R9 的基础上加入表征技术动荡性调节作用的交互项（整体吸收能力×技术动荡性）；模型 R11 在模型 R9 的基础上加入表征市场动荡性调节作用的交互项（整体吸收能力×市场动荡性）。模型 R6、R7、R10 和 R11 用于分析技术动荡性和市场动荡性在整体吸收能力及其基本组成与企业根本性创新关系中的调节作用。

与模型 R2 相比，模型 R5 的 R^2 值并没有显著意义的提高（$\Delta R^2 = 0.009$，$\Delta F = 1.034$），这表明排除控制变量和吸收能力三种组织学习过程的独立影响，技术动荡性和市场动荡性对企业根本性创新变异的解释力很弱，未达到统计上的显著水平。并且在模型 R6、模型 R7、模型 R9、模型 R10 和模型 R11 中技术动荡性与企业根本性创新的标准化回归系数也均不显著异于 0（$P > 0.1$），这表明从本书本无法推断出技术动荡性对企业根本性创新的显著影响关系；而市场动荡性与企业根本性创新的标准化回归系数在模型 R6、模型 R9 和模型 R10 中均不显著异于 0（$P > 0.1$），但在模型 R7 和模型 R11 中却显著异于 0（$P < 0.1$），这意味着市场动荡性与企业根本性创新影响关系的显著性因回归模型引入交互项的不同而发生变化。

与模型 R5 相比，模型 R6 的 R^2 值没有显著意义的提高（$\Delta R^2 = 0.013$，$\Delta F = 0.959$），这说明技术动荡性对吸收能力三种组织学习过程与根本性创新之间关系的调节作用没有在本书中得到证实。具体说来，技术动荡性与吸收能力三种组织学习过程的 3 个交互项的标准化回归系数均不显著异于 0（$P > 0.1$），技术动荡性对探索式学习与企业根本性创新之间关系的调节作用、技术动荡性对转换式学习与企业根本性创新之间关系的调节作用以及技术动荡性对利用式学习与企业根本性创新之间关系的调节作用都没有在本书中得到证实。相反，模型 R7 的 R^2 值较模型 R5 有了显著意义的提高（$\Delta R^2 = 0.032$，$\Delta F = 2.467^+$）。这说明市场动荡性对吸收能力的组织学习过程与企业根本性创新的关系具有调节作用。具体来说，利用式学习与市场动荡性交互项的标准化回归系数为正且显著异于 0（$P < 0.1$），这意味着市场动荡性在利用式学习对企业根本性创新的影响过程中起着

第6章　拓展研究：吸收能力的影响来源及环境变量的调节

表6-9　技术动荡性与市场动荡性对根本性创新影响的回归结果

变量类型	变量名称	模型 R5	模型 R6	模型 R7	模型 R8	模型 R9	模型 R10	模型 R11
控制变量	企业规模	-0.074	-0.082	-0.063	-0.071	-0.070	-0.079	-0.060
	企业年龄	-0.044	-0.044	-0.062	-0.021	-0.037	-0.035	-0.050
	产业类型	-0.099	-0.086	-0.103	-0.109	-0.113	-0.097	-0.123[+]
解释变量	探索式学习	0.273**	0.259**	290**				
	转换式学习	0.079	0.082	0.062				
	利用式学习	0.362***	0.344**	0.373***				
	整体吸收能力				0.567***	0.599***	0.569***	0.600***
调节变量	技术动荡性	-0.008	0.064	-0.003		0.001	0.081	0.016
	市场动荡性	-0.105	-0.104	-0.151[+]		-0.094	-0.097	-0.146[+]
交互项	探索式学习×技术动荡性		0.037	0.046				
	转换式学习×技术动荡性		0.096	0.031				
	利用式学习×技术动荡性		0.031	0.149[+]				
	探索式学习×市场动荡性							
	转换式学习×市场动荡性							
	利用式学习×市场动荡性							
	整体吸收能力×技术动荡性						0.154*	0.143*
	整体吸收能力×市场动荡性							
模型统计量	R^2	0.315	0.328	0.348	0.303	0.311	0.328	0.329
	调整后 R^2	0.279	0.279	0.300	0.285	0.2284	0.297	0.298
	变动 R^2 (ΔR^2)	0.009	0.013	0.032	0.291	0.007	0.018	0.018
	变动的 $F(\Delta F)$	1.034	0.959	2.467[+]	65.203***	0.824	4.008*	4.095*
	F 统计值	8.757***	6.625***	7.226***	16.975***	11.566***	10.680***	10.698***

注：(1) ΔR^2 和 ΔF 的相对性：模型 R5 相对模型 R1，模型 R6、R7 相对模型 R5；模型 R8 相对模型 R1；模型 R9 相对模型 R8；模型 R10、模型 R11 相对模型 R9。
(2) "+" 表示 $P<0.1$；"*" 表示 $P<0.05$；"**" 表示 $P<0.01$；"***" 表示 $P<0.001$。

正向调节作用，即当市场的动荡程度高时，利用式学习对企业根本性创新有更大的正向影响；而探索式学习和转换式学习与市场动荡性之间交互项的标准化回归系数不显著异于0（$P>0.1$），市场动荡性对探索式学习与根本性创新之间关系的调节作用、市场动荡性对转换式学习与根本性创新之间关系的调节作用没有在本书中得到证实。综合上述分析可知，假设H8d、H9d未能通过验证，而H10d得到部分验证。

与模型R9相比，模型R10和模型R11的R^2值都有显著意义的提高（模型R10：$\Delta R^2=0.018$，$\Delta F=4.008^*$。模型R11：$\Delta R^2=0.018$，$\Delta F=4.095^*$），这说明技术动荡性和市场动荡性对吸收能力与根本性创新的影响关系具有调节作用。具体说来，技术动荡性和市场动荡性与吸收能力的两个交互项的标准化回归系数为正且显著异于0（$P<0.05$），这意味着技术动荡性和市场动荡性在吸收能力对企业根本性创新的影响过程中起正向调节作用，即当技术和市场的动荡程度高时，企业吸收能力对其根本性创新有更大的正向影响。因而假设H11d通过验证。从表6-9还可以看出，市场动荡性在正向调节吸收能力对企业根本性创新的过程中，同时还对企业根本性创新产生显著的负向影响（标准化回归系数为-0.146，$P<0.1$）。

6.5 进一步讨论

表6-10对本章研究假设的检验结果进行了归纳汇总。下面对这些验证结果做更详细的分析与讨论。

表6-10 研究假设检验的汇总

序号	研究假设	检验结果
H8a	基于吸收能力的探索式学习对企业渐进性创新具有直接的正向影响	支持
H8b	基于吸收能力的探索式学习对企业根本性创新具有直接的正向影响	支持
H8c	技术动荡性和市场动荡性正向调节基于吸收能力的探索式学习对于企业渐进性创新的影响	不支持
H8d	技术动荡性和市场动荡性正向调节基于吸收能力的探索式学习对于企业根本性创新的影响	不支持
H9a	基于吸收能力的转换式学习对企业渐进性创新具有直接的正向影响	不支持
H9b	基于吸收能力的转换式学习对企业根本性创新具有直接的正向影响	不支持
H9c	技术动荡性和市场动荡性正向调节基于吸收能力的转换式学习对企业渐进性创新的影响	不支持

第6章　拓展研究：吸收能力的影响来源及环境变量的调节

续表

序号	研究假设	检验结果
H9d	技术动荡性和市场动荡性正向调节基于吸收能力的转换式学习对企业根本性创新的影响	不支持
H10a	基于吸收能力的利用式学习对企业渐进性创新具有直接的正向影响	支持
H10b	基于吸收能力的利用式学习对企业根本性创新具有直接的正向影响	支持
H10c	技术动荡性和市场动荡性正向调节基于吸收能力的利用式学习对企业渐进性创新的影响	不支持
H10d	技术动荡性和市场动荡性正向调节基于吸收能力的利用式学习对企业根本性创新的影响	部分支持
H11a	基于吸收能力的探索式学习、转换式学习和利用式学习三者之间的互补性对企业渐进性创新具有直接的正向影响	支持
H11b	基于吸收能力的探索式学习、转换式学习和利用式学习三者之间的互补性对企业根本性创新具有直接的正向影响	支持
H11c	技术动荡性和市场动荡性正向调节吸收能力对企业渐进性创新的影响	不支持
H11d	技术动荡性和市场动荡性正向调节吸收能力对企业根本性创新的影响	支持

6.5.1　基于吸收能力的组织学习过程及其互补性的影响讨论

从回归分析中可以看出，企业吸收能力作为三种组织学习过程的高阶因子对于企业渐进性创新和根本性创新都具有显著的直接正向效应，这与第5章SEM模型方法得出的实证结论相一致，再次验证了吸收能力对于企业技术创新活动的重要性和积极促进作用。同时，回归结果还进一步显示，基于吸收能力的探索式学习、转换式学习和利用式学习是这种积极促进作用的具体来源，但是它们的影响路径和作用方式有所不同。

（1）基于吸收能力的探索式学习对于焦点企业的渐进性创新和根本性创新都具有直接的积极影响，表明这种探索式学习可以通过识别和消化吸收外部冗余性知识来弥补组织内部研发能力的不足，进而促进企业在原有技术范式内的创新；同时它还可以通过识别和消化吸收完全不同于现有知识基础的全新知识来掌握新一轮的变革性技术或提炼一种全新的产品概念，进而推动企业跳出原有技术范式，进行彻底的技术变革。这支持了 Leonard-Barton[120]（1992）、Zahra 和 George[126]（2002）等学者的观点，凸显了外部知识获取对于焦点企业在创新过程中避免能力陷阱和保持战略灵活性的重要性。

（2）基于吸收能力的转换式学习对于焦点企业渐进性创新和根本性创新的直接效应并不显著，表明在本书的研究样本中这种转换式学习对于渐进性创新和根本性创新并不产生直接的影响，可能的原因在于这种转换式学习对吸收能力其他两种组织学习过程的依赖性。转换式学习作为组织学习过程的存储器和中转站，如果没有探索式学习及时补充反映行业发展趋势和市场潜在需求的外部知识，它很有可能变成一潭"死水"，由于缺乏新鲜"泉水"的注入而无法有效发挥其对内部知识的保养、更新和调用功能，从而丧失其功能价值；同时，如果没有利用式学习及时将组织维系的知识进行转化和应用，随着时间的推移，这些知识将会变得过时而无法应用于企业的生产经营实践，最终也就难以体现转换式学习的经济价值。通过广东创新型企业的实践调研我们发现，转换式学习对于渐进性创新和根本性创新直接影响不显著的原因可能还在于广东创新型企业对于这种转换式学习的了解和重视程度不够。"我们非常重视对外部知识的探索和利用……我们依托技术中心/工程中心开展对外的技术合作……我们筹建中的研发开发院对外能够代表企业进行产学研合作，把握行业技术发展前沿；对内能够有效整合集团内部的创新资源……"① 这些企业的研发管理人员在访谈过程中反复强调了上述观点。但是，对于如何存储和分享外部获取知识，这些研发管理人员大多认为，这种转换式学习是公司利用外部知识的一个自然而然的阶段，公司并没有从组织层面去重视和常规化这种活动，而通过项目研讨会、技术培训等方式来加以推进；相反，公司更希望通过对外部知识的转化和应用将这些知识变成一种知识产权或应用到产品或服务当中。其实，转换式学习对于企业技术创新也非常重要，外部获取技术的存储、分享和市场需求分析能够更好推动企业对外部知识的探索和应用。个别调研企业，如美的集团，也意识到了这种转换式学习的重要性。美的集团二级产业集团之间的家电技术具有很强的互补性，经常会有一些项目的完成需要不同二级产业集团研发部门提供技术支持，但是美的集团仍未从整体层面形成一套协同支持机制支持这种学习，以致项目成员只能通过上级或个人关系去寻求其他二级产业集团的技术支持，而这种方式大大降低项目进展速度和项目的成功率②。因此，广东创新型企业对于转换式学习的认识不足，也可能是上述实证结果的一个可能原因。

（3）基于吸收能力的利用式学习对于焦点企业的渐进性创新和根本性创新都具有直接的积极影响，表明这种利用式学习可以将获取知识融入原有的知识基础当中，并运用转化后的知识来改进现有产品的设计框架和挖掘现有主流用户的功能需求，从而推进现有产品性能的提高、现有产品成本的降低，以及产品生命周期的缩短；同时这种利用式学习还可以对现有知识与获取知识进行彻底的重新

---

① 根据访谈记录及相关材料整理。
② 根据调研记录及相关材料整理。

整合，并应用重构后的知识创造出全新的技术或产品去服务新的市场和客户，从而推进新一轮的技术革新和产品换代。这支持了 March[350]（1991）、Zahra 和 George[126]（2002）、Lenox 和 King[247]（2004）、Rothaermel 和 Deeds[250]（2004）、Lane[130]（2006）、Todorova 和 Durisin[141]（2007）等学者提出的观点，即知识的转化和应用对于企业从创新中获利起着关键的决定性作用。

（4）吸收能力三种组织学习过程的二重交互作用对于焦点企业的渐进性创新和根本性创新的直接影响不显著，而它们之间的三重交互作用对于焦点企业的渐进性创新和根本性创新具有直接的积极影响，也就是说，这三种组织学习过程之间的互补性对于企业从外部知识获利具有正向影响。这表明基于吸收能力的探索式学习、转换式学习和利用式学习对于企业渐进性创新和根本性创新的作用都会受到彼此的影响，并且在这些作用中至少有部分是通过它们之间的互补效应实现的。这与 Lichtenthaler[127]（2009）的实证研究结果相类似，支持了 Ichniowski 等[306]（1997）、Harrison 等[307]（2001）、Zahra 和 George[126]（2002）、Katila 和 Ahuja[144]（2002）、Nerkar[356]（2003）、Song 等[147]（2005）、Lane[130]（2006）等学者提出的三种组织学习过程相互联系和相互依赖，增强了竞争对手的模仿难度，从而能够利用更多知识来获取更多收益的观点。但从三重交互项的标准化回归系数来看，我们发现吸收能力三种组织学习过程之间的互补性对于企业渐进性创新和根本性创新的促进作用在统计上是一种较弱的显著性影响（$P<0.1$），而整体吸收能力对于企业渐进性创新和根本性创新却具有统计上较强显著性影响，这种统计显著强度的差异可能是统计分析工具、变量测量方式以及回归模型复杂性等方面的差异引起的。此外，从相关分析中可以看出，基于吸收能力的探索式学习、转换式学习和利用式学习具有显著的正向相关关系，支持了 Arora[365]（1996）、Cassiman 和 Veugelers[128]（2006）等提出的观点：作为互补性变量，基于吸收能力的三种组织学习过程存在正相关。从调研的企业来看，在研发项目当中，基于吸收能力的三种组织学习，作为一个捆绑式的连续过程来推动企业的技术创新。以东莞迈科科技为例①，公司通过"博士后工作站平台+项目小组制度"将外部技术知识的获取、共享和应用三者有机结合起来推动新产品的开发。首先，为了弥补内部技术人员的理论不足，公司通过博士后工作站从高校引入教授和博士进驻公司开展基础研究，积极探索电池领域的相关前沿技术；其次，通过项目小组的形式将高校教授和博士与公司技术人员捆绑在一起，推进相关技术和知识在公司内部的共享、转化和应用。依托这种捆绑式的研发模式，公司取得了许多技术成果，包括镍氢电池用纳米氢氧化镍的研制、磷酸铁锂绿色锂离子电

---

① 资料来自企业汇报材料及实地调研访谈。

池正极材料的研制、可靠性锂离子电池技术的研究等。其中,公司利用镍氢电池用纳米氢氧化镍研制成果开发出的具有更好性能的镍氢电池正极材料,获得了市场的广泛认可,2007 年实现销售收入 2 625 万元,利润 346 万元[①]。这些调研发现为上述实证结果提供了补充说明。

综合上述分析还可以知道,在本书研究样本中,尽管基于吸收能力的转换式学习无法直接影响焦点企业的渐进性创新和根本性创新,但是通过它与其他两种组织学习的三重交互效应仍可以产生重要的间接促进作用。这说明了基于吸收能力的转换式学习对于渐进性创新和根本性创新的影响完全依赖于其他两种组织学习过程,也就是说,这种转换式学习的内在价值只有通过它与探索式学习和利用式学习的互补作用才能得以体现。与此同时,对于上述分析的归纳可知,整体吸收能力对于焦点企业渐进性创新和根本新创新的正向影响,主要来源于探索式学习和利用式学习的直接作用以及三种组织学习过程的互补作用,这在一定程度上证实了吸收能力作为三种组织学习过程的高阶因子的价值所在,对于广东创新型企业建设具有重要启示。

6.5.2 技术动荡性和市场动荡性的调节效应讨论

由上述回归结果分析可知,在本书研究样本中技术动荡性和市场动荡性对于整体吸收能力及其基本组成与企业渐进性创新和根本性创新之间关系的影响存在差异。

(1) 本书的实证结果并未支持技术动荡性和市场动荡性对于整体吸收能力与企业渐进性创新关系的正向调节作用;并且技术动荡性和市场动荡性对于基于吸收能力的探索式学习、转换式学习和利用式学习与企业渐进性创新关系的正向调节作用也未能在本书中得到验证。一方面,可能在于广东创新型企业渐进性创新的倾向和水平都较高,无论环境动荡性如何,它们都能够基于雄厚的知识基础在具有互补性的组织学习过程中利用外部知识,适应原有技术范式内的变革和满足主流市场内的需求变化,从而保持卓越绩效。因此环境动荡性对于整体吸收能力及其基本组成与渐进性创新的调控影响可能无法被这些样本企业所感知。另一方面,也可能是由于企业渐进性创新对于环境动荡性具有较低的敏感度造成的,这种较低的敏感度表现为企业对现有技术或产品的改良主要依赖于企业员工长期积累的知识技能,而这些知识技能很难在短时间内因环境的动荡变化而发生变化或停止运用。此外还有可能是由于受到本书取样的地域局限性、样本类别或样本

---

① 资料来自皇甫少华. 产学研助力,创新型企业起飞 [J]. 广东科技, 2008 (10): 28 - 29。

第6章 拓展研究：吸收能力的影响来源及环境变量的调节

数量限制的影响，有待在今后的研究中作进一步研究。

（2）技术动荡性和市场动荡性对于整体吸收能力与企业根本性创新关系的正向调节作用在本研究中得到验证，即在高度动荡的技术和市场环境中，基于过程视角的吸收能力对于企业根本性创新的促进作用更加明显，而在相对稳定的技术和市场环境下这种强烈的积极影响将会有所下降。在技术不确定性高、主导技术和顾客偏好变化快的情形下，市场竞争的残酷性促使企业更快地从外部获取更多、更好的新知识以降低新兴技术和市场发展方向的模糊性，从而在新一轮的根本性技术变革中抢占先机。这样，企业在动荡的网络创新环境中就更需要整体吸收能力，协调运用三种组织学习过程获取和利用促进根本性创新的各种资源和新颖知识。实证结果支持了 Narasimhan 等[148]（2006）、Teece[103]（2007）、Helfat 等[349]（2007）等学者所强调的观点，即整体吸收能力在高度动荡变化的环境中具有更为重要的价值。

然而，在本书中技术动荡性和市场动荡性对于基于吸收能力的探索式学习、转换式学习和利用式学习与根本性创新关系的正向调节作用大多数没有通过验证，只有市场动荡性对于基于吸收能力的利用式学习与根本性创新关系的正向调节作用得到验证。可能的原因在于我国企业不断追求技术的根本性变革，但是绝大多技术突破仍然是以市场为导向的，市场需求是根本性创新的根本推动力，而基于吸收能力的视角，与市场需求最为相关的组织学习过程是利用式学习，它能够将消化后的知识转化成全新产品或服务，并与顾客的需求偏好直接对接起来。因此，相比于其他两种组织学习过程，在高度动荡的市场环境下，基于吸收能力的利用式学习对于企业根本性创新的促进作用就会更加明显。这在一定程度上补充了 Levinthal 和 March[142]（1993）、Tushman 和 O'Reilly[344]（1996）以及 Jansen[348]（2006）等学者的观点，凸显了外部知识的转化与应用对于企业在市场动荡环境中通过内部利用式学习提高创新和绩效水平的重要性；同时还支持了 Cassiman 和 Veugelers[128]（2006）的观点，即市场环境的高度动荡性，增加了基于吸收能力的利用式学习对于企业从外部知识中获利的决定性作用。此外，通过对比分析技术和市场动荡性对于吸收能力及其基本组成与根本性创新关系的正向调节作用假设的检验结果可知，吸收能力三种组织学习过程的互补性对于企业根本性创新具有更为重要的意义和价值，在高度动荡的技术和市场环境下这种互补效应能够发挥更为强烈的促进作用。

最后，综合上述分析可知，本书关于技术动荡性和市场动荡性调节效应的实证结果拓展和细化了 Lichtenthaler[127]（2009）的研究。Lichtenthaler 对于德国大中型企业的实证研究显示，在不同动荡程度的技术和市场环境下，整体吸收能力及其基本组成对于企业创新具有相同的正向影响。与之不同的是，在本书的研究样本中，在不同动荡程度的技术和市场环境下，整体吸收能力及其基本组成对于企业渐进性创新都具有相同的影响；而技术和市场动荡性对于吸收能力及其利用式学习过程与企业根本性创新关系具有正向调节作用。尽管上述大多数正向调节效应在本书中没有通过，但这并不能掩盖技术和市场动荡性对于吸收能力及其基本组成与渐进性创新和根本性创新关系影响的微妙差异。

本章小结

本章在第 5 章研究结果基础上的拓展性研究，主要探讨基于吸收能力的组织学习过程及其互补性对于渐进性创新和根本性创新的影响，以及环境动荡性在其中的调节作用。通过应用 SPSS 15.0 软件进行数据分析，结果显示，整体吸收能力对于焦点企业渐进性创新和根本新创新的正向影响，主要来源于探索式学习、转换式学习和利用式学习的直接作用以及三种组织学习过程的互补作用；与此同时，结果还显示在不同动荡程度的环境下，整体吸收能力及其三种组织学习过程对于企业渐进性创新都具有相同的影响；而环境动荡性正向调节企业整体吸收能力及其利用式学习过程对企业根本性创新的影响。本章的实证结果深化了企业吸收能力对于渐进性创新和根本性创新的影响研究，与此同时也再次肯定了整体吸收能力作为高阶因子的价值所在及其在网络竞争中的关键地位与核心作用。

第7章

研究结论、贡献、启示、局限与展望

通过前面6章的研究，本书已经对外部创新网络、企业吸收能力与渐进性创新和根本性创新的关系进行系统、深入的理论分析和实证检验。本章将对全书的研究内容进行归纳总结，阐明本书的主要结论、理论贡献和实践启示，并在此基础上针对本书的研究局限提出未来进一步研究的可能方向。

7.1 主要结论

本书基于"嵌入性"理论、社会资本理论、企业资源基础观以及企业能力基础观之间的内在关系逻辑，构建了企业外部创新网络、吸收能力与渐进性创新和根本性创新的关系概念模型，全面系统地研究了外部创新网络和吸收能力对企业渐进性创新和根本性创新的作用机制。以广东创新型企业为研究对象，通过理论演绎、问卷调查和数据分析等一系列研究方法以及 SPSS 15.0 和 AMOS 7.0 等计量统计工具的综合运用，对概念模型和研究假设进行了检验，本书明晰了企业外部创新网络、吸收能力与渐进性创新和根本性创新之间的影响关系，并形成以下主要研究结论：

（1）企业吸收能力具有多维性质，具体包括探索式学习、转换式学习和利用式学习三个高阶维度，以及企业对外部知识的识别、消化/吸收、保养、激活、转化和应用六个低阶维度。通过高阶因子分析，本书实证检验了企业吸收能力这一组成结构。

（2）广东创新型企业外部创新网络的网络规模、关系强度直接影响企业的整体吸收能力和根本性创新，但对企业渐进性创新的直接影响并不显著；而广东创新型企业在外部创新网络的网络中心性直接影响企业的整体吸收能力，但对企业渐进性创新和根本性创新的直接影响均不显著。这些结论肯定了广东创新型企业在开展知识吸收和技术创新活动中构建"自我中心型"外部创新网络的重要性。

（3）广东创新型企业的整体吸收能力不仅直接影响企业的渐进性创新和根本性创新，而且还在外部创新网络对渐进性创新和根本性创新的影响中发挥着重要的中介效应。其中，在网络规模和关系强度对企业渐进性创新、网络中心性对渐进性创新和根本性创新的影响中，企业整体吸收能力发挥的是一种完全的中介效应，而在网络规模和关系强度对企业根本性创新的影响中，企业整体吸收能力起的是一种部分的中介作用。这些结论进一步肯定了企业吸收能力在网络化创新中的核心作用和重要地位。

（4）在本书的研究样本中，广东创新型企业的外部创新网络规模，以及它们在外部创新网络的网络中心性对企业根本性创新的总体效应要高于其对渐进性创新的影响效应；而它们与创新伙伴的关系强度对企业渐进性创新的总体效应要高于其对根本性创新的影响效应。这种总体效应是网络规模、关系强度、网络中心性对渐进性创新和根本性创新的直接影响和间接作用之和。

（5）作为企业吸收能力的基本组成，探索式学习和利用式学习除了直接影响广东创新型企业的渐进性创新和根本性创新外，还会通过它们与转换式学习的互补效应发挥促进作用；而转换式学习对企业渐进性创新和根本性创新的直接影响都不显著，要通过与其他两种组织学习过程的互补效应发挥促进作用。这些结论也说明了企业吸收能力作为三种组织学习过程的高阶因子的价值所在。

（6）技术和市场环境的动荡程度在企业吸收能力及其三种组织学习过程对广东创新型企业渐进性创新的影响中发挥着同等的正向调节作用。而在高度动荡的技术和市场环境中，企业吸收能力对广东创新型企业根本性创新的促进作用更加明显；类似地，在高度动荡性的市场环境中，基于吸收能力的利用式学习对广东创新型企业的根本性创新也具有更强的促进作用。

7.2 理论贡献和实践启示

1. 理论贡献

通过对企业外部创新网、吸收能力以及渐进性创新和根本性创新之间关系的系统分析和实证检验，本书对相关理论和观点进行了拓展和深化，主要有以下理论贡献。

（1）推进了网络特征、吸收能力和技术创新等相关理论的融合。尽管国内外学者从组织内部以及组织间视角运用各种相关理论观点探讨和实证研究了企

第7章 研究结论、贡献、启示、局限与展望

竞争优势的来源，但是这些理论以及相关研究要素之间的内在联系并没有得到充分探讨，也没有形成统一的结论。正是在这样的理论背景下，本书基于"嵌入性"理论、社会资本理论、企业资源基础观以及企业能力基础观之间的内在关系逻辑，构建了企业外部创新网络、吸收能力与渐进性创新和根本性创新之间关系的概念模型，为学者关于"企业竞争优势源泉"不同观点的融合提供了一种可能的关系分析框架。在此基础上，本书以广东创新型企业为样本，实证考察了企业外部创新网络和吸收能力对渐进性创新和根本性创新的作用机制。所得出的结论为这种横跨组织边界的关系概念模型提供了实证支持，同时也推进了网络嵌入性、社会资本、资源和能力基础观以及技术创新等相关理论的进一步融合与发展。

（2）深化了企业外部创新网络对技术创新影响机制的相关研究。尽管创新网络对于技术创新的重要性已经被广大学者所认同，但是现有研究结果也显示出"网络二重性"的存在，即网络特征对于创新绩效的影响在不同的情境下可能是不同的甚至相反的。并且，现有绝大多数研究把技术创新看成是过程的结果，而不是过程的本身，忽略了网络特征对不同技术创新过程（活动）影响的差异性。本书基于广东创新型企业的实证研究表明，外部创新网络的不同特征对于企业渐进性创新和根本性创新的作用大小、路径和方向都有所不同，包含组织学习过程互补作用的企业整体吸收能力在两者关系中发挥了极其重要的中介作用。因此企业可以通过外部网络架构设计和自身能力培育来推进企业的渐进性创新和根本性创新，同时还可以通过强化其整体吸收能力来减弱网络可能带来的双重影响。这些实证结果揭开了网络特征对渐进性创新和根本性创新的影响机制这个黑箱，深化了对"网络二重性"的理解，由此拓展了创新网络对于技术创新影响的相关研究。

（3）在我国情境下实证检验了吸收能力的多维性质，拓宽了吸收能力的研究视角。自从 Cohen 和 Levinthal[32]（1990）正式提出吸收能力这一构念以来，它就与组织学习和知识管理保持着天然的联系，这已经为大多数学者所熟知和认同，但是现有研究更多地将吸收能力、组织学习和知识管理作为不同的概念加以研究，而对于吸收能力这一构念中所蕴含的组织学习过程和知识处理功能以及它们之间关系的研究并不多。本书以广东创新型企业为对象的实证研究表明，企业吸收能力是一个含有三阶维度的复杂概念，即描述知识处理功能的一阶因子与描述组织学习过程的二阶因子存在递归关系，并且探索式学习、转换式学习和利用式学习三个二阶因子还可以收敛为一个更为高阶的因子即企业吸收能力。因此这一结论在我国企业实践的情境下实证检验了吸收能力的多维性质，弥补了我国在吸收能力组成与结构研究方面的不足，同时也拓宽企业吸收能力的研究视角。

（4）细化了吸收能力及其基本组成对企业技术创新影响的相关研究。企业的技术创新过程总是嵌入在特定的环境条件下，作为网络化创新的关键影响因素，吸收能力对技术创新的作用大小和方向也会受到环境情境的影响。而现有研究关于吸收能力的影响效应却很少涉及这一权变因素，基于过程视角的吸收能力定义进行研究更是少之又少。本书在实证检验整体吸收能力对渐进性创新和根本性创新具有显著正向影响的基础上，进一步基于组织学习的视角，通过多元线性回归分析探究这种促进作用的具体来源以及技术和市场动荡性所产生的影响。结果表明，整体吸收能力及其三种组织学习过程会通过不同方式对渐进性创新和根本性创新产生重要的积极影响，但是这些影响大小在不同动荡程度的技术和市场环境下存在差异。这些实证结论从具体来源和作用情境两个方面细化和深化了对吸收能力影响效应的认识和理解，同时基于吸收能力的视角也为组织学习过程互补性和动态平衡提供一个新的视角。

2. 实践启示

本书以广东创新型企业为研究样本，考察了外部创新网络、吸收能力与渐进性创新和根本性创新之间的影响关系，研究结果对我国推进创新型企业建设和在开放式创新的大环境下提升企业自主创新能力具有一定的启示。

（1）对于企业来说，本书构建的外部创新网络特征、吸收能力与渐进性创新和根本性创新之间关系的概念模型，可以使创新型企业更好地认识外部创新网络和吸收能力对它们推进渐进性创新和根本性创新的重要性；同时对于吸收能力影响效应的细化及其作用情境的考虑，可以使创新型企业促进和支持技术创新的行为更具有针对性和侧重点。

①强化企业在外部创新网络中的影响力，以增强外部创新网络的服务功能。创新范式网络化已经成为我国技术创新的重要趋势，创新网络已经成为企业开展技术创新的重要模式。本书证实了广东创新型企业以自我为中心的外部创新网络的不同特征属性对于渐进性创新和根本性创新的差异化影响，由此广东创新型企业应凭借其在特定领域的专有优势进一步强化对外部创新网络的控制和管理，根据自身发展需求，主动构建、管理和维护外部创新网络，凸显外部网络服务自我的功能，积极建设自我中心型的外部创新网络，具体的手段包括企业创新伙伴数量和企业网络地位的动态调整、企业与创新伙伴互动频率、合作周期和关系质量的控制等。例如，通过合作对象的广泛搜寻和逐层筛选，保证新增创新伙伴对企业技术创新的有效性；通过基于项目的合作形式来有效控制企业创新伙伴的规模；通过掌控共建研发平台的管理权来提升和强化自己在研发合作中的影响力。另外，广东创新型企业外部创新伙伴的规模大小对根本性创新具有积极的直接促

进作用,而与外部创新伙伴的关系强度对根本性创新会产生消极的直接阻碍作用。因此,在那些具有根本性技术变革的创新项目中,广东创新型企业应积极塑造并发挥其在创新网络中的影响力,在不断增加创新伙伴的同时,维持这些合作关系的松散性,以保证不同于现有知识基础的新颖资源和知识在网络中自由流动,从而最大化企业从外部创新网络中获取的直接效益。

②重视企业吸收能力的培育、发展和提高,以增强它们从外部创新网络中获利的能力。在创新形式日益网络化的开放式创新环境下,吸收能力已经成为组织间竞争优势的重要来源。在广东创新型企业以自我为中心的外部创新网络中,网络规模、关系强度和网络中心性对于渐进性创新,以及网络中心性对于根本性创新的积极促进作用完全为企业吸收能力所中介;与此同时,网络规模和关系强度也会通过企业吸收能力对根本性创新产生积极的促进作用;这样,外部创新网络对于渐进性创新和根本性创新的正向影响很大一部分是通过企业吸收能力实现的。由此,广东创新型企业除了加强对外部创新网络的设计和管理外,更应该重视企业吸收能力的培育、发展和提高。一方面通过保持稳中有升的经费投入,推进研发场地、研发队伍、研发机构以及信息情报机构的建设,为企业打造宽阔且扎实的知识基础和开展组织学习活动提供良好的硬件和智力支持,如创新人才的引进、各级重点实验室的申请与建设、企业中央研究院的组建等;另一方面通过组织结构和流程的动态调整、企业内部知识管理系统的构建与建设、跨部门沟通机制的健全以及创新文化的塑造,为基于吸收能力的探索式学习、转换化学习和利用式学习的常规化、高效化提供机制和制度保证。如通过设置不同的职能岗位来寻找和获取技术与市场领域内的各种价值信息及知识;通过组织规范和工作手册来整合各种显性知识;通过定期召开的例会来促进跨部门、跨层级的隐性知识共享;通过最佳案例库和知识管理平台的建设来存储与更新企业的各类知识等。

③强化吸收能力不同组织学习过程的互补性以增强企业的核心竞争力。基于吸收能力的探索式学习、转换式学习和利用式学习是企业吸收能力影响渐进性创新和根本性创新的具体来源,整体吸收能力区别于单个组织学习过程的关键特征在于它包含了不同组织学习过程的互补效应,并且,这种互补效应能够给企业技术创新活动带来更多的促进作用,同时也给竞争者学习模仿带来更高的成本和难度,因而也是企业核心竞争力的重要来源。由此,广东创新型企业在培育、发展和提高其整体吸收能力时,应将强化基于吸收能力的探索式学习、转换式学习和利用式学习之间的互补性作为重中之重。企业可以通过建立一套机制或形成特定组织惯例来实现不同组织学习过程的协同。在这种机制或组织惯例的作用下,企业能够基于某一技术或市场机会的创新构想,能够通过专门的人或机构获取相关的互补性资源和知识,并将它们分门别类地放入企业知识库的恰当位置以推动获

取知识的内化和整合，最后这些知识又能够及时地被调用并转化成适销的产品或服务。也就是说，这种机制或组织惯例能够确保每一个创新构想及时地得到回应、反馈和实践，进而避免丧失潜在的创新机会。

④积极关注吸收能力影响效应的作用情境以增强对环境变化的适应性。企业吸收能力对技术创新活动的影响总是嵌入在特定的情境之中。在技术和市场环境动荡性高的情况下，包含组织学习过程互补效应的企业吸收能力对根本性创新具有更大的促进作用；而在市场环境动荡性高的情况下，基于吸收能力的利用式学习也会对根本性创新产生更大的促进作用。因此，广东创新型企业应根据所处环境的具体特点，优化资源配置，以更好地推进企业的根本性创新。在高度动荡的技术和市场环境当中，为了更好地开展具有根本性变革意义的创新项目，企业可以考虑将更多的资源用于构建催生吸收能力三种组织学习过程互补效应的机制或组织惯例上，以充分发挥吸收能力的积极促进作用，进而能够更好地从全新技术和市场中获取更多利益。

（2）对于政府来说，本书所展开的实证研究可作为政策制定或调整的基础，为广东科技与创新政策制定者提供有益的参考。

①科技与创新相关政策要进一步推进创新网络建设、加强对企业与相关主体创新合作的引导和激励。在广东创新型企业的外部创新网络中，网络规模、关系强度以及网络中心性通过不同的方式对渐进性创新和根本性创新产生差异化影响，由此广东科技与创新相关政策应进一步推进创新网络建设，积极引导创新型企业借助外部资源有效开展创新活动。例如，通过"产学研"合作平台的搭建，推动高校和科研机构科技成果产业化，弥补企业基础研发的不足；通过产业技术创新战略联盟的建设，引导企业研发资源集聚，推动行业共性关键技术的发展，完成单个企业无法完成的科研任务；通过技术创新服务平台的建设，推动各种科技服务中介机构的规范化发展，使之能够更好地推动企业与高校和科研机构之间的信息沟通交流。

②各级政府科技部门要通过政策支持进一步引导和激励企业积极培育、发展和强化自身的吸收能力。广东创新型企业的吸收能力对于它们的渐进性创新和根本性创新活动有显著的促进作用，并且它在企业外部创新网络对渐进性创新和根本性创新的影响中具有非常重要的中介作用，因此科技与创新政策应进一步引导和激励提高自身的整体吸收能力。例如，在电子信息、新材料、新能源、新生物医药等行业，继续实施高层次人才特别是创新科研团队和领军人才的持续引进计划，推动企业获取和掌握丰富且前沿的关键技术知识，为企业创新发展提供强大的智力支持；又如在创新型企业建设过程中实施"院线提升"提升计划，引导企业组建集研究开发、成果转化、科技服务、统筹管理于一体的综合型企业研

开发院,指导企业运用技术路线图、标杆法等创新方法制定和实施企业创新路线图,进而推动企业系统地开展各种组织学习和进行资源整合,提高创新效率,增加创新产出。

7.3 研究局限与研究展望

1. 研究局限

本书在前人研究的基础上,构建了外部创新网络、吸收能力与渐进性创新和根本性创新的关系概念模型,并以广东创新型企业为研究样本,采用实证分析的方法得到了一些较新颖和有意义的结论。但由于时间、人力、财力以及笔者研究能力的限制,本书还存在以下一些局限之处:

(1) 样本和数据。考虑到数据获取的可能性,本书采用了方便样本的调研方式,而非随机抽样,这在一定程度上影响了本书研究样本的代表性和实证结果的可靠性。而且,这些样本均来自广东地区的企业,具有很强的地域特征和局限性,无法体现本书概念模型的地区差异。未来研究可以扩大样本的地域范围,采取随机抽样的方式,以增加样本的代表性和包容性,同时还可以对不同地区的创新型企业进行分析和比较,以增强研究结论的适应性和普遍性。此外,尽管本书回收的有效问卷数量通过变量处理基本满足了结构方程对于样本量的要求,但本书的实证分析还不能算是真正意义上的大样本研究。

(2) 变量测度。由于研究中所涉及的变量很难用客观数据来衡量以及本书所研究是主观认知范围内的创新网络,因此本书采用李科特 7 级量表并通过应答者主观评价的方式对相关变量加以测量。尽管本书中结合已有研究量表、对相关企业的实地访谈以及专家意见进行调查问卷设计,并通过预测试以尽可能保证变量测度的有效性和可靠性,但是这种主观评价方法可能会影响数据与研究结论的可靠性和准确性。未来研究应该用更加客观的方法对上述变量进行测度,以增强研究的可重复性和研究结论的可靠性。随着创新型企业的增多,未来研究可考虑在同一行业内研究创新型企业的外部创新网络,并采用社会网络分析方法来收集和分析网络数据,进而考察更多的外部网络特征变量所带来的影响。

(3) 研究维度。尽管本书所选取的三个网络特征变量考虑了技术创新网络的结构和关系维度,也是研究创新网络最为常用的刻画指标,但是创新网络的许多特征属性在本书中并未涉及,如网络密度、网络位差、网络多样性、网络开放性等。并且,不同的网络特征之间往往相互影响相互作用,而本书研究也没有考虑这些交互作用所带来的影响。未来研究可以在研究模型中融入更多的网络特征变量，并分析这些交互作用对于吸收能力与渐进性创新和根本性创新的影响。

2. 研究展望

以广东创新型企业为研究样本，本书通过实证研究探讨了外部创新网络对渐进性创新和根本性创新的影响作用机制，除了获得一些较新颖、有意义的观点和结论外，同时也发现了一些更值得深入探讨与分析的研究方向。

（1）关系强度对吸收能力、渐进性创新和根本性创新影响的深入研究。在本书的研究中，关系强度是一个多维度的概念，对基于过程的吸收能力具有显著的直接作用，对渐进性创新直接影响并不显著，而对根本性创新具有显著的直接负面作用。这些影响可能是关系强度不同维度综合作用下的结果，为了探究这些影响的具体来源，未来研究可进一步深入研究，直接考察互动频度、合作久度、资源投入、合作范围、合作互惠性对基于吸收能力的探索式学习、转换式学习和利用式学习以及渐进性创新和根本性创新的影响，以获得更为详细的作用路径。

（2）网络规模、关系强度和网络中心性的交互影响。本书证实了外部创新网络不同特征属性对于基于过程的吸收能力的正向影响，以及部分网络特征属性对于根本性创新的直接影响，但是并未考虑这些网络特征变量之间的相互作用影响。因此在本书研究结论的基础上，未来研究可进一步考察网络规模、网络中心性和关系强度不同维度之间的交互作用对企业整体吸收能力及其探索式、转换式和利用式学习过程的影响，以及对渐进性创新和根本性创新的影响。

（3）环境动荡性的调节效应。本书拓展研究实证考察了技术动荡性和市场动荡性对于企业整体吸收能力及其探索式、转换式和利用式学习过程与渐进性创新和根本性创新之间关系的影响，但由于研究的侧重点以及笔者的时间和精力限制，并未考察环境动荡性对于外部创新网络不同特征属性与企业整体吸收能力及其探索式、转换式和利用式学习过程之间关系的影响。其实，技术和市场的动荡变化程度，可能促使企业对外部知识的获取、维系和利用活动更多地依赖各种外部关系网络。因此，后续研究可在这方面作进一步的深入分析与探讨。

综上所述，基于组织学习视角去研究企业的吸收能力是最近组织研究的一个重要趋势，它能够很好地将知识管理、组织学习、动态能力的理论观点衔接起来。因此，将这种包含组织学习过程互补性的吸收能力引入外部创新网络与企业技术创新关系模型当中，是一个较为崭新且富有理论和实践意义的研究方向，在该领域当中，还有许多有意义的问题和现象值得我们引入更多的理论、方法去深入分析与探讨。

附录 A

访谈提纲

在调研企业进行主题汇报的前后一段时间里，基于以下问题，与企业研发相关人员进行交流讨论。

1. 贵公司主营业务所处行业领域的技术发展速度如何？该行业领域的需求变化情况如何？能否举个例子？

2. 贵公司在技术创新方面主要有哪些伙伴？在哪些方面开展合作？以什么样的形式开展合作？合作过程中贵公司扮演何种角色（主角 or 配角）？这些合作给贵公司的组织学习和技术创新带来了哪些好处？能否举个例子？

3. 贵公司如何获取自己需要但无法直接得到的外部信息和知识？能否举个例子？这些信息和知识主要是关于技术方面，还是市场方面的？

4. 贵公司如何处理外部获取的信息和知识？是存储起来，还是直接应用，还是两者都有？能否举个例子？

5. 贵公司如何进行各种信息和知识的交流和共享？能否举个例子？

附录B

调研企业名单

企业名称	地址
广东联塑科技实业有限公司	佛山市顺德区龙洲路联塑工业村
佛山市天安塑料有限公司	佛山市禅城区南庄镇吉利工业园新源一路30号
惠州亿纬锂能股份有限公司	惠州市仲恺高新区西坑工业区亿纬工业园
东莞市迈科科技有限公司	东莞市大朗镇美景大道西1888号迈科工业园
广州市锐丰音响科技股份有限公司	广州市番禺区石楼镇市莲路石楼路段10号
广东台城制药股份有限公司	台山市北坑工业园
汕头市超声仪器研究所有限公司	汕头市金砂路77号
广东光华化学厂有限公司	汕头市大学路295号
木林森电子有限公司	中山市小榄镇木林森大道1号
中山大桥化工集团有限公司	中山市东区中山六路6号
珠海优特电力科技股份有限公司	珠海市香洲银桦路102号
广州海格通信集团股份有限公司	广州市科学城海云路88号
广州万孚生物技术有限公司	广州市萝岗区科学城荔枝山路8号
中山大学达安基因股份有限公司	广州市科学城香山路19号
美的集团有限公司	广东佛山顺德区北滘镇美的大道6号美的新总部大楼

附录 C

调查问卷

尊敬的女士/先生：

您好！本问卷旨在探讨在开放的知识经济环境下，企业如何构建和利用有效的外部创新网络，获取各类信息和知识，推动企业的渐进性创新和根本性创新。为了真实反映企业外部创新网络对其根本性和渐进性技术创新的支持情况和作用机制，请您在百忙之中协助我们完成这份问卷的填写，勾选出您认为最为合适的答案。本问卷的数据只用于科学研究分析，没有任何商业用途。

您的回答对我们的研究非常重要，非常感谢您的热情帮助！

祝您工作顺利，万事如意！

一、企业基本情况（本部分填写提示：除需要直接填写外，请您在选项上涂红或打"√"）

1. 您的性别：□男，□女
2. 您的职位：□高层管理者；□中层管理者；□基层管理者；□技术人员；其他_____（请注明）
3. 企业名称：_____
4. 企业位于_____市_____镇
5. 企业创立于_____年
6. 企业员工总数约为_____人
7. 企业是否有技术创新合作：□有，□无
8. 企业产权性质：

   □国有；□民营；□三资—外资控股；□三资—内资控股；□集体；□其他：_____（请注明）
9. 企业当前主营业务所属行业领域：

   □信息技术、电信类；□生物、制药、新材料、新能源类；□化工、纺织、

传统制造业；□其他行业_____（请注明）

10. 企业近两年年均销售总额约为：

□1 亿元以下；□1 亿~5 亿元；□5 亿~10 亿元；

□10 亿~30 亿元；□30 亿~60 亿元；

□60 亿~100 亿元；□100 亿元以上

二、企业环境动荡性的测度问卷（根据您的真实感觉，请在数字上涂红或打"√"）

根据您的真实感觉，对公司所处环境的变动情况作出评判，并在数字上涂红或打"√"。

1：完全不符合；2：基本不符合；3：稍微不符合；4：不能确定；5：有点符合；6：基本符合；7：完全符合。

编号	项目	判断标准
1	公司所处行业的技术正在快速变化	1 2 3 4 5 6 7
2	公司所处行业的技术变化相当微小	1 2 3 4 5 6 7
3	技术变动为公司所处行业发展提供了巨大的机会	1 2 3 4 5 6 7
4	很难预测公司所处行业未来五年的技术进步情况	1 2 3 4 5 6 7
5	公司所处行业的大量新产品通过技术突破产生	1 2 3 4 5 6 7
6	在公司所处行业，顾客很容易接受新产品（想法）	1 2 3 4 5 6 7
7	在公司业务领域，顾客偏好变化比较快	1 2 3 4 5 6 7
8	公司新顾客具有不同于现有顾客的产品需求倾向	1 2 3 4 5 6 7
9	不管过去还是现在，我们服务的顾客大致一样	1 2 3 4 5 6 7

三、企业创新网络特征的测度问卷（焦点企业的创新伙伴是指参与企业技术创新过程或为企业技术创新活动提供服务和支持的客户、供应商、同行企业、大学、科研院所、政府部门以及科技服务机构等其他外部组织；根据您的真实感觉，请在数字上涂红或打"√"）

1. 与同行业的企业平均水平相比，对公司的创新伙伴数量，以及它与创新伙伴的互动情况作出评判		网络规模：1 表示数量少；7 表示数量多；4 表示中等		互动频率：1 表示从不交往；7 表示频繁交往；4 表示中等	
编号	项目	网络规模		互动频率	
1	客户	1 2 3 4 5 6 7		1 2 3 4 5 6 7	
2	供应商	1 2 3 4 5 6 7		1 2 3 4 5 6 7	

续表

编号	项目	网络规模	互动频率
3	同行企业	1 2 3 4 5 6 7	1 2 3 4 5 6 7
4	大学	1 2 3 4 5 6 7	1 2 3 4 5 6 7
5	科研院所	1 2 3 4 5 6 7	1 2 3 4 5 6 7
6	政府相关部门	1 2 3 4 5 6 7	1 2 3 4 5 6 7
7	科技服务机构	1 2 3 4 5 6 7	1 2 3 4 5 6 7

2. 与同行业的企业平均水平相比，对公司与创新伙伴的合作时间长短和关系约束情况作出评判

关系久度：1 表示无合作关系；7 表示长期持续合作，4 表示中等

关系约束程度：1 表示非正式关系；7 表示正式协议或合同；4 表示中等

编号	项目	关系久度	关系约束程度
1	客户	1 2 3 4 5 6 7	1 2 3 4 5 6 7
2	供应商	1 2 3 4 5 6 7	1 2 3 4 5 6 7
3	同行企业	1 2 3 4 5 6 7	1 2 3 4 5 6 7
4	大学	1 2 3 4 5 6 7	1 2 3 4 5 6 7
5	科研院所	1 2 3 4 5 6 7	1 2 3 4 5 6 7
6	政府相关部门	1 2 3 4 5 6 7	1 2 3 4 5 6 7
7	科技服务机构	1 2 3 4 5 6 7	1 2 3 4 5 6 7

3. 根据公司实际情况作出评判，并在数字上涂红或打"√"
1：完全不符合；2：基本不符合；3：稍微不符合；4：不能确定；5：有点符合；6：基本符合；7：完全符合

编号	项目	打分
1	与创新伙伴的合作中，我们投入了大量的人力	1 2 3 4 5 6 7
2	与创新伙伴的合作中，我们投入了大量的资金	1 2 3 4 5 6 7
3	与创新伙伴的合作中，我们投入了大量的设备	1 2 3 4 5 6 7
4	与创新伙伴的合作中，我们投入了大量的社会资源	1 2 3 4 5 6 7
5	我们与创新伙伴从高层到基层进行全面信息共享	1 2 3 4 5 6 7
6	我们与创新伙伴在多个项目进行全面合作	1 2 3 4 5 6 7
7	我们与创新伙伴共同享用紧密的社会关系	1 2 3 4 5 6 7
8	我们与创新伙伴在研发、生产或市场方面深入合作	1 2 3 4 5 6 7
9	我们感激创新伙伴为公司所做的贡献	1 2 3 4 5 6 7

续表

编号	项目	打分						
10	在合作交流中，即使有机会，双方也不会利用对方	1	2	3	4	5	6	7
11	在合作交流中，双方都未提出损害对方利益的要求	1	2	3	4	5	6	7
12	我们与创新伙伴的合作是一种"双赢互利"关系	1	2	3	4	5	6	7
13	网络内发生创新联系时必须经过我们公司	1	2	3	4	5	6	7
14	我们使用网络中的创新资源解决面临的新问题	1	2	3	4	5	6	7
15	公司在网络中的创新联系更加稳固	1	2	3	4	5	6	7
16	公司在网络中流动的知识更加丰富	1	2	3	4	5	6	7
17	公司对创新合作伙伴具有高度影响力	1	2	3	4	5	6	7

四、企业吸收能力的测度问卷（请根据您的真实感觉，在数字上涂红或打"√"）

1. 根据您的真实感觉，对公司的探索式学习作出评判，并在数字上涂红或打"√"。

1：完全不符合；2：基本不符合；3：稍微不符合；4：不能确定；5：有点符合；6：基本符合；7：完全符合。

编号	项目	打分						
1	我们经常扫描环境，以识别新技术	1	2	3	4	5	6	7
2	我们能够充分预测技术的发展趋势	1	2	3	4	5	6	7
3	我们详细分析了新技术的外部来源	1	2	3	4	5	6	7
4	我们认真仔细地收集行业相关信息	1	2	3	4	5	6	7
5	我们拥有外部技术最新发展水平的相关资料	1	2	3	4	5	6	7
6	我们经常从外部获取技术	1	2	3	4	5	6	7
7	为掌握新技术，我们定期组织与创新伙伴的特别会议	1	2	3	4	5	6	7
8	为得到技术知识，公司员工经常与创新伙伴员工联系	1	2	3	4	5	6	7
9	在取得外部技术的同时，我们经常将其相关知识吸收到公司内部	1	2	3	4	5	6	7

2. 根据您的真实感觉，对公司的转换式学习作出评判，并在数字上涂红或打"√"。

编号	项目	打分						
1	公司定期系统地将相关知识联系起来	1	2	3	4	5	6	7
2	公司员工习惯记录和存储技术知识以备将来使用	1	2	3	4	5	6	7
3	我们公司经常进行跨部门的相关知识交流	1	2	3	4	5	6	7
4	我们公司能够进行高效的知识共享	1	2	3	4	5	6	7
5	我们经常更新公司运营流程或操作性规范	1	2	3	4	5	6	7
6	识别商业机会时，我们能够快速联想起现有知识	1	2	3	4	5	6	7
7	我们注重将知识的价值发挥到最大，善于重复使用现有知识	1	2	3	4	5	6	7
8	我们能够为技术快速分析和解释变化的市场需求	1	2	3	4	5	6	7
9	我们很快意识到运用现有技术服务顾客的新机会	1	2	3	4	5	6	7

3. 根据您的真实感觉，对公司的利用式学习作出评判，并在数字上涂红或打"√"。

编号	项目	打分						
1	我们善于将技术知识转变成新产品	1	2	3	4	5	6	7
2	我们经常将新技术和新产品创意匹配起来	1	2	3	4	5	6	7
3	我们很快识别出新技术知识对现有知识的价值	1	2	3	4	5	6	7
4	公司员工能够分享彼此的专有知识以开发新产品	1	2	3	4	5	6	7
5	公司经常将技术应用到新产品当中	1	2	3	4	5	6	7
6	我们一直不断思考如何更好地利用技术	1	2	3	4	5	6	7
7	我们很容易在新产品中应用技术	1	2	3	4	5	6	7
8	在公司内部，大家都知道谁能最好地利用新技术	1	2	3	4	5	6	7

五、企业渐进性创新与根本性创新的测度问卷（请根据您的真实感觉，在数字上涂红或打"√"）

根据您对公司技术创新情况的真实感觉打分，请在数字上涂红或打"√"。

1：完全不符合；2：基本不符合；3：稍微不符合；4：不能确定；5：有点符合；6：基本符合；7：完全符合。

编号	项目	打分						
1	公司经常向市场引入开发出来的全新产品/服务	1	2	3	4	5	6	7
2	公司在产品研制上经常引入全新的概念和创意	1	2	3	4	5	6	7
3	公司在行业中率先开发和引入全新的技术和工艺	1	2	3	4	5	6	7
4	公司凭借新产品/服务开辟了全新的市场	1	2	3	4	5	6	7
5	公司的新产品/服务/技术给产业带来了重大影响	1	2	3	4	5	6	7
6	公司不断向市场引入性能微小变化的产品/服务	1	2	3	4	5	6	7
7	公司一直努力提升现有产品/服务的质量	1	2	3	4	5	6	7
8	公司经常在现有工艺和技术上作出修改和改进	1	2	3	4	5	6	7
9	公司致力于降低现有产品/服务的成本	1	2	3	4	5	6	7
10	公司努力巩固和提高现有产品/服务的市场范围	1	2	3	4	5	6	7

问卷到此结束，再次感谢您的参与和帮助！祝您万事如意！祝贵公司基业长青！

参考文献

[1] 吴晓波,刘雪锋. 全球制造网络及其对发展中国家的意义 [J]. 西安电子科技大学学报:社会科学版,2006,16(2):1-6.

[2] 彭新敏. 全球价值链中的知识转移与我国制造业升级路径 [J]. 国际商务——对外经济贸易大学学报,2007(3):58-63.

[3] United Nations Industrial Development Organization. *Breaking In and Moving Up: New Industrial Challenges for the Bottom Billion and the Middle-Income Countries* [R]. Industrial Development Report 2009.

[4] 郭丽君. 制造大国 加速前行 [N]. 光明日报. 2010-10-06 (01).

[5] 中国创新型企业发展报告编委会. 中国创新型企业发展报告 [M]. 北京:经济管理出版社,2010.

[6] 国家知识产权局规划发展司. "十一五"以来我国专有权利使用费和特许费国际逆差超过300亿美元 [G]. 专利统计简报,2010(14)1-2.

[7] 刘延东. 在技术创新工程实施视频会议上的讲话 [R]. 北京:科技部、财务部以及教育部等,2009.

[8] Dilk C., Gleich R., Wald A. *State and development of innovation networks: Evidence from the European vehicle sector* [J]. Management Decision, 2008, 46 (5): 691-701.

[9] Calia R. C., Guerrini F. M., Moura G. L. *Innovation networks: from technological development to business model reconfiguration* [J]. Technovation, 2007, 27 (8): 426-432.

[10] Narula R.. *R&D collaboration by SMEs: new opportunities and limitations in the face of globalization* [J]. Technovation, 2004, 24 (2): 153-161.

[11] Rycroft R. W., Kash D. E. *Self-organizing innovation networks: implications for globalization* [J]. Technovation, 2004, 24 (3): 187-197.

[12] Harris L., Coles A. M., Dickson K.. *Building innovation networks: Issues of Strategy and Expertise* [J]. Technology Analysis & Strategic Management, 2000 (2): 229-241.

[13] Eisenhardt K. M, Schoonhoven C. B. *Resource-Based View of Strategic Alliance Formation: Strategic and Social Effects in Entrepreneurial Firms* [J]. *Organization Science*, 1996, 7 (2): 136 – 150.

[14] Powell W. W. , Koput K. W. , Smith-Doerr L. et al. *Network Position and Firm Performance: Organizational Returns to Collaboration in the Biotechnology Industry* [J]. *Research in the Sociology of Organizations*, 1996 (16): 129 – 159.

[15] Monika P. *Knowledge Absorption for Innovation in New Technology Based Firms: Lithuanian Case* [C] //The 11th European Conference on Knowledge Management Held at the Universidade Lusíada de Vila Nova de Famalicão, Famalicão, Portugal, 2010.

[16] Powell W. W. , Grodal S. Networks of innovators [C] //Fagerberg, J. , Mowery D. C. , Nelson, R. R. (Eds), *The Oxford Handbook of Innovation*. Oxford: Oxford University Press, 2005, 56 – 85.

[17] Von Hippel E. *Lead user: a source of novel product concept* [J]. *Management Science*, 1986, 32 (7): 39 – 45.

[18] Gulati R. *Managing network resources: Alliances, affiliations and other relational assets* [M]. Oxford: Oxford University Press, 2007.

[19] Clifton N. , Keast R. , Pickernell D. , et al. *Network Structure, Knowledge Governance, and Firm Performance: Evidence from Innovation Networks and SMEs in the UK* [J]. *Growth and Change*, 2010, 41 (3): 337 – 373.

[20] Koschatzky K. *Innovation networks of industry and business-related services-relations between innovation intensity of firms and regional inter-firm cooperation* [J]. *European Planning Studies*, 1999, 7 (6): 737 – 758.

[21] Verdu-Jover A. , Lloerns-Montes J. , Garcia-Morales V. J. *Flexibility, fit and innovative capacity: an empirical examination* [J]. *International Journal of Technology Management*, 2005 (30): 131 – 146.

[22] Drucker P. F. *Innovation and Entrepreneurship* [M] . London: *Harper & Row*, 1985.

[23] Ireland R. D, Hitt M. A. , Vaidyanath D. *Alliance management as a source of competitive advantage* [J]. *Journal of Management*, 2002, 28 (3): 413 – 446.

[24] Zollo M. , Reuer J. J. , Singh H. *Inter-organizational routines and performance in strategic alliance* [J]. *Organization Science*, 2002, 13 (6): 701 – 713.

[25] 许冠南. 关系嵌入性对技术创新绩效的影响研究——基于探索型学习的中介机制 [D]. 杭州：浙江大学, 2008.

参考文献

[26] 方刚. 基于资源观的企业网络能力与创新绩效关系研究 [D]. 杭州：浙江大学，2007.

[27] 陈学光. 网络能力、创新网络与创新绩效关系研究 [D]. 杭州：浙江大学，2007.

[28] Polanyi K. *The Great Transformation*：*The Political and Economic Origins of Our Time* [M]. Boston：Beacon Press，1944.

[29] Granovetter M. *Economic action and social structure*：*The problem of embeddedness* [J]. American Journal of Sociology，1985，91（3）：481－510.

[30] Uzzi B. *Social structure and competition in interfirm networks*：*The paradox of embeddedness* [J]. Administrative Science Quarterly，1997（42）：35－67.

[31] 兰剑平，苗文斌. 嵌入性理论研究综述 [J]. 技术经济，2009，28（1）：104－108.

[32] Cohen W.，Levinthal D. *Absorptive capacity*：*A new perspective on learning and innovation* [J]. Administrative Science Quarterly，1990（35）：128－152.

[33] Dyer J. H.，Singh H. *The relational view*：*Cooperative strategy and sources of inter-organizational competitive advantage* [J]. Academy of Management Review，1998（23）：660－679.

[34] Rowley T.，Behrens D.，Krackhardt D. *Redundant governance structures*：*an analysis of structural and relational embeddedness in the steel and semiconductor industries* [J]. Strategic Management Journal，2000（21）：369－386.

[35] Zaheer A.，Bell. G. G. *Benefiting from network position*：*firm capabilities, structural holes, and performance* [J]. Strategic Management Journal，2005（26）：809－825.

[36] Granovetter M. S. *Problems of explanation in economic sociology* [C] // N. Nohria & R. Eccles（Eds.），Networks and organizations：Siructure, form, and action, Boston：Harvard Business School Press，1992，25－26.

[37] Granovetter M. S. *The strength of weak ties* [J]. American Journal of Sociology，1973，78（6）：1360－1380.

[38] Burt R. S. *Towards a Structural Theory of Action*：*Network Model of Structure, Perceptions, and Action* [M]. New York：Academic Press，1982.

[39] Rogers E. *Diffusion of Innovations* [M]. New York：Free Press，1995.

[40] Krackhardt D. *The Strength of Strong Ties*：*the Importance of Philos in Organizations* [A]. Nohria, N. &Eccles R. Networks and Organizations：Structure, Form and Action [C] //Boston：Harvard University Press，1992.

[41] Uzzi B. *The sources and consequences of embeddedness for the economic performance of organizations: The network effect* [J]. American Sociological Review, 1996 (61): 674 – 698.

[42] Lundvall B. A. *National Systems of Innovation: Towards a Theory of Innovation and Interactive Learning* [M]. London: Pinter, 1992.

[43] Burt, R. S. *Structural holes: The social structure of competition* [M]. Boston: Harvard Universtiy Press, 1992.

[44] Walker G., Kogut B., Shan W. *Social capital, structural holes and the formation of an industry network* [J]. Organization Science, 1997, 8 (2): 109 – 125.

[45] Ahuja G. *Collaboration networks, structural holes, and innovation: a longitudinal study* [J]. Administrative Science Quarterly, 2000a (45): 425 – 455.

[46] Dyer J. H., Nobeoka K. *Creating and Managing a High-Performance Knowledge-Sharing Network: The Toyota Case* [J]. Strategic Management Journal, 2000, 21 (3), 345 – 367.

[47] Phelps C. C., Paris H. *A longitudinal study of the influence of alliance network structure and composition on firm exploratory innovation* [J]. Academy of Management Journal, 2010, 53 (4): 890 – 913.

[48] 钱锡红, 杨永福, 徐万里. 企业网络位置、吸收能力与创新绩效——一个交互效应模型 [J]. 管理世界, 2010 (5): 118 – 129.

[49] Loury G. A. *Dynamic theory of racial income differences* [C] // P. A. Wallace & A. M. LaMonde (Eds.), Women, minorities, and employment discrimination: 153 – 186. Lexington: Lexington Books, 1977.

[50] Putnam R. D. *Bowling alone: America's declining social capital* [J]. Journal of Democracy, 1995 (6): 65 – 78.

[51] Lin N., Ensel W. M., Vaughn J. C. *Social resources and strength of ties: Structural factors in occupational status attainment* [J]. American Sociological Review, 1981 (46): 393 – 405.

[52] Marsden P. V., Hurlbert J. S. *Social resources and mobility outcomes: A replication and extension* [J]. Social Forces, 1988 (67): 1038 – 1059.

[53] Coleman J. S. *Foundations of social theory* [M]. Cambridge: Harvard University Press, 1990.

[54] Nahapiet J., Ghoshal S. *Social Capital, Intellectual Capital, and the Organizational Advantage* [J]. Academy of Management Review, 1998, 23 (2): 242 – 266.

[55] Nahapiet J., Ghoshal S. *Social capital, intellectual capital and the creation of value in firms* [J]. Academy of Management Best Paper Proceedings, 1997 (8): 35-39.

[56] Fombrum C. J. *Strategies for network research in organizations* [J]. Academy of Management Review, 1982, 7 (2): 280-291.

[57] Jarillo J. C. *On strategic networks* [J]. Strategic Management Journal, 1988, 9 (1): 31-41.

[58] Miles R. E., Snow C. C. *Causes of failure in network organizations* [J]. California Management Review, 1992, 34 (4): 53-72.

[59] Hakansson H. *Industrial Technological Development: A Network Approach* [M]. London: Croom Helm, 1987.

[60] Ojasalo J. *Management of innovation networks: a case study of different approaches* [J]. European Journal of Innovation Management, 2008, 11 (1): 51-86.

[61] Lundvall B. A. *Innovation as an interactive process: From user-producer interaction to the national system of innovation* [Z]. Technical Change and Economic Theory, 1988, 349-369.

[62] DeBresson C., Amesse F. *Networks of innovators: A review and introduction to the issue* [J]. Research Policy, 1991, 20 (5): 363-379.

[63] Freeman C. *Innovation, Changes of Techno-Economie Paradigm and Biological Analogies in Economics* [J]. Revue économique, 1991, 42 (2): 211-232.

[64] Nonaka I., Takeuchi H. *The knowledge-The Creating Company* [M]. New York: Oxford University Press, 1995.

[65] Jones O., Conway S., Steward F. *Social interaction & organizational Change: Aston Perspectives on Innovation Networks* [M]. World Scientific Publishing Company, 1999.

[66] Aken J. E., Weggeman M. P. *Managing learning in informal innovation networks: overcoming the Daphne-dilemma* [J]. R&D Management, 2000, 9 (30): 139-149.

[67] Harris L. *The learning Orgnisation-Myth or Reality? Eamples from the UK Retail Banking Industry* [J]. Learning Organization, 2002, 9 (2): 78-88.

[68] 王大洲. 企业创新网络的进化与治理——一个文献综述 [J]. 科研管理, 2001 (9): 48-55.

[69] 霍云福, 陈新跃, 杨德礼, 等. 企业创新网络研究 [J]. 科学学与科学技术管理, 2002 (10): 50-53.

[70] 沈必扬, 池仁勇. 企业创新网络: 企业技术创新研究的一个新范式 [J]. 科研管理, 2005 (3): 34-40.

[71] Kale P., Singh H., Perlmutter H. *Learning andprotection of proprietary assets in strategic alliances: building relational capital* [J]. Strategic Management Journal, 2000 (21): 217-237.

[72] Salancik G. R. *Needed: A network theory of organizations* [J]. Administrative Science Quarterly, 1995 (40): 345-349.

[73] Gemünden H. G., Ritter T., Heydebreck P. *Network configuration and innovation success: an empirical analysis in German high-tech industries* [J]. International Journal of Research in Marketing, 1996, 13 (5): 449-462.

[74] Dhanaraj, Parkhe. *Orchestrating innovation networks* [J]. Academy of Management Review, 2006, 31 (3): 659-669.

[75] Hacki R., Lighton J. *The future of the networkedcompany* [J]. McKinsey Quarterly, 2001 (3): 26-39.

[76] Kumar N. *International linkages, Technology and Export of Developing Countries: Trends and Policy Implications* [C] // Discussion paper Series, the United Nations University, INTECH institute for new technologeies, 1995 (8): 1-30.

[77] Stuart T. *Interorganizational alliances and the performance of firms: A study of growth and innovation rates in a high-technology industry* [J]. Strategic Management Journal, 2000 (21): 791-811.

[78] Ernst D., Kim L. *Global Production Networks, Knowledge Diffusion, and Local Capability Formation* [J]. Reasesrcb Policy, 2002 (31): 1417-1429.

[79] Nelson R. R., Winter S. *An Evolutionary Theory of Economic Change* [M]. Cambridge: Harvard University Press, 1982.

[80] Levitt B., March J. G. *Qrganizational learning* [J]. Annual Review of Sociology, 1988 (14): 319-340.

[81] Podolny J. M, Page K. L. *Network forms of organization* [Z]. In Hagan, J., Cook, K. S. (Eds), Annual Review of Sociology, Palo Alto, CA: Annual Reviews, 1998 (12): 57-76.

[82] Tsai W. *Knowledge Transfer in Intra-organizational Networks: Effects of Network Position and Absorptive Capacity on business unit innovation and performance* [J]. The Academy of Management Journal, 2001 (44): 996-1004.

[83] Gulati R. *Alliances and networks* [J]. Strategic Management Journal, 1998a, 19 (4): 293-317.

［84］ DeBresson C. *An Entrepreneur Cannot Innovate Alone；Networks of Entreprises Are Required——The meso systems foundation of innovation and of the dynamics of technological change*［C］// the DRUID conference on systems of innovation in Aalborg, Denmark, June 9 – 11, 1999.

［85］ Koka B. R., Prescott J. E. *Designing alliance networks：the influence of network position, environmental change, and strategy on firm performance*［J］. Strategic Management Journal, 2008, 5 (29)：639 – 661.

［86］ Lorenzone G., Lipparini A. *The leverage of interfirm relationship as a distinctive organization capability：a longitudinal study*［J］. Strategic Management Journal, 1999, 20 (6)：317 – 338.

［87］ Koza M. P., Lewin A. Y. *The co-evolution of strategic alliances*［J］. Organization Science, 1998, 9 (3)：255 – 264.

［88］ Rothaermel F. T. *Incumbent's advantage through exploiting complementary assets via interfirm cooperation*［J］. Strategic Management Journal, 2001, 22 (6/7)：687 – 699.

［89］ Keith P. F., Amy S. J. *Interorganizational Networks at the Network Level：A Review of the Empirical Literature on Whole Networks*［J］. Journal of Management, 2007, 1 (33)：479 – 516.

［90］ 许小虎，项保华. 企业网络理论发展脉络与研究内容综述［J］. 科研管理, 2006, 27 (1)：114 – 121.

［91］ 黄洁. 集群企业成长中的网络演化机制与路径研究［D］. 杭州：浙江大学, 2006.

［92］ Kilduff M., Tsai W. *Social networks and organizations*［M］. 北京：中国人民大学出版社, 2003.

［93］ Ahuja G. *The duality of collaboration：inducements and opportunities in the formation of interfirm linkages*［J］. Strategic Management Journal, 2000b (21)：317 – 343.

［94］ Nooteboom B., Gilsing V. A. *Density and strength of ties in innovation networks：a competence and governance view*［J］. Social Science Electronic, 2004, 2 (3)：179 – 197.

［95］ 刘军. 社会网络分析导论［M］. 北京：社会科学出版社, 2004.

［96］ Kraaijenbrink J., Spender J. C., Groen A. J. *The Resource-Based View：A Review and Assessment of Its Critiques*［J］. Journal of Management, 2010, 36 (1)：349 – 372.

[97] Wernerfelt B. *A resource-based view of the firm* [J]. Strategic Management Journal, 1984, 5 (2): 171-180.

[98] Caves R. E. *Industrial organization, corporate strategy and structure* [J]. Journal of Econotnic Literature, 1980 (58): 64-92.

[99] Barney J. B. *Firm resources and sustained competitive advantage* [J]. Journal of Management, 1991a (17): 99-120.

[100] Grant R. M. *The resource-based theory of competitive advantage: implications for strategy formulation* [J]. California Management Review, 1991, 33 (3): 114-135.

[101] Teece D. J., Pisano G. P., Shuen A. *Dynamic capabilities and strategic management* [J]. Strategic Management Journal, 1997 (18): 509-533.

[102] Makadok R. *Towards a synthesis of resource-based and dynamic capability views of rent creation* [J]. Strategic Management Journal, 2001b (22): 387-402.

[103] Teece D. J. *Explicating dynamic capabilities: The nature and microfoundations of (sustainable) enterprise performance* [J]. Strategic Management Journal, 2007 (28): 1319-1350.

[104] Ricardo D. *Principles of political economy and taxation* [M]. London: Murray, 1817.

[105] Penrose E. T. *The theory of the growth of the firm* [M]. Oxford: Oxford University Press, 1959.

[106] Rubin P. H. *The expansion of firms* [J]. Journal of Political Economy, 1973 (84): 936-949.

[107] Peteraf M. A. *The cornerstones of competitive advantage: a resource-based view* [J]. Strategic Management Journal, 1993, 14 (3): 179-191.

[108] Grant R. M. *Prospering in dynamically-competitive environments: Organizational capability as knowledge integration* [J]. Organization Science, 1996a (7): 375-387.

[109] Grant R. M. *Toward a knowledge-based theory of the firm* [J]. Strategic Management Journal, 1996 (17): 109-122.

[110] Brauner E., Becker A. *Beyond Knowledge Sharing: The Management of Transactive Knowledge Systems* [J]. Knowledge and Process Management, 2006, 13 (1): 62-71.

[111] Gulati R. *Network location and learning: the influence of network resourcesand firm capabilities on alliance formation* [J]. Strategic Management Journal, 1999

(20): 397-420.

[112] Lavie D. *The interconnected firm: evolution, strategy, and performance* [D]. Pennsylvania: A dissertation in strategic management of University of Pennsylvania, 2004.

[113] Priem R. L., Butler J. E. *Is the resource-based view a useful perspectivefor strategic management research?* [J]. Academy of Management Review, 2001, 26 (1): 22-40.

[114] Prahalad C. K., Hamel G. *The core competence of the corporation* [J]. Harvard Business Review, 1990 (5-7): 79-91.

[115] Mahoney J. T., Pandian J. R. *The resource-based view of strategic management* [J]. Strategic Management within the conversation Journal, 1992 (13): 363-380.

[116] Henderson R., Cockburn I. *Measuring competence? Exploring firm effects in pharmaceutical research* [J]. Strategic Management Journal, 1994 (15): 63-84.

[117] Barney J. B., Mackey T. B. *Testing resource-based theory* [A]. Ketchen D. J. and Bergh D. D. Research methodology in strategy and management Vol. 2 [C] // Elsevier: Greenwich, 2005, CT: 1-13.

[118] Snow C. C., Hrebiniak L. G. *Strategy, distinctive competence, and organizational performance* [J]. Administrative Science Quarterly, 1980 (25): 317-336.

[119] Hitt M. A., Irenland R. D. *Corporate distinctive competence, strategy, industry and performance* [J]. Strategic Management Journal, 1985 (6): 273-293.

[120] Leonard-Barton D. *Core capabilities and core rigidities: a paradox in managing new product development* [J]. Strategic Management Journal, 1992 (13): 111-125.

[121] Collis J. D., Montgomery C. A. *Competing on resources: strategy in the 1990s* [J]. Harvard Business Review, 1995, 118-128.

[122] Hagedoorn J., Roijakkers N., Van Kranenburg H. *Inter-firm R&D networks: the importance of strategic network capabilities for high-tech partnership formation* [J]. British Journal of Management, 2006 (17): 39-53.

[123] Ritter T. *The networking company: antecedents for coping with relationships and networks effectively* [J]. Industrial Marketing Management, 1999 (28): 467-479.

[124] Eisenhardt K. M., Martin J. A. *Dynamic capabilities: What are they?* [J]. Strategic Management Journal, 2000 (21): 1105-1121.

[125] 耿帅. 基于资源观的集群企业竞争优势研究 [D]. 杭州：浙江大

学, 2005.

[126] Zahra S., George G. Absorptive capacity: A review, reconceptualization, and extension [J]. Academy of Management Review, 2002 (27): 185 – 203.

[127] Lichtenthaler U. *Absorptive capacity, environmental turbulence, and the complementarities of organizational learning processes* [J]. Academy of Management Journal, 2009 (52): 822 – 846.

[128] Cassiman B., Veugelers R. *In search of complementarity in innovation strategy: Internal R&D and external knowledge acquisition* [J]. Management Science, 2006 (52): 68 – 82.

[129] Moller K. K., Halinen A. *Business relationships and networks: managerial challenge of network era* [J]. Industrial Marketing Management, 1999 (28): 413 – 427.

[130] Lane P. J., Koka B., Pathak S. *The reification of absorptive capacity: A critical review and rejuvenation of the construct* [J]. Academy of Management Review, 2006 (31): 833 – 863.

[131] Cohen W., Levinthal D. *Innovation and learning: The two faces of R&D* [J]. Economic Journal, 1989 (99): 569 – 596.

[132] Cohen W., Levinthal D. *Fortune favors the prepared firm* [J]. Management Science, 1994 (40): 227 – 251.

[133] Mowery D. C., Oxley J. E. *Inward technology transfer and competitiveness: The role of national innovation systems* [J]. Cambridge Journal of Economics. 1995 (19): 67 – 93.

[134] Mowery D. C., Oxley J. E., Silverman B. S. *Strategic alliances and interfirm knowledge transfer* [J]. Strategic Management Journal, 1996 (17): 77 – 91.

[135] Szulanski G. *Exploring internal stickiness: Impediments to the transfer of best practice within the firm* [J]. Strategic Management Journal, 1996 (17): 27 – 43.

[136] Lane P. J., Lubatkin M. *Relative absorptive capacity and inter-organizational learning* [J]. Strategic Management Journal, 1998 (19): 461 – 477.

[137] Van den Bosch F. A. J., Volberda H. W., De Boer M. *Coevolution of firm absorptive capacity and knowledge environment: Organizational forms and combinative capabilities* [J]. Organization Science, 1999 (10): 551 – 568.

[138] Kim L. *Crisis construction and organizational learning: Capability building in catching-up at Hyundai Motor* [J]. Organization Science, 1998 (9): 506 – 521.

[139] Liao. J. W., Harold W., Michael S. *Organizational absorptive capacity and responsiveness: an empirical investigation of growth-oriented SMEs* [J]. Entrepre-

neurship Theory and Practice, 2003 (9): 63 – 85.

[140] Matusik S. F., Heeley M. B. *Absorptive Capacity in the Software Industry: Identifying Dimensions That Affect Knowledge and Knowledge Creation Activities* [J]. *Journal of Management*, 2005, 31 (1): 549 – 572.

[141] Todorova G., Durisin B. *Absorptive capacity: Valuing a reconceptualization* [J]. *Academy of Management Review*, 2007 (32): 774 – 786.

[142] Levinthal D., March J. G. *The myopia of learning* [J]. *Strategic Management Journal*, 1993 (14): 95 – 112.

[143] Argote L., McEvily B., Reagans R. *Managing knowledge in organizations: An integrative framework and review of emerging themes* [J]. *Management Science*, 2003 (49): 571 – 582.

[144] Katila R., Ahuja G. *Something old, something new: A longitudinal study of search behavior and new-product introduction* [J]. *Academy of Management Journal*, 2002 (45): 1183 – 1194.

[145] Lord M. D., Ranft A. L. *Organizational learning about new international markets: Exploring the internal transfer of local market knowledge* [J]. *Journal of International Business Studies*, 2000 (31): 573 – 589.

[146] Kogut B., Zander U. *Knowledge of the firm, combinative capabilities, and the replication of technology* [J]. *Organization Science*, 1992 (3): 383 – 397.

[147] Song M., Droge C., Hanvanich S. et al. *Marketing and technology resource complementarity: An analysis of their interaction effect in two environmental contexts* [J]. *Strategic Management Journal*, 2005 (26): 259 – 276.

[148] Narasimhan O., Rajiv S., Dutta S. *Absorptive capacity in high-technology markets: The competitive advantage of the haves* [J]. *Marketing Science*, 2006 (25): 510 – 524.

[149] Arora A., Gambardella A. *Evaluating technological information and utilizing it* [J]. *Journal of Economic Behavior and Organization*, 1994 (24): 91 – 114.

[150] Cassiman B., Veugelers R. *External technology sources: embodied or disembodied technology acquisition* [DB/OL]. http://www.econ.upf.es/deehome/what/wpapers/postscripts/444, 2000.

[151] Arbussa A., Coenders G. *Innovation activities, use of appropriation instruments and absorptive capacity: Evidence from Spanish firms* [J]. *Research Policy*, 2007 (36): 1545 – 1558.

[152] Walsh J. P., Ungson G. R. *Organizational memory* [J]. *Academy of Man-

agement Review, 1991 (16): 57 -91.

[153] Meeus M. T. H., Oerlemans L. A. G., Hage J. *Patterns of interactive learning in a high-tech region* [J]. Organization Studies, 2001 (22): 145 -172.

[154] Stock G. N., Greis N. P., Fischer W. A. *Absorptive capacity and new product development* [J]. The Journal of High Technology Management Research, 2001 (12): 77 -91.

[155] Nicholls-Nixon C., Woo C. *Technology sourcing and output of established firms in a regime of encompassing technological change* [J]. Strategic Management Journal, 2003 (24): 651 -666.

[156] Veugelers R. *Internal R&D expenditures and external technology sourcing* [J]. Research Policy, 1997 (26): 303 -315.

[157] Becker W., Peters J. *Technological opportunities, absorptive capacities and innovation* [C] // The Eighth International Joseph A. Schumpeter Society Conference Centre for Research in Innovation and Competition (CRIC), University Manchester, Manchester, 2000 (6): 28 -71.

[158] Keller W. *Absorptive capacity: on the creation and acquisition of technology in development* [J]. Journal of Development Economics, 1996 (49): 199 -227.

[159] Liu X., White R. S. *The relative contributions of foreign technology and domestic inputs toinnovation in Chinese manufacturing industries* [J]. Technovation, 1997 (17): 119 -125.

[160] Nicholls-Nixon C. *Absorptive capacity and technological sourcing: implications for the responsiveness of established firms* [D]. PhD Unpublished: Purdue University, 1993.

[161] Cockburn I., Henderson R. *Absorptive capacity, coauthoring behavior, and the organization of research in drug discovery* [J]. The Journal of Industrial Economics, 1998, 46 (12), 157 -181.

[162] Ahuja G., Katila R. *Technological acquisitions and the innovation performance of acquiring firms: A longitudinal Study* [J]. Strategic Management Journal, 2001 (22): 197 -220.

[163] Jaideep C., Prabhu, Rajesh K., Chandy et al. *The Impact of Acquisitions on Innovation: Poison Pill, Placebo, or Tonic?* [J]. Journal of Marketing, 2005 (69): 114 -130.

[164] Caloghirou Y., Kastelli I., Tsakanikas A. *Internal capabilities and external knowledge sources: complements or substitutes for innovative performance?* [J].

Technovation, 2004（24）：29-39.

[165] Rao H., Drazin R. *Overcoming resource constraints on product innovation by recruiting talent from rivals：A study of the mutual fund industry*（1984—1994）[J]. *Academy of Management Journal*, 2002（45）：491-507.

[166] Nietoa M., Quevedo P. *Absorptive capacity, technological opportunity, knowledge spillovers, and innovative effort* [J]. *Technovation*, 2005（25）：1141-1157.

[167] Giuliani E., Bell M. *The micro-determinants of meso-level learning and innovation. Evidence from a Chilean wine cluster* [J]. *Research Policy*, 2005, 34（1）：47-68.

[168] Boschma R, Anne L. J, Wal T. *Knowledge Networks and Innovative Performance in an Industrial District：The Case of a Footwear District in the South of Italy* [J]. *Industry & Innovation, Taylor and Francis Journals*, 2007, 14（2）：177-199.

[169] Escribanoa A., Fosfuri A., Tribób J. A. *Managing external knowledge flows：The moderating role of absorptive capacity* [J]. *Research Policy*, 2009（38）：96-105.

[170] Zhao Z. J., Anand J. *A multilevel perspective on knowledge transfer：evidence from the Chinese Automotive industry* [J]. *Strategic Management Journal*, 2009（30）：959-983.

[171] Lane P. J., Salk J. E., Lyles M. A. *Absorptive capacity, learning, and performance in international joint ventures* [J]. *Strategic Management Journal*, 2001（22）：1139-1161.

[172] Jansen J. J. P., van den Bosch F. A. J., Volberda H. W. *Managing potential and realized absorptive capacity：How do organizational antecedents matter?* [J]. *Academy of Management Journal*, 2005（48）：999-1015.

[173] Jaworski B. J., Kohli A. K. *Market orientation：Antecedents and consequences* [J]. *Journal of Marketing*, 1993, 57（3）：53-70.

[174] 亚当·斯密. 国民财富的性质和原因的研究（下卷）[M]. 北京：商务印书馆，1988.

[175] 马克思. 资本论（第1卷）[M]. 北京：人民出版社，1975.

[176] 熊彼特. 经济发展理论 [M]. 北京：商务印书馆，1997.

[177] 柳卸林. 技术创新经济学 [M]. 北京：中国经济出版社，1993.

[178] 李永波，朱方明. 企业技术创新理论的回顾与展望 [J]. 西南民族大学学报（哲学社会科学版），2002，23（3）：188-191.

[179] 叶明. 技术创新理论的由来与发展 [J]. 软科学，1990（3）：7-10.

［180］ Freeman C., Soete F. *The Economics of Industrial Innovation* ［M］. 3rd. The MIT Press，1997.

［181］ 张云源. 国外科技管理学中的技术创新理论及其研究综述 ［J］. 科学管理研究，1992，10（2）：49－52.

［182］ Castellacci F., Grodal S., Mendonca S. and Wibe, M. Advances and Challenges in Innovation Studies. Journal of Economic Issues，2005（1）：91－121.

［183］ Edquist C. *Systems of Innovation—Technologies, Institutions and Organisations* ［M］，London/Washington：Pinter，1997.

［184］ Narvekar R. S., Jain K. *A new framework to understand the technological innovation process* ［J］. *Journal of Intellectual Capital*，2006，2（7）：174－186.

［185］ 胡哲一. 技术创新的概念与定义 ［J］. 科学学与科学技术管理，1992，13（5）：47－50.

［186］ 傅家骥等. 技术创新学 ［M］. 北京：清华大学出版社，1998.

［187］ Gupta A. K. Thomas J. *Sources of market pioneer advantages in consumer goods industries* ［J］. *Journal of Marketing*，2001，22（3）：305－317.

［188］ Jarunee Wonglimpiyarat. *Does complexity affect the speed of innovation?* ［J］. Technovation，2005（25）：865－882.

［189］ OECD. *OECD Proposed Guidelines for Collecting and Interpreting Technological Innovation Data-Oslo Manual* ［R］. OECD Publicantions Service，1997.

［190］ Ibrahim A., M. Elias E. and Saad A. R et al. *Determining technological innovation and competitiveness: a cross organizational analysis of the malaysian manufacturing industry* ［DB/OL］. http：//www.sbm.itb.ac.id/wp-content/uploads/2010/01/Vol-1-No-2-December-2008-DETERMINING-TECHNOLOGICAL-INNOVATION-AND-COMPETITIVENESS-A-CROSS-ORGANIZATIONAL-ANALYSIS-OF-THE-MALAYSIAN-MANUFACTURING-INDUSTRY.

［191］ Brown R. *Managing the S curves of innovation* ［J］. *The Journal of Consumer Marketing*. 1992，9（1）：61－72.

［192］ Betz F. *Strategic Technology Management* ［M］. New York：McGraw-Hill，1993.

［193］ 杨栩. 中小企业技术创新系统研究 ［M］. 北京：科学出版社，2007.

［194］ OECD（Organisation for Economic Cooperation and Development）. *The Measurement of Scientific and Technical Activities* ［R］. Frascati Manual 1980，1981.

［195］ Cooper R. G. *The strategy-performance link in product innovation* ［J］. R&D Management，1984，1（14）：247－259.

［196］许庆瑞. 技术创新管理［M］. 杭州：浙江大学出版社，1990.

［197］傅家骥等. 技术创新学［M］. 北京：清华大学出版社，1998.

［198］薛捷. 区域创新系统与企业技术创新绩效的关系［D］. 广州：华南理工大学，2007.

［199］王学苓. 技术创新的经济分析——基于信息及其技术视角的宏观分析［M］. 成都：西南财经大学出版社，2005，17-18.

［200］Tushman M. L.，Anderson P. *Technological discontinuities and organizational environments*［J］. *Administrative Science Quarterly*，1986（31）：439-465.

［201］Henderson R. M.，Clark. K. B. *Architectural innovation：The reconfiguration of existing product technologies and the failure of established firms*［J］. *Administrative Science Quarterly*，1990（35）：9-30.

［202］Christensen C. M. *The innovator's dilemma*［M］. Boston：Harvard Business School Press，1997.

［203］张耀辉. 技术创新与产业组织演变［M］. 北京：经济管理出版社，2004.

［204］Klein S. J.，Rosenberg N. *An Overview of Innovation*［C］// Landau，R.，Rosenberg，N.（Eds.），*The Positive Sum Strategy：Harnessing Technology for Economic Growth*［M］. Washington：National Academy Press，1986，275-307.

［205］Rothwell R. *Towards the Fifth-generation Innovation Process*［J］. *International Marketing Review*，1994，11（1）：7-31.

［206］Schienstock G.，Hämäläinen T. *Transformation of the Finnish innovation system—A network approach*［C］. Hakapaino Oy. Helsinki，Finland，2001，Sitra Reports series 7，49-50.

［207］Rothwell R. *Successful industrial innovation：critical factors for the 1990s*［J］. *R&D Management*，1990，22（3）：221-239.

［208］韩振海，李国平. 国家创新系统理论的演变评述［J］. 科学管理研究，2004（2）：24-26.

［209］Ruttan V. *Technology，Growth，and Development-An induced innovation Perspective*［M］. New York/Oxford：Oxford University Press，2001.

［210］Gittelman M.，Kogut B. *Does Good Science Lead to Valuable Knowledge？Biotechnology Firms and the Evolutionary Logic of Citation Patterns. Mimeo*［J］. *Management Science*，2003，49（4）：366-382.

［211］Van de Ven，Andrew，Douglas Polley，Raghu Garud，Sankaran Venkataraman. *The Innovation Journey*［M］. Oxford：Oxford University Press，1999.

[212] Mowery D. C., Rosenberg N. *The Influence of Market Demand upon Innovation: ACritical Review of Some Recent Empirical Studies* [J]. Research Policy, 1978 (8): 102 – 153.

[213] Chiung-Wen Hsu. *Formation of industrial innovation mechanisms through the research institute* [J]. Technovation, 2005 (25): 1317 – 1329.

[214] Andersen E. S., Lundvall B. A., Sorrn-Friese H. *Innovation systems-special issue* [J]. Research Policy 2002 (31): 185 – 189.

[215] Abetti P. A. *Critical success factors for radical technological innovation: a five case study* [J]. Creativity and Innovation Management, 2000, 9 (4): 208 – 221.

[216] Song X. M., Montoya-Weiss M. M. *Critical development activities for really new versus incremental products* [J]. Journal of Product Innovation Management, 1998, 15 (12): 124 – 135.

[217] Christine S. K., Dawn R. D., Kurt A. H. *An empirical test of environmental, organizational, and process factors affecting incremental and radical innovation* [J]. Journal of High Technology Management Research, 2003 (14): 21 – 45.

[218] Gatignon H., Tushman M. L., Smith W., Anderson P. *A Structural Approach to Assessing Innovation: Construct Development of Innovation Locus, Type, and Characteristics* [J]. Management Science, 2002, 48 (9): 1103 – 1122.

[219] Geisler E. *A typology of knowledge management: strategic groups and role behavior in organizations* [J]. Journal of Knowledge Management, 2007 (11): 84 – 96.

[220] Hobday M., Davies A., Prencipe A. *Systems integration: a core capability of the modern corporation* [J]. Industrial and Corporate Change, 2005 (14): 1109 – 1143.

[221] Julien P., Andriambeloson E., Ramangalahy C. *Networks, weak signals and technological innovations among SMEs in the land-based transportation equipment sector* [J]. Entrepreneurship & Regional Development, 2004, 7 (16): 251 – 269.

[222] Hovorka D. S., Larsen K. R. *Enabling agile adoption practices through network organizations* [J]. European Journal of Information Systems, 2006 (15): 159 – 168.

[223] Gilsing V., Nooteboom B., Vanhaverbeke W. et al. *Network embeddedness and the exploration of novel technologies: Technological distance, betweenness centrality and density* [J]. Research Policy, 2008 (37): 1717 – 1731.

[224] Shanxing G., Kai X., Jianjun Y. *Managerial ties, absorptive capacity, and innovation* [J]. Asia Pacific Journery Mannge, 2008 (25): 395 – 412.

[225] Kuen-Hung T. *Collaborative networks and product innovation performance:*

Toward a contingency perspective [J]. Research Policy, 2009 (38): 765 - 778.

［226］刘元芳, 陈衍泰, 余建星. 中国企业技术联盟中创新网络与创新绩效的关系分析 [J]. 科学学与科学技术管理, 2006 (8): 52 - 59.

［227］郑慕强, 徐宗玲. 中小企业外部网络、吸收能力与技术创新 [J]. 经济管理, 2009, 31 (11): 71 - 78.

［228］王长峰. 知识属性、网络特征与企业创新绩效——基于吸收能力的视角 [D]. 济南: 山东大学, 2009.

［229］窦红宾, 王正斌. 网络结构、吸收能力与企业创新绩效——基于西安通讯装备制造产业集群的实证研究 [J]. 中国科技论坛, 2010 (5): 25 - 30.

［230］潘宏亮, 杨晨. 吸收能力、关系网络对创新绩效和竞争优势的影响关系研究 [J]. 图书馆理论与实践, 2010 (10): 34 - 38.

［231］王志玮. 企业外部知识网络嵌入性对破坏性创新绩效的影响机制研究 [D]. 杭州: 浙江大学, 2010.

［232］Tsai W. Ghoshal S. *Social capital and value creation: the role of interfirm networks* [J]. Academy of Management Journal, 1998, 41 (4): 464 - 476.

［233］Zajac E. J., Kraatz M. S., Bresser R. K. F. *Modeling Die Dynamics of Strategic Fit: A Normative Approach to Strategic Change* [J]. Strategic Management Journal, 2000 (21): 429 - 453.

［234］Wiggins R. R., Ruefli T. W. *Sustained Competitive Advantage: Temporal Dynamics and the Incidence and Persistence of Superior Economic Performance* [J]. Organization Science, 2002, 13 (1): 81 - 105.

［235］Sull D. N., Escobari M. *Creating Value in an Unpredictable World* [J]. Business and Economics, 2004, 137 - 142.

［236］Vogel M. Levering information technology competencies and capabilities for competitive advantage [D]. Maryland: Doctoral dissertation of University of Maryland, 2005.

［237］方润生. 企业的冗余资源与技术创新 [M]. 北京: 经济管理出版社, 2004.

［238］秦剑. 跨国公司在华资源配置对突破性创新绩效的影响机理研究 [D]. 天津: 南开大学, 2009.

［239］温忠麟, 侯杰泰, 张雷. 调节效应与中介效应的比较和应用 [J]. 心理学报, 2005, 37 (2): 268 - 274.

［240］Marsden P. V. *Network data and Measurement* [J]. Annual Review of Sociology, 1990, 16 (1): 435 - 463.

[241] Capaldo A. *Network structure and innovation: The leveraging of a dual network as a distinctive relational capability* [J]. Strategic Management Journal, 2007, 28 (6): 585-608.

[242] Bell. *Research Notes and Commentaries: Clusters, Networks, and Firm Innovativeness* [J]. Strategic Management Journal, 2005 (26): 287-295.

[243] Sparrow R. T., Liden R. C., Wayne S. J., Kraimer M. L. *Social Networks and the Performance of Individuals and Groups* [J]. The Academy of Management Journal, 2001, 44 (2): 316-325.

[244] Gilsing V., Nooteboom B. *Density and strength of ties in innovation networks: an analysis of multimedia and biotechnology* [J]. European Management Review, 2005 (2): 179-197.

[245] Wasserman S., Faust K. *Social Network Analysis: Methods and Applications* [M]. New York: Cambridge University Press, 1994.

[246] Crossan M. M., Lane H. W., White R. E. *An organizational learning framework: from intuition to institution* [J]. Academy of Management Review, 1999, 24 (3): 522-537.

[247] Lenox M., King A. *Prospects for developing absorptive capacity through internal information provision* [J]. Strategic Management Journal, 2004 (25): 331-345.

[248] Marsh S. J., Stock G. N. *Creating dynamic capability: The role of intertemporal integration, knowledge retention, and interpretation* [J]. Journal of Product Innovation Management, 2006 (23): 422-436.

[249] Garud R., Nayyar P. R. *Transformative capacity: Continual structuring by intertemporal technology transfer* [J]. Strategic Management Journal, 1994 (15): 365-385.

[250] Rothaermel F. T, Deeds D. L. *Exploration and exploitation alliances in biotechnology: a system of new product development* [J]. Strategic Management Journal, 2004 (25): 201-221.

[251] Smith K. G., Collins C. J., Clark K. D. *Existing knowledge, knowledge creation capability, and the rate of new-product introduction in high-technology firms* [J]. Academy of Management Journal, 2005 (48): 346-357.

[252] Koestler, A. *The action creation* [M]. London: Hutchinson, 1966.

[253] Zahra S., Ireland D., Hitt M. *International expansion by new venture firms: International diversity, mode of market entry, technological learning, and performance* [J]. Academy of Management Journal, 2000 (43): 925-950.

参考文献

[254] Meyer A., Brooks G., Goes J. *Environmental jolts and industry revolution: organizational responses to discontinuous change* [J]. Strategic Management Journal, 1990 (11): 93 – 110.

[255] Batjargal B., Liu M. M. Entrepreneurs' Access to Private Equity in China: The Role of Social Capital [R]. Working Paper, 2002.

[256] Shan W., Walker G., Kogut B. *Interfirm cooperation and startup innovation in the biotechnology industry* [J]. Strategic Management Journal, 1994 (15): 387 – 394.

[257] Baum J. C., Calabrese T., Silverman B. S. *Don't go it alone: Alliance network composition and startups' performance in canadian biotechnology* [J]. Strategic Management Journal, 2000 (21): 267 – 294.

[258] 彭新敏. 企业网络对技术创新绩效的作用机制研究: 利用式、探索性学习的中介效应 [D]. 杭州: 浙江大学, 2009.

[259] Uzzi B. Structural embeddedness and the persistence of repeated ties [R]. Academy of Management Annual Meeting, 1998.

[260] Soh P. H., Roberts E. B. *Learning by knowing through social capital: a missing link to research capability* [Z]. The international center for research on the management of technology, MIT Sloan, 1998.

[261] Garcia-Vega M. *Does technological diversification promote innovation?* [J]. Research Policy, 2006 (35): 230 – 246.

[262] Burt R. S. *The contingent value of social capital* [J]. Administrative Science Quarterly, 1997, 42 (2): 339 – 365.

[263] Hargadon A., Sutton R. I. *Technology brokering and innovation in a product development firm* [J]. Administrative Science Quarterly, 1997, 42 (4): 716 – 749.

[264] Oerlemans A. G., Meeus T. H., Boekema W. M. *Do networks matter for innovation? the usefulness of the economic network approach in analysing innovation* [J]. Tijdschrift voor Economische en Sociale Geografie, 1998, 89 (3): 298 – 309.

[265] Ahuja G., Katila R. *Where do resources come from? The role of idiosyncratic situations* [J]. Strategic Management Journal. 2004 (25): 887 – 907.

[266] Vanhaverbeke W, Gilsing V, Duysters G. *Exploration and Exploitation in Technology-based Alliance Networks* [Z]. Working paper, 2007.

[267] Deeds D. L., Hill C. W. L. *An examination of opportunistic action within research alliances: Evidence from the biotechnology industry* [J]. Journal of Business Venturing, 1996 (14): 141 – 163.

[268] 稽登科. 企业网络对技术创新绩效的影响研究 [D]. 杭州：浙江大学, 2006.

[269] Kraatz M. S. *Learning by Association? Interorganizational Networks and Adaptation to Environmental Change* [J]. *The Academy of Management Journal*, 1998, 41 (6): 621–643.

[270] Landry R., Amara N., Lamari M. *Does social capital determine innovation? To what extent?* [J]. *Technological Forecasting&Social Change*, 2002 (69): 681–701.

[271] Rhee M. *Network Updating and Exploratory Learning Environment* [J]. *Journal of Management Studies*, 2004, 41 (6): 933–949.

[272] 刘璐. 企业外部网络对企业绩效影响研究 [D]. 济南：山东大学, 2009.

[273] 邬爱其. 集群企业网络化成长机制：理论分析与浙江经验 [M]. 北京：中国社会科学出版社, 2007.

[274] Anderson J. C., Narus J. A. *A model of distributor firm and manufacturing firm working relationships* [J]. *Journal of Marketing*, 1990, 54 (1): 42–58.

[275] Morgan R. M., Hunt S. *Relationships-Based Competitive Advantage: The role of Relationship Marketing in Marketing Strategy* [J]. *Journal of Business Research*, 1999, 46 (3): 281–290.

[276] Teece D. J. *Profiting from technological innovation: Implications for integration, collaboration, licensing and public policy* [J]. *Research Policy*, 1986 (15): 285–305.

[277] Williamson O. E. *The economic institutions of captalism: Firms, Markets, Relational Contracting* [M]. New York: The Free Press, 1985.

[278] Asanuma B. *Manufacturer-supplier relationships in Japan and the concept of relation-specific skill* [J]. *Journal of the Japanese and International Economies*, 1989 (3): 1–30.

[279] Dyer J. H. *Specialized supplier networks as a source of competitive advantage: Evidence from the auto industry* [J]. *Strategic Management Journal*, 1996a (17): 271–292.

[280] Larson A. *Network Dyads in Entrepreneurial Settings: A Study of the Governance of Exchange Relationships* [J]. *Administrative Science Quarterly*, 1992 (37): 76–104.

[281] Simsek Z., Lubatkin M. H., Floyd S. W. *Inter-firm networks and entrepre-*

nuerial behavior: A structural embeddedness perspective [J]. Journal of Management, 2003, 29 (3): 427-442.

[282] Rindfleisch A., Moorman C. The Acquisition and Utilization of Information in New Product Alliances: A Strength-of-Ties Perspective [J]. Journal of Marketing, 2001 (65): 1-18.

[283] 高展军, 李垣. 战略网络结构对企业技术创新的影响研究 [J]. 科学学研究, 2006, 24 (3): 474-479.

[284] Hansen M. T. The search-transfer problem: The role of weak ties in sharing knowledge across organization subunits [J]. Administrative Science Quarterly, 1999, 44 (1): 82-111.

[285] 王晓娟. 知识网络与集群企业竞争优势研究 [D]. 杭州: 浙江大学, 2007.

[286] 潘松挺. 网络关系强度与技术创新模式的耦合及其协同演化 [D]. 杭州: 浙江大学, 2009.

[287] Yli-Renko H., Autio E., sapienza H. Social capital, knowledge acquisition, and knowledge exploitation in young technology-based firms [J]. Strategic Management Journal, 2001 (22): 587-613.

[288] Molina-Morales F. M., Martínez-Fernández M. T. Too much love in the neighborhood can hurt: how an excess of intensity and trust in relationships may produce negative effects on firms [J]. Strategic Management Journal, 2009 (30): 1013-1023.

[289] Sabel C. F. Studied Trust: Building New Forms of Cooperation in a Volatile Economy [J]. Human Relations, 1993, 46 (9): 1133-1170.

[290] 刘寿先. 企业社会资本与技术创新关系研究: 组织学习的观点 [D]. 济南: 山东大学, 2008.

[291] Bonner J. M., Kim D. S., Cavusgil T. Self-perceived strategic network identity and its effects on market performance in alliance relationships [J]. Journal of Business Research, 2005 (58): 1371-1380.

[292] Schilling M. A. Technological lockout: An integrative model of the economic and strategic factors driving technological success and failure [J]. Academy of Management Review, 1998 (23): 267-284.

[293] Gnyawali D. R., Madhavan R. Cooperative networks and competitive dynamics: A structural embeddedness perspective [J]. The Academy of Management Review, 2001, 26 (3): 431-445.

[294] Galaskiewicz J. Exchange networks and community politics [M]. Beverly

Hills, Calif: Sage Publications, 1979.

[295] Van de Ven A. H. *Central problems in the management of innovation* [J]. *Management Science*, 1986, 32 (5): 590 - 607.

[296] Krackhardt D. *The ties that torture: Simmelian tie analysis in organizations* [J]. *Research in the Sociology of Organizations*, 1999 (16): 183 - 210.

[297] Eisenhardt K. M. *Making fast strategic decisions in high-velocity environments* [J]. *Academy of Management Journal*, 1989, 32 (3): 543 - 576.

[298] Atuahene-Gima K., Murray J. Y. *Exploratory and Exploitative Learning in New Product Development: A Social Capital Perspective on New Technology Ventures in China* [J]. *Journal of International Marketing*, 2007, 15 (2): 1 - 29.

[299] Ahuja G., Lampert C. *Entrepreneurship in the large corporation: A longitudinal study of how established firms create breakthrough inventions* [J]. *Strategic Managemenl Journal*, 2001, 22 (7): 521 - 544.

[300] Holmqvist M. *Experiential Learning Processes of Exploitation and Exploration within and between Organizations: An Empirical Study of Product Development* [J]. *Organization Science*, 2004, 15 (1): 70 - 81.

[301] Rosenberg N., Nelson R. R. *American universities and technical advance in industry* [J]. *Research Policy*, 1994 (23): 323 - 348.

[302] Narin F., Hamilton K., Olivastro D. *The increasing linkage between U. S. technology and public science* [J]. *Research Policy*, 1997 (26): 317 - 330.

[303] Jantunen A. *Knowledge-processing capabilities and innovative performance: an empirical study* [J]. *European Journal of Innovation Management*, 2005, 8 (3): 336 - 349.

[304] Uotila T, Harmaakorpi V, Melkas H. *A method for assessing absorptive capacity of a regional innovation system* [J]. *Fennia*, 2006, 184 (1): 49 - 58.

[305] Evanagelia S., Anthony I. *Knowledge Transfer in Strategic Alliances: Moderating Effects of Limited Absorptive Capacity and Powerful Relationships on Business Model Innovation Performance* [C] // Proceedings of the European Conference on Knowledge Management, 2010, 11, 3 (4): 933 - 943.

[306] Ichniowski C., Shaw K., Prennushi G. *The effects of human resource management practices on productivity: A study of steel finishing lines* [J]. *American Economic Review*, 1997 (87): 291 - 313.

[307] Harrison J. S., Hitt M. A. Hoskisson R. E., Ireland R. D. *Resource complementarity in business combinations: Extending the logic to organizational alliances*

[J]. *Journal of Management*, 2001 (27): 679-690.

[308] Sampson R. C. *R&D alliances and firm performance: the impact of technological diversity and alliance organization on innovation* [J]. *Academy of Management Journal*, 2007, 50 (2): 364-386.

[309] 张赤东. 建设创新型企业: 战略意义、内涵、特点与着力点 [J]. 中国科技论坛, 2010 (5): 47-51.

[310] 王保进. 英文视窗版 SPSS 与行为科学研究 [M]. 北京: 北京大学出版社, 2007.

[311] 吴明隆. 问卷统计分析实务——SPSS 操作与应用 [M]. 重庆: 重庆大学出版社, 2010.

[312] 吴明隆. 结构方程模型——AMOS 操作与应用 [M]. 重庆: 重庆大学出版社, 2010.

[313] 苏州大学社会学院科协调查研究部编辑部. 问卷统计分析与 SPSS 应用（第二版）[Z]. 苏州大学社会学院科协调查研究部培训材料, 2009 (10): 2-17.

[314] 马庆国. 管理统计: 数据获取、统计原理、SPSS 工具与应用研究 [M]. 北京: 科学出版社, 2002.

[315] 王重鸣. 心理学研究方法 [M]. 北京: 人民教育出版社, 1990.

[316] Churchill G. A. *Paradigm for developing better measures constructs of marketing* [J]. *Journal of Marketing Research*, 1979, 16 (1): 64-73.

[317] Gerbing D. W., Anderson J. C. *An updated paradigm for scale development incorporation unidimensionatlity and its assessment* [J]. *Journal of Marketing Research*, 1988, 25 (2): 186-192.

[318] Dunn S. C., Seaker R. F., Waller M. A. *Latent variable in business logistics research: Scale development and validation* [J]. *Journal of Business Logistics*, 1994, 15 (2): 145-172.

[319] Hinkin T. R. *A review of scale development practices in the study of organizations* [J]. *Journal of Management*, 1995, 21 (5): 967-988.

[320] 张洪石, 付玉秀. 影响突破性创新的环境因素分析和实证研究 [J]. 科学学研究, 2005, 12 (23): 255-263.

[321] Sands S., Warwick K. M. *Successful business innovation: A survey of current professional view* [J]. *Calfornia Management Review*, 1977, 20 (2): 5-16.

[322] Herbig P. A. *The innovation matrix: culture and structure prerequisites to innovation* [M]. Westport: Quorum Books, 1994.

[323] McEvily B., Zaheer A. *Bridging ties: a source of firm heterogeneity in competitive capabilities* [J]. Strategic Management Journal, 1999, 20 (12): 1133 - 1156.

[324] 李文博,郑文哲,刘爽. 产业集群中知识网络结构的测量研究 [J]. 科学学研究, 2008, 26 (4): 787 - 792.

[325] 李志刚,汤书昆,梁晓艳,等. 产业集群网络结构与企业创新绩效关系研究 [J]. 科学学研究, 2007, 26 (4): 778 - 782.

[326] Tiwana A. *Do bridging ties complement strong ties? An empirical examination of alliance ambidexterity* [J]. Strategic Management Journal, 2008 (29): 251 - 272.

[327] 侯杰泰,温忠麟,成子娟. 结构方程模型及其应用 [M]. 北京:教育科学出版社, 2004.

[328] Bagozzi R. P., Yi Y. *On the evaluation of structural equation models* [J]. Journal of the Academy of Marketing Science, 1988, 16 (1): 74 - 94.

[329] 温忠麟,侯杰泰,马什赫伯特. 结构方程模型检验:拟合指数与卡方准则 [J]. 心理学报, 2004b, 36 (2): 186 - 194.

[330] 温碧燕等. 服务公平性、顾客消费情感与顾客与企业的关系 [M]. 广州:中山大学出版社, 2004.

[331] Chang L., McBride-Chang C., Stewart S. M. *Life satisfaction, self-concept, and family relations in Chinese adolescents and children* [J]. International Journal of Behavioral Development, 2003, 27 (2): 182 - 190.

[332] Chang L., Schwartz D., Dodge K., McBride-Chang C. *Harsh parenting inrelation to childe motion regulation and aggression* [J]. Journalof Family Psychology, 2003 (17): 598 - 606.

[333] Marsh H. W. *The Hierarchical Structure of Self-Concept and the Application of Hierarchical Confirmatory Factor Analysis* [J]. Journal of Educational Measurement, 1987, 24 (1): 17 - 39.

[334] Marsh H. W., Shavelson R. J. *Self-Concept: Its multifaceted, hierarchical structure* [J]. Educational Psychologist, 1985 (20): 107 - 125.

[335] 刘锦源. 图书馆服务质量的本土化模型:高阶因子结构与测量 [J]. 图书情报工作, 2008, 51 (1): 93 - 96.

[336] 朱朝晖. 基于开放式创新的技术学习协同与机理研究 [D]. 杭州:浙江大学, 2007.

[337] MacCallum R. C., Roznowski M., Necowitz L. B. *Model modifications of in covanriance structure ananlysis: the problem of capitalization on chance* [J]. Psycho-

logical Bulletin, 1992 (111): 490 – 504.

[338] 张志杰. 时间管理倾向与自尊、自我效能、学习满意度: 中介作用分析 [J]. 心理科学, 2005, 28 (3): 566 – 568.

[339] Von Hippel E. *The sources of innovation* [M]. New York: Oxford University Press, 1988.

[340] Franke S. *Climate of Competition, Clusters and Innovative Performance* [J]. *Journal of Management*, 2004, 20 (3): 225 – 244.

[341] 张鸿萍. 创业型企业技术创新的战略导向——CEO 社会关系网络与高层团队学习视角 [D]. 成都: 西南交通大学, 2006.

[342] Daft R., Lengl R. *Organizational information requirements, media richness and structural design* [J]. *Management Science*, 1986 (32): 554 – 571.

[343] Sidhu J. S., Commandeur H. R., Volberda H. W. *The multifaceted nature of exploration and exploitation: Value of supply, demand, and spatial search for innovation* [J]. *Organization Science*, 2007 (18): 20 – 38.

[344] Tushman M. L., O'Reilly C. A. *Ambidextrous organizations: Managing evolutionary and revolutionary change* [J]. *California Management Review*, 1996, 38 (4): 8 – 30.

[345] Zollo M., Winter S. G. *Deliberate learning and the evolution of dynamic capabilities* [J]. *Organization Science*, 2002, 13 (3): 339 – 351.

[346] 池仁勇. 区域中小企业创新网络的结点联结及其效率评价研究 [J]. 管理世界, 2007 (1): 105 – 121.

[347] Gupta A. K., Smith K. G, halley C. E. *The interplay between exploration and exploitation* [J]. *Academy of Management Journal*, 2006, 49 (4): 693 – 706.

[348] Jansen J. J. P., Van den Bosch F. A. J., Volberda H. W. *Exploratory innovation, exploitative innovation, and performance: Effects of organizational antecedents and environmental moderators* [J]. *Management Science*, 2006 (52): 1661 – 1674.

[349] Helfat C. E., Finkelstein S., Mitchell W. et al. *Dynamic capabilities: Understanding strategic chance in organizations* [M]. Oxford, U. K.: Blackwell Publishing, 2007.

[350] March J. G. *Exploration and exploitation in organizational learning* [J]. *Organization Science*, 1991 (2): 71 – 87.

[351] Droge C., Calantone, R., Harmancioglu N. *New product success: Is it really controllable by managers in highly turbulent environments?* [J]. *Journal of Product Innovation Management*, 2008 (25): 272 – 286.

[352] Klevorick A. K., Levin R. C., Nelson, R. R. et al. *On the sources and significance of interindustry differences in technological opportunities* [J]. Research Policy, 1995, 24 (2): 185 – 205.

[353] Nonaka I. *Toward Middle-Up-Down Management: Accelerating Information Creation* [J]. MITSloan managemet review, 1988, 29 (3): 9 – 18.

[354] Tanriverdi H., Venkatraman, N. *Knowledge relatedness and the performance of multibusiness firms* [J]. Strategic Management Journal, 2005 (26): 97 – 119.

[355] Milgrom P., Roberts J. *Complementarities and fit: Strategy, structure, and organizational change in manufacturing* [J]. Journal of Accounting and Economics, 1995 (19): 179 – 208.

[356] Nerkar A. *Old is gold? The value of temporal exploration in the creation of new knowledge* [J]. Management Science, 2003 (49): 211 – 229.

[357] Wheelwright S. C., Clark K. B. *Revolutionizing product development* [M]. New York: Free Press, 1992.

[358] Moorman C., Miner A. S. *The impact of organizational memory on new product performance and creativity* [J]. Journal of Marketing Research, 1997 (2): 91 – 106.

[359] Achrol R. S., Kotler P. *Marketing in the network economy* [J]. Journal of Marketing, 1999, 63 (4): 146 – 163.

[360] Joshi A. W., Campbell A. J. *Effect of environmental dynamism on relational governance in manufacturer-supplier relationships: A contingency framework and an empirical test* [J]. Journal of the Academy of Marketing Science, 2003, 31 (2): 176 – 187.

[361] Sethi R., Iqbal Z. *Stage-gate controls, learning failure, and adverse effect on novel new products* [J]. Journal of Marketing, 2008 (72): 118 – 134.

[362] Lin X. H., Germain R. *Organizational structure, context, customer orientation, and performance: lessons from chinese state-owned enterprises* [J]. Strategic Management Journal, 2003 (24): 1131 – 1151.

[363] Lichtenthaler U. *The drivers of technology licensing: An industry comparison* [J]. California Management Review, 2007, 49 (4): 67 – 89.

[364] 张红兵. SPSS宝典 [M]. 北京: 电子工业出版社, 2007.

[365] Arora A. *Testing for complementarities in reducedform regressions* [J]. Economics Letters, 1996 (50): 51 – 55.

[366] 黄芳铭. 结构方程模式理论与应用 [M]. 北京: 中国税务出版社, 2005.

[367] Browne M. W., Cudeck R. *Alternative ways of assessing modle fit* [C] //

Bollen K. A. and Long J. S. (eds), Testing structural equation models [M], Newbury Park, CA: Sage, 1993.

[368] Hu L. T., Bentler P. M. *Cutoff criteria for fit indexes in covariance* [J]. *Structural Equation Models*, 1999, 6 (1): 1 – 55.

[369] 张方华. 企业社会资本与技术创新——技术创新理论研究的新视野 [J]. 自然辩证法通讯, 2003 (6): 55 – 61.

[370] 林春培, 张振刚. 基于吸收能力的组织学习过程对渐进性创新与突破性创新的影响研究 [J]. 科研管理, 2017, 38 (4): 38 – 45.

[371] 林春培, 张振刚. 过程视角下企业吸收能力组成与结构的实证研究 [J]. 科研管理, 2014, 35 (2): 25 – 34.

[372] 林春培. 吸收能力视角下网络特征与技术创新间关系实证研究综述 [J]. 技术经济, 2012, 31 (12): 22 – 27.

[373] Chun-Pei Lin, Zhen-Gang Zhang, Yi-Bin Li, et al. *Effects of Absorptive Capacity on Incremental and Radical Innovation: Based on Organizational Learning Processes* [J]. *Oxidation Communication*, 2015, 38 (2A): 1105 – 1120.